Barbara Wasner

Eliten in Europa

Barbara Wasner

Eliten in Europa

Einführung in Theorien, Konzepte und Befunde

SPRINGER FACHMEDIEN WIESBADEN GMBH

Bibliografische Information Der Deutschen Bibliothek
Die Deutsche Bibliothek verzeichnet diese Publikation in der Deutschen
Nationalbibliografie; detaillierte bibliografische Daten sind im Internet über
<http://dnb.ddb.de> abrufbar.

1. Auflage Mai 2004
Unveränderter Nachdruck der 1. Auflage Juli 2006

Alle Rechte vorbehalten
© Springer Fachmedien Wiesbaden 2006
Ursprünglich erschienen bei VS Verlag für Sozialwissenschaften | GWV
Fachverlage GmbH, Wiesbaden 2006

www.vs-verlag.de

Umschlaggestaltung: KünkelLopka Medienentwicklung, Heidelberg

Gedruckt auf säurefreiem und chlorfrei gebleichtem Papier

ISBN 978-3-8100-3875-3   ISBN 978-3-322-80939-1 (eBook)
DOI 10.1007/978-3-322-80939-1

Inhalt

Vorwort

Im vorliegenden Lehrbuch soll ein Überblick über die klassischen Theorien der Eliteforschung und die in verschiedenen Gesellschaften vorfindbaren Eliteprofile vermittelt werden. Hilfreich bei der Erstellung des Buches waren für mich die Lehrmaterialien und Schematisierungen, die mir von Prof. Dr. Alf Mintzel zur Verfügung gestellt wurden. Dort, wo ich seine Schematisierungen in die Darstellung miteinbezogen habe, ist dies im Text vermerkt. Ich möchte ihm an dieser Stelle für die Überlassung dieser Materialien und der Konzeptionen besonders danken und auch dafür, dass er sich die Zeit genommen hat, das Manuskript kritisch zu lesen und mir hilfreiche Anregungen zu geben.

Für kritische Anmerkungen und Denkanstöße möchte ich mich des weiteren bei Frau Agapi Farfara, Frau Dr. Jani Kuhnt-Saptodewo, Frau Heidemarie Scholz und Herrn Markus Schön bedanken. Prof. Dr. Maurizio Bach danke ich für die tägliche Unterstützung am Arbeitsplatz. Schließlich gilt mein Dank auch der Familie Stiebler für den „Freiluftarbeitsplatz".

Gewidmet ist dieses Buch meinen Schwestern.

Passau im Januar 2003

Teil A

Eliten?

"Die oberen 10000"   Oberschicht   Aristokratie

Die herrschende Klasse   Die Manager

Gegeneliten

Oligarchie   "Intelligenzia"

"High Society"

Die Mächtigen   Prominenz

Herrscher   Experten

Masse   Beherrschte   Volk   Unterworfene   Nicht-Elite

Die Beschäftigung mit Eliten ist momentan „en vogue". Nachdem das Interesse an den „Spitzen der Gesellschaft" lange Zeit nicht sehr groß war, hat sich dies in den letzten Jahren erheblich gewandelt, nicht zuletzt aufgrund der Transformationsprozesse in den ehemals sozialistischen Staaten. Diese Transformationsprozesse waren eng verknüpft mit Veränderungen der Machtstrukturen und dem Wechsel der politischen und gesellschaftlichen Führungsschicht. Ohne Veränderungen in den Elitepositionen und einem Wandel der Elitestrukturen ist der Wechsel von einem politischen System in ein anderes nur schwer vorstellbar, weil Eliten häufig als Ausdruck und Symbol der politischen Machtstrukturen betrachtet werden.

Das Augenmerk der Forschung richtete sich vor allem darauf, was mit den ehemaligen Machthabern passierte, ob sie ihre dominante soziale Stellung wahren konnten, ob Gegeneliten aufsteigen konnten oder woher die neuen Machthaber kamen. Das Verhältnis zwischen demokratischer Ordnung und elitären Machtzirkeln war wieder einer Überlegung Wert. Eine Vielzahl von Forschungen und daraus resultierenden Publikationen waren die Folge. Diese Vielzahl und Vielfalt der Forschungsergebnisse bewirkt aber gerade bei jenen, die sich mit Eliten und den theoretischen Grundlagen ihrer Erforschung bisher noch nicht beschäftigt haben, meist Ratlosigkeit. Ein systematischer Überblick wird meist nicht geboten. Einführungen in dieses komplexe Feld der Soziologie gibt es kaum bzw. die verfügbaren sind nicht mehr ganz „taufrisch". Dieses Buch will eine Einführung in die Elitensoziologie bieten. Neben den theoretischen Grundlagen der Klassiker soll auch auf neuere Forschungen eingegangen werden, insbesondere auf die Ergebnisse der Elitenforschung in den verschiedenen europäischen Gesellschaften. Die Auswahl der europäischen Gesellschaften mag möglicherweise etwas willkürlich wirken. Ausgewählt wurden jene, die besonders prägnante Elitenkonfigurationen haben. Berücksichtigt bei dieser Auswahl wurden aber auch die Interessen der Studierenden, insbesondere die derer im Studiengang „Sprachen-, Wirtschafts- und Kulturraumstudien" an der Universität Passau.

1. Theoretische und systematische Verortung der Elitensoziologie

Prinzipiell kann die Elitensoziologie im „Gebäude der Soziologie" auf drei Weisen verortet werden:

- Die Beschäftigung mit gesellschaftlichen Eliten ist ein Problemaspekt der *Allgemeinen Soziologie*. In der Existenz von Eliten drückt sich soziale Ungleichheit aus. Die Untersuchung von Eliten ist damit auch eine Untersuchung eines Teilbereichs der Sozialstruktur einer Gesellschaft.
- Die Elitensoziologie kann als *Spezielle Soziologie* begriffen werden. Insbesondere dann, wenn man sich mit den speziellen Merkmalen der Elitemitglieder, ihren Karriere- und Kommunikationsmustern usw. beschäftigt, ist es sicher angebracht, von einer Speziellen Soziologie auszugehen.
- Schließlich ist die Beschäftigung mit Eliten auch ein wichtiger Teil der *Politischen Soziologie*. Sehr häufig sind politische Eliten im Fokus der Forscherinteressen. Somit wurde die Analyse politischer Eliten zu einem wichtigen Bestandteil der Analyse politischer Systeme. Gerade in Demokratietheorien ist die Frage nach den politischen Eliten, ihre Repräsentativität und der Elitenzirkulation zentral.

In diesem Buch will ich keinem dieser möglichen Zugänge eine dominante Rolle einräumen, vielmehr werden alle drei integrativ zusammengefasst werden. Auch auf eine allzu deutliche Abgrenzung gegenüber politikwissenschaftlichen Ansätzen soll verzichtet werden, da diese die soziologische Forschung durchaus befruchten können.

2. Begriffe und Konzepte der Elitensoziologie

Elite ist ein Begriff, mit dem wir alltagssprachlich manche Schwierigkeiten haben, da er voller Ambiguität steckt. Einerseits gleicht es häufig fast einer Beschimpfung, eine Einrichtung oder Institution als
„elitär" zu bezeichnen, denn damit ist oft die Vorstellung von reichen
Menschen verbunden, die viel Macht innehaben und diese Macht nur
zu ihrem eigenen Vorteil und zur Aufrechterhaltung dieses Ungleich-
verhältnisses nutzen. Wenn z.B. von Elite-Schulen oder Elite-Universi-
täten die Rede ist, dann scheint bei den meisten weniger die Vorstellung
auf, dass es sich um Schulen oder Universitäten handelt, die nur Schüler
oder Studenten besuchen, die überdurchschnittliche Leistungen erbringen. Vielmehr geht man davon aus, dass es sich um Bildungseinrichtungen handelt, die nur von Kindern reicher Eltern besucht werden, weil
nur die es sich leisten können, hohe Schul- bzw. Studiengebühren auf-
zubringen. Diese Einstellung ist zutiefst demokratisch geprägt und entspricht der demokratischen Vorstellung der Gleichheit aller, die eine
Privilegierung einiger weniger mit großer Skepsis betrachtet. Von einigen Elitensoziologen wird diese Vorstellung als „vulgär-demokratisch"
bezeichnet, weil sie sich vor der Einsicht verschließt, dass ein demokra-
tisches Gemeinwesen nicht von allen gleichzeitig geführt und regiert
werden kann, sondern dass nur wenige regieren können und deshalb eine Auswahl getroffen werden muss. Das Problem scheint für viele eher
darin zu bestehen, dass auch in einer demokratisch orientierten Gesellschaft nicht jeder die gleiche Chance hat, in die Elite bzw. eine Teilelite
aufzusteigen: Soziale, ökonomische, kulturelle Faktoren entscheiden
darüber, wie groß die Chancen des einzelnen sind, aufzusteigen. So gesehen erscheinen Eliten bis zu einem gewissen Grad verständlicherweise
doch als mehr oder weniger abgeschlossene Machtzirkel, die darüber
bestimmen können, wer in ihre Kreise aufsteigen kann und wer nicht.
   Andererseits drücken wir mit den Begriffen „Elite" bzw. „elitär"
auch häufig unsere Hochachtung für Personen, Gruppen oder Leistungen aus. Eine besonders gute Fußballmannschaft ist eine „Elite-Elf", in

Cannes trifft sich jedes Jahr die „Film-Elite" usw. Diejenigen, die herausragende Leistungen erbringen, werden also schon umgangssprachlich als Elite bezeichnet und mit entsprechender Hochachtung bedacht.

2.1 Begriffsklärung, Definitionen

Der Begriff Elite stammt vom lateinischen „eligere"; er wurde meist im Sinne von „ausjäten, sorgfältig auswählen, eine Wahl treffen" gebraucht. Geprägt wurde der Gebrauch dieses Begriffes im christlichen Kulturraum durch das Bibelwort „Multi vocati sunt, pauci electi sunt" (Viele sind berufen, aber nur wenige sind erwählt). Eliten wurden aus diesem Grund lange Zeit als etwas Gottgegebenes erachtet. Mitglieder der Elite wurden demnach in vielen Gesellschaften für von Gott auserwählt gehalten.

Hinsichtlich der Definition der Elite lässt sich heutzutage nur ein sehr schmaler Grundkonsens zwischen den verschiedenen Elitentheoretikern ausmachen: Alle gehen davon aus, dass die Eliten aus Personen bestehen, die einen (wie auch immer gearteten) Ausleseprozess durchlaufen haben. Sie gelten als eine (häufig positiv) bewertete Minderheit. Über diese grundsätzlichen Überlegungen hinaus finden sich aber nur begrenzt Übereinstimmungen bei den verschiedenen Theoretikern. Noch nicht einmal über die Frage, ob man von Elite oder Eliten sprechen sollte, besteht grundsätzliche Einigkeit. Jedoch geht man in jüngerer Zeit mehr und mehr davon aus, dass es nicht *eine* Elite geben kann, dass man in komplexen Gesellschaften immer von mehreren Eliten ausgehen muss. Die Ursache dafür ist darin zu sehen, dass sich die verschiedenen gesellschaftlichen Subsysteme (wirtschaftlich, rechtlich, kulturell, religiös usw.), die jeweils Eliten hervorbringen, immer mehr voneinander abkoppeln und ein „Eigenleben" führen. Dennoch lässt sich häufig eine Verflechtung der verschiedenen Eliten beobachten. Marxistisch orientierte Theorien gehen dabei davon aus, dass die wirtschaftlichen Eliten („die Inhaber der Produktionsmittel") ein Übergewicht besitzen, während liberal orientierte Theorien davon ausgehen, dass der Staat und damit die Politiker den meisten Einfluss haben.

Das Problem des Begriffes „Elite" besteht unter anderem auch darin, dass er häufig normativ gebraucht wird, wie bereits bei der umgangssprachlichen Begriffsanalyse deutlich geworden ist. So kann man feststellen, dass der Begriff häufig in einer utopischen Dimension benutzt wird, womit meist die implizite (oder auch zum Teil explizite) Forderung enthalten ist, nur die Geeignetsten, die Besten sollten herrschen (oder allgemein: Elitepositionen innehaben). Dabei geht man von der platonischen Vorstellung aus, dass nur Philosophen Könige werden sollten – oder aber die Könige zu Philosophen werden müssten. Ebenso hat der Begriff häufig eine ideologische Dimension. Besonders im Marxismus ging man davon aus, dass diejenigen zur Elite gehören sollten, die eine besondere Mission für die Gesellschaft erfüllen können, das Endziel der klassenlosen Gesellschaft zu erreichen. Noch eine weitere normative Aufladung lässt sich häufig beobachten: Man hält diejenigen, die zur Elite gerechnet werden, als besonders qualifiziert, man spricht ihnen besondere Fähigkeiten zu. Im Vordergrund steht hier also nicht der Weg in die Elite (für den man bestimmte Fähigkeiten und Leistungen braucht), sondern die Bewertung der Elitemitglieder: Jedem, der der Elite zugehört, werden diese Fähigkeiten zugeschrieben, ohne Berücksichtigung dessen, wie er in diese Position gelangt ist.

Einige neuere Definitionen versuchen, die genannten Probleme zu umgehen bzw. zu minimieren, wie die folgenden zeigen: „Zu den Eliten zählen all diejenigen Personen, die über längere Zeit aufgrund bestimmter Handlungsressourcen und besonderen, in der Regel privilegierten Handlungschancen Adressaten spezifischer Erwartungen größerer Bezugsgruppen sind und deren Entscheidungshandeln oder Situationsdeutungen für größere Bevölkerungsgruppen handlungsrelevant oder meinungsbildend werden. Die Realitätsdeutungen und Entscheidungen der Eliten können vielfältige strukturelle Auswirkungen haben, durch die sich die Lebensbedingungen größerer Personenkreise folgenreich verändern." (Sterbling, 1999: 255) Problematisch an dieser Elitendefinition ist, dass sie – zwar nicht explizit – sich vor allem auf politische Eliten bezieht, andere Eliten damit nur unzureichend erfasst werden können.

Ursula Hoffmann-Lange ist sich dieser häufigen Verengung des Begriffes bewusst und definiert deshalb: „Der sozialwissenschaftliche Elitebegriff bezeichnet Personen bzw. Personengruppen, die über wichtige Machtressourcen verfügen, die es ihnen erlauben, Einfluß auf gesellschaftlich bedeutsame Entscheidungen zu nehmen. Damit ist der Begriff nicht auf politische Eliten im engeren Sinne beschränkt, d.h. nicht auf führende Politiker. In modernen Gesellschaften gehören beispielsweise auch die Inhaber von Führungspositionen in Verwaltung, Wirtschaft, Medien, Wissenschaft sowie wichtigen Interessengruppen zur gesellschaftlichen Elite. Ihr Einfluß kann sich auf die Kontrolle unterschiedlicher Machtressourcen gründen: u.a. auf die mit politischen Ämtern verbundene formale Gesetzgebungsbefugnis, die Verfügungsgewalt über Kapital, die Fähigkeit zur Mobilisierung der öffentlichen Meinung, aber auch auf persönliche Qualifikationen wie Expertentum und Verhandlungsgeschick." (Hoffmann-Lange, 1992: 83)

Ein eindeutiger, bei allen Forschern Konsens findender Elitebegriff existiert also nicht.

2.2 Arten von Eliten

	Selbsteinschätzungselite		Wertelite
geschlossene Elite		persistente Elite	
	offene Elite		Funktionselite
Bildungselite		Positionselite	
Fremdeinschätzungselite	Leistungselite		
	revolutionäre Elite		dynastische Elite
Geburtselite	alte Elite		Machtelite
	kulturelle Elite	meinungsbildende Elite	
kombinatorische Elite	Reflexionselite		

In der Literatur über Eliten finden sich viele Zugänge ihrer Erforschung. Häufig werden verschiedene Formen von Eliten unterschieden. An dieser Stelle sollen einige dieser Elitebegriffe erläutert werden. Es ist jedoch darauf hinzuweisen, dass es sich nur um sehr allgemeine Definitionen handeln kann, da all diese Begriffe (wie Begriffe allgemein) nur im Kontext von Theorien Sinn ergeben. An dieser Stelle ist es also nur möglich, allgemeine Vorstellungen von einzelnen Begriffen aufzuzeigen; ein tieferes Verständnis kann erst im theoretischen Zusammenhang vermittelt werden.

Zudem ist es nicht möglich, diese unterschiedlichen Begriffe in einer Typologie oder Klassifizierung zu verorten, weil die logischen und theoretischen Bezugspunkte zu verschiedenartig sind. Die Elitebegriffe können jedoch anhand folgender Merkmale geordnet werden: Erreichbarkeit von Elitepositionen, Strukturübertragung, Identifikationsmerkmale, Voraussetzungen zum Erreichen von Elitepositionen,

Formen der Elitenrekrutierung, gesellschaftliche Funktionsbereiche und Einigkeit bzw. Differenzierung der Elite.

– Ordnung nach der Erreichbarkeit von Elitepositionen: offene – geschlossene Eliten (auch Geburtselite, dynastische Elite, alte Elite)
  Geschlossene (oligarchische) Eliten zeichnen sich dadurch aus, dass sie die Zugehörigkeits- und Rekrutierungsmechanismen kontrollieren, um den Zugang „fremder Elemente" zu verhindern. Elitepositionen können nur von solchen Personen erreicht werden, die den Auswahlkriterien der Elite entsprechen und diese werden von der Elite selbst bestimmt und angewandt. Häufig beziehen sich die Kriterien auf Verwandtschaftsverhältnisse oder bestimmte ökonomische oder ideologische Voraussetzungen. *Offene* Eliten verfügen über solche Mechanismen nicht, die aktuellen Elitemitglieder können kaum darüber bestimmen, wer in Elitepositionen aufrücken kann. Die Zugangs- und Zugehörigkeitsmechanismen sind meist gesamtgesellschaftlicher Konsens und stehen nicht der Elite zur Disposition.
– Ordnung nach der Strukturübertragung zwischen den Generationen: Zuschreibung – Erwerb
  Zuschreibung (ascription) bedeutet, dass Elitepositionen aufgrund angeborener Merkmale erreicht werden. Dies bedeutet, dass der soziale Status der Eltern auf die nächste Generation übertragen wird; sind also die Eltern Elitemitglieder, so sind auch ihre Kinder hierzu ausersehen. *Erwerb (achievement)* hingegen bezieht sich darauf, dass Elitepositionen durch Leistung erworben werden müssen. Entscheidend sind somit nicht angeborene Merkmale, sondern solche, die im Laufe des Lebens und der Karriere erreicht werden.
– Ordnung nach Kriterien, anhand derer Elitemitglieder identifiziert werden: Positionselite, Reputationselite (Selbsteinschätzungs- und Fremdeinschätzungselite)
  Der in der modernen empirischen Elitenforschung anerkannteste und meistbenutzteste Ansatz bzw. Begriff ist der der *Positionseliten.* Dabei wird Elite definiert als die Gruppe der Inhaber der höchsten Positionen in bestimmten organisatorischen Hierarchien.
  Der Reputationsansatz geht davon aus, dass bestimmte Personen aufgrund ihrer *Reputation* zur Elite gehören. Dabei kann man von der Selbst- bzw. von der Fremdeinschätzung ausgehen. Die *Selbsteinschätzungselite* besteht aus Personen, die nicht aufgrund besonderer Leistungen oder Verdienste der Elite zugerechnet werden, sondern solchen, die sich selbst für auserwählt halten. Dieser Be-

griff findet eigentlich nur in der Wissens- und in der Religionssoziologie Anwendung.

Der Begriff *Fremdeinschätzungselite* beruht auf der Einschätzung anderer. Zur Elite gehört demnach, wer von einem möglichst repräsentativen Querschnitt der Mitglieder eines Sozialsystems als Elitemitglied angesehen wird.

- Ordnung nach den Voraussetzungen zum Erreichen von Elitepositionen: Leistungselite, Geburtselite, Wertelite

Von einer *Wertelite* geht man dann aus, wenn die Zugehörigkeit eines Individuums zur Elite davon abhängt, dass es bestimmte, keineswegs immer gesamtgesellschaftliche Leitwerte in besonders hohem Maß vertritt oder vorlebt (vgl. Endruweit, 1986: 22). Die Elite ist in diesem Sinne also eine Gruppe von Personen, die sich durch besondere sittliche und moralische Qualitäten auszeichnet und somit gesamtgesellschaftlichen Vorbildcharakter hat. Auch *revolutionäre Elite*n können als Wertelite betrachtet werden (vgl. Dreitzel, 1962: 26). Der Begriff oder die Vorstellung einer Wertelite taucht in vielen klassischen Konzepten auf, wenn auch meist nicht als zentrales Element. In modernen Elitentheorien spielt dieser Begriff kaum noch eine Rolle.

Hingegen entspricht der Begriff der *Bildungselite* wohl eher unseren heutigen Elitevorstellungen. Bildungselite ist ein Begriff, der zwei Dimensionen in sich vereinigt: Zum einen versteht man darunter eine Elite (in gleich welchem Funktionsbereich), die ihren Aufstieg einer bestimmten Ausbildung verdankt. Gerade in Gesellschaften, die ein sehr elitäres Bildungssystem aufweisen, ist diese Rekrutierungsform „normal". Mit dem Besuch der elitären Bildungseinrichtung ist der Weg in Elitepositionen geebnet. Zum anderen – häufiger – ist mit der Bildungselite jener Personenkreis gemeint, der in den verschiedenen Bildungseinrichtungen einer Gesellschaft die jeweiligen Toppositionen einnimmt. Die Bildungselite in diesem Sinne ist eine Funktionselite im gesellschaftlichen Funktionsbereich „Bildung".

Ein eng damit verbundener Begriff ist „*Leistungselite*". Nach diesem Ansatz werden all jene zur Elite gerechnet, die nach bestimmten Kriterien die höchsten Leistungen für die Gesellschaft erbringen können (vgl. Endruweit, 1986: 24). Da die Leistungsanforderungen in verschiedenen gesellschaftlichen Bereichen höchst unterschiedlich sein können, wird meist von verschiedenen Leistungseliten gesprochen (vgl. Dreitzel, 1962: 68). Das größte Problem dieses Ansatzes ist die Messung der Leistungsfähigkeit.

- Ordnung nach den Methoden zur Sicherung der Eliteposition
Im Zusammenhang mit der Sicherung der Elitepositionen (sowohl einzelner als auch der Gesamtelite) ist die *Machtelite* der Schlüsselbegriff. Problematisch ist dabei der Machtbegriff. „Macht" ist soziologisch amorph, ein sehr schwer fassbares Phänomen. Der Machtbegriff wurde von Max Weber als „jede Chance, innerhalb einer sozialen Beziehung, den eigenen Willen durchzusetzen, gleichviel, worauf diese Chance beruht" (Weber, 1984: 89 §16) definiert. Diese Definition wird bis heute in gleicher oder ähnlicher Form weiter verwendet. Sie zeigt, warum der Machtbegriff so unbestimmt ist: Alle möglichen Situationen und Konstellationen können jemanden in die Lage versetzen, die eigenen Interessen gegen das Widerstreben anderer durchzusetzen. Zudem geht man bei allen Elitepositionen davon aus, dass sie mit Macht- und Einflussmöglichkeiten verbunden sind. Insofern bleibt der Begriff der Machteliten unbefriedigend. Meist erfasst der Begriff nicht die Beschreibung der Elite selbst, sondern auf ihr Verhalten, das darauf abzielt, ihre Macht- und Herrschaftsansprüche exklusiv für sich selbst und ihre Gruppe zu sichern und andere am Zugang zu diesen Ansprüchen zu hindern.
- Ordnung nach den Formen der Elitenrekrutierung
Einzelne Elitebegriffe beziehen sich auch auf die Formen der Elitenrekrutierung. So wird beispielsweise die aristokratische Elite durch Geburt bestimmt, die plutokratische durch den (ererbten) Reichtum, die theokratische durch (wie auch immer offenbarte) göttliche Auswahl und die meritokratische durch Leistung.
- Ordnung nach gesellschaftlichen Funktionsbereichen
Die moderne Elitenforschung bezieht sich meist auf Eliten, die gesellschaftlichen Sektoren zuzuordnen sind: Die Rede ist dann von politischer, wirtschaftlicher, juristischer, kultureller, administrativer, militärischer, kirchlicher, usw. Elite.
- Ordnung nach Einigkeit und Differenzierung der Eliten
Eine wichtige, weil häufig in der modernen Elitenforschung gebrauchte Typologie haben Higley und seine Mitarbeiter vorgelegt. Sie soll deshalb an dieser Stelle wiedergegeben werden (die theoretischen Fundamente werden weiter unten genauer dargelegt). Die beiden Dimensionen, auf die sie sich dabei beziehen, sind die Einigkeit und die Differenzierung der Elite(n).

		Einigkeit der Elite	
		hoch	gering
	breit	Konsenselite (konsolidierte Demokratie)	Fragmentierte Elite (Nicht konsolidierte Demokratie) (möglicherweise ein kurzlebiges autoritäres Regime)
Eliten-differenzierung	gering	Ideokratische Elite (totalitäres oder post-totalitäres Regime)	Geteilte Elite (autoritäres oder sultanistisches Regime)

Quelle: nach Higley/Lengyel, 2000: 3

Die Konsenselite (oder: consensually unified elites) wird von keinen ideologischen Werthaltungen eingeschränkt. Die strukturelle Integration und der Wertkonsens ist in dieser Elite hoch und bewirkt eine starke Inklusion.

Die geteilte Elite (disunified elite) steht im ständigen Kampf gegeneinander. Die strukturelle Integration und der Wertkonsens zwischen den Elitemitgliedern oder –gruppen ist minimal.

Fragmentierte Eliten findet man meist nach Systemumbrüchen (wie z.B. nach den Revolutionen in Osteuropa Ende der 80er Jahre). Es können sich zwar gewisse Koalitionen bilden, aber es existiert keine Vorstellung von einer „Einigkeit in Vielfalt".

Die ideokratischen Eliten (auch: ideologically unified elite) zeichnen sich dadurch aus, dass es eine dominante Ideologie gibt, unter deren Fahne sich alle Elitemitglieder versammeln.

3. Hauptfragen der Elitensoziologie[1]

Aus den oben angesprochenen Vielfalt sozialwissenschaftlicher Arbeiten zur Empirie und Theorie der Elitenforschung kristallisieren sich eine Reihe von zentralen Fragestellungen heraus (vgl. Mintzel/Wasner, 2000: 10ff.)

Identifikation

Eine der grundlegendsten Fragen ist zunächst, wer überhaupt zur Elite bzw. zu den Eliten gezählt werden soll und kann. Um Eliten näher untersuchen zu können, ist es notwendig sie zu identifizieren. Auf die Methoden zur Identifikation von Eliten wird im Kapitel 7, Methodische Ansätze der Elitenidentifizierung, näher eingegangen.

Social Background

Die nächste Frage ist, woher die Mitglieder der Eliten stammen. Man versucht also herauszufinden, wo die soziale Rekrutierungsbasis für Eliten zu finden ist. Hier spielt vor allem die Stratifikationstheorie (Stratifikation = Schichtung) eine besondere Rolle, wenn man davon ausgeht, dass die Mitglieder von Eliten vor allem aus besonders privilegierten Schichten stammen. Mit dieser Frage haben sich eine Reihe von Elitensoziologen auseinandergesetzt. Die entsprechenden Ergebnisse werden in einzelnen Kapiteln näher erläutert.

---

1   Dieses Kapitel beruht zu großen Teilen auf den Lehrmaterialien, die mir von Prof. Dr. Alf Mintzel überlassen wurden.

Karriereverlauf

Nicht nur ihre Herkunft ist für die Elitensoziologie von Bedeutung, sondern auch der Karriereweg, der sie in die Spitzenpositionen geführt hat. Dabei ist zunächst zu unterscheiden, ob die Karrieren, die in Spitzenpositionen führen, eher Prozesscharakter haben, oder ob in einer Gesellschaft auch „Blitzkarrieren" möglich sind. Des weiteren werden die Aufstiegskanäle ausfindig gemacht; im Vordergrund stehen dabei zwei Formen: institutionelle (also z.b. das Bildungssystem als Aufstiegskanal) und persönliche („Seilschaften" als Aufstiegskanal). Auch die Positionssequenzen sind von Bedeutung: Man versucht nachzuvollziehen, welche Positionen der Eliteposition vorausgegangen sind und wie lange jeweils die Verweildauer auf diesen Positionen war.

Persönliche Merkmale und Qualifikationen

Daneben ist das soziale Umfeld der Elitemitglieder für die Elitensoziologie von Bedeutung und die persönlichen Merkmale und Qualifikationen. Man untersucht ihr Alter, Geschlecht, Konfession, Schul- und sonstige Ausbildung, um zunächst ein formales Bild von den Elitemitgliedern zu gewinnen. Aber auch die Persönlichkeitsprofile dieser Personen sind durchaus interessant. Zu fragen ist nämlich, ob sie über Charaktereigenschaften verfügen, die sie für Elitepositionen und Führungsaufgaben besonders qualifizieren, ob sie also über mehr Machtinstinkt, Stressresistenz oder ähnliches verfügen. Häufig scheinen sich Elitemitglieder auch durch besondere Persönlichkeitseigenschaften auszuzeichnen, die offenbar ihren Aufstieg begünstigt haben. Hier sind vor allem Souveränität, Optimismus und gewandtes Auftreten zu nennen.

Art des Denkens, elitenspezifische Denkmuster

Hier steht die Frage im Vordergrund, welche gemeinsamen Denkmuster Eliten und welche typischen Führungsstile sie aufweisen. Von grundlegender Bedeutung hierfür ist, wie sie sich selbst (sowohl als Führungsperson als auch als Gruppe) und andere (die Geführten, andere Elitemitglieder) sehen. Das bedeutet, dass in diesem Zusammenhang untersucht wird, welches Selbstbild sie hegen, ob sie „Standesbewusstsein" haben, welche Bedeutung sie dem „Esprit de Corps" beimessen und welchen Stellenwert sie dem Konsens und der Kohäsion innerhalb der Elite(n) einräumen. Andererseits ist die Frage zu klären, welchen Führungsstil sie gegenüber Nicht-Eliten an den Tag legen; hierfür entscheidend ist ihr Gesellschaftsbild und ihre ideologische Grundüberzeugung.

Elitenzirkulation

In der Forschung wurde der Elitenzirkulation immer besondere Bedeutung zugemessen. Die Frage danach, wie Zirkulation zustande kommt (revolutionär oder evolutionär, also gewaltsam oder durch friedliche, demokratische Prozesse) stand dabei lange Zeit im Vordergrund. Für die Demokratietheoretiker ist vor allem interessant, wie lange einzelne Elitemitglieder in ihren Positionen verbleiben, wie hoch die Zirkulationsrate ist und welche Amtsdauer Elitemitglieder aufweisen können. Ganz besonders aktuell wird die Zirkulationsfrage immer dann, wenn sich tiefgreifende Veränderungen im politischen System ergeben. Gerade nach den Revolutionen in den ehemaligen Ostblockstaaten stand diese Frage wieder an. Diese Probleme werden vor allem in Teil 2, Kapitel 7 ausführlicher erläutert. Die theoretischen Grundlagen der Elitenzirkulation werden dort ebenfalls noch einmal aufgegriffen, zum größten Teil jedoch schon im Zusammenhang mit Paretos Überlegungen zur Elitenzirkulation erläutert.

Elitentypen

Wie oben bereits angedeutet, gibt es eine Vielzahl von unterschiedlichen Eliten. Demgemäß gibt es auch eine Menge Versuche, diese zu typologisieren und zu klassifizieren. Zunächst kann man von den verschiedenen gesellschaftlichen Sektoren ausgehen und postulieren, dass jeder dieser Gesellschaftssektoren (z.B. Politik, Wirtschaft, Justiz, Verwaltung, Kultur, Religion...) eine eigene Führungsschicht, eine Elite hervorbringt. Verschiedene gesellschaftliche Funktionsbereiche

(Sektoren) bringen nach dieser Vorstellung verschiedene Eliten hervor, die unterschiedliche Funktionen erfüllen, es handelt sich demnach um Funktionseliten. Diese Elitentypologie wird in der modernen Elitensoziologie zugrundegelegt; andere Klassifizierungen oder Typologien werden gesondert in einigen Kapiteln erläutert.

Arbeitsweise und Kommunikation der Eliten

Hier steht die Frage im Vordergrund, welche Arbeits- und Kommunikationsstile Eliten aufweisen. Von besonderem Interesse ist die Kommunikation und Interaktion zwischen den Mitgliedern der Elite einerseits und zwischen den verschiedenen Eliten andererseits. So können nicht nur Elitenetzwerke identifiziert werden, sondern auch die Mechanismen analysiert werden, die zur sozialen Kohäsion innerhalb der Elite(n) führen.

Repräsentativität der Eliten

Eliten sind meist nicht das verkleinerte spiegelbildliche sozialstrukturelle Abbild der Gesellschaft. Gerade herausragende Leistungen, höhere Bildung und Herkunft zeichnen die Elitemitglieder aus. Dennoch stellt sich die Frage, inwieweit Eliten repräsentativ für die Gesamtgesellschaft sind. In diesem Zusammenhang werden also die sozialstrukturellen Merkmale der Eliten untersucht und mit der Sozialstruktur der Gesellschaft verglichen. Darüber hinaus wird auch der Frage nachgegangen, ob und in welcher Weise bestimmte Gruppen in der Gesellschaft einen leichteren oder schwereren Zugang zu Elitepositionen haben. Somit können auch Barrieren im Zugang zu Elitepositionen identifiziert werden.

Interessenrepräsentativität

Da eine sozialstrukturelle Repräsentativität meist nicht oder nur sehr eingeschränkt möglich ist, wird häufig wenigstens erwartet, dass die

Eliten zumindest die verschiedenen Interessen(gruppen) einer Gesellschaft repräsentieren. Untersucht wird also, ob von den Eliten die verschiedenen politischen, ökonomischen, sozialen und kulturellen Interessenlagen angemessen berücksichtigt werden, bzw. welche Elitemitglieder jeweils welche Interessen vertreten und durchzusetzen versuchen.

Legitimität und Prestige der Eliten

Für die Legitimität der Eliten entscheidend ist, welches Ansehen bzw. welches Prestige sie in der Gesellschaft genießen. Dies gilt für sämtliche gesellschaftliche Eliten, in besonderer Weise aber für politische Eliten; ist ihr Ansehen nicht groß genug bzw. wird ihre Legitimität in Frage gestellt, wirkt sich dies auf die Eliten (möglicherweise auch – wie von einigen Theoretikern postuliert – auf die gesamte Gesellschaft) destabilisierend aus.

Das Konzept der Prestigeelite beruht auf der Überlegung, dass es Personenkreise gibt, die besondere Wertschätzung genießen und allein deshalb zur Elite gezählt werden müssten. Dies scheint weitgehend unabhängig von ihrer tatsächlichen Position zu sein. Zu denken wäre an ,elder statesmen', also ehemalige Inhaber hoher politischer Ämter, die auch nach ihrem Ausscheiden aus diesem Amt noch immer hohes Ansehen genießen.

Neben diesen Hauptfragestellungen der Elitensoziologie gibt es zahlreiche weitere Aspekte, die im Rahmen von elitensoziologischen Untersuchungen berücksichtigt wurden. Die hier genannten sind jene, die sich in den meisten Untersuchungen finden und die vor allem auch bei den klassischen Elitentheoretikern bereits behandelt wurden. Sie haben insofern zentrale Bedeutung. Viele der genannten Fragestellungen werden in den folgenden theoretischen Ansätzen wieder aufgegriffen und in den jeweiligen theoretischen Zusammenhang gestellt.

4. Klassiker der Elitensoziologie

4.1 Der Vorläufer: Niccolò Machiavelli

Als der geistige Wegbereiter für Elitetheorien aller Art wird immer wieder Machiavelli bezeichnet. Er gab auch einem nicht ganz unbedeutenden Teil der elitensoziologischen Theorien seinen Namen (den sogenannten (neo-)machiavellistischen Elitentheorien[1]). Sein Verdienst besteht im wesentlichen darin, sich von normativ-moralischen Vorstellungen über politische Herrschaft überwunden und sich einer eher praktisch und empirisch orientierten Zugangsweise zu Fragen über die Ausübung und Sicherung der Macht zugewandt hat. Seine empirischen Grundlagen bestehen nicht nur in antiken Schriften, sondern auch seine eigene praktische Erfahrung und die Beobachtungen, die er dabei machen konnte. Sein „Principe" ist als Anleitung, als Rezeptwissen für Machtaspiranten gedacht.

Machiavelli selbst hat die schmerzhafte Erfahrung des Elitenwechsels am eigenen Leib erfahren, er wurde Opfer von politischen Wandlungsprozessen in Florenz, die ihm seinen Arbeitsplatz als „Segretario della Repubblica" kosteten. Betrachtet man seine politischen

---

1   Die Bezeichnung Neomachiavellisten bezieht sich vor allem darauf, dass die Eliten vor allem durch das Merkmal Teilhabe an der Macht oder Machtausübung von der Nicht-Elite abgegrenzt werden. Ein entscheidender Punkt dabei ist, dass die Macht nicht zugunsten oder zum Wohle der Nicht-Elite ausgeübt wird, sondern immer zum Vorteil der Elitemitglieder selbst. Meist geht es um die Erhaltung und Vermehrung der eigenen Macht, der Privilegien und des Reichtums. Als Gegenposition hierzu sind die sogenannten Demokratietheorien. Max Weber war derjenige, der in der Elitentheorie eine Wende herbeigeführt hatte oder wenigstens eine neue Perspektive ermöglichte: Betrachteten die (Neo-)Machiavellisten vor allem die Frage nach dem Machterhalt der Eliten und dem Zirkulationsprozesse in und zwischen den Eliten (manchmal auch zwischen Elite und Nichtelite), so lenkte er den Blick auf die Beherrschten. Die Demokratietheoretiker folgten diesem Perspektivenwechsel und stellen in das Zentrum ihrer Überlegungen, welche Rolle Eliten in demokratischen Systemen spielen oder spielen können. Die Wechselwirkungen zwischen Beherrschten und Herrschenden, die der demokratischen Legitimation bedürfen, sind der zentrale Forschungsgegenstand.

Schriften, so ist es sinnvoll, den historischen und persönlichen Hintergrund seiner Ausführungen (die er vor allem in drei Werken niederlegte: Der Fürst, Discorsi, Geschichte von Florenz) zu beachten. Italien war zu Machiavellis Zeit noch kein geeintes Staatsgebiet, sondern bestand aus verschiedensten politischen Einheiten; in Oberitalien dominierten Stadtstaaten. Handels- und machtpolitische Kämpfe zwischen diesen verschiedenen Staaten waren an der Tagesordnung. (vgl. Jaeggi, 1967: 16) Entsprechend hatte Machiavelli auch in seiner Heimatstadt Florenz viele politische Wirren miterlebt. Er strebte – wie einige andere Politiker in dieser Zeit – die Einigung Italiens an, die aber in Anbetracht der verworrenen politischen Lage und der völlig gegenläufigen politischen Interessen der verschiedenen Staaten kaum möglich schien. Machiavelli kam zu der Einschätzung, dass die nationale Einheit nur durch einen großen Herrscher hergestellt werden könne.

Machiavellis Schriften sind durch diese Umstände erheblich geprägt. Seine grundsätzliche Haltung ist, dass die erstrebenswerteste aller Verfassungen eine solche wäre, die eine Volksherrschaft oder Demokratie ermöglicht, weil ihm das Volk als weiser und beständiger erscheint als ein Alleinherrscher. Darüber hinaus geht er davon aus, dass nur in einer Demokratie die persönliche Freiheit jedes einzelnen garantiert werden kann. Im Italien seiner Zeit scheint ihm aber nicht die Situation gegeben zu sein, in der eine stabile Demokratie etabliert werden könnte, weil der Aufbau einer Demokratie eine vorübergehende Phase der Schwäche für den Staat bedeutet und die jeweiligen Anrainer-Staaten diese Schwäche sofort zur Eroberung ausnutzen würden. Aus diesem Grund erachtete er es als erforderlich, die politischen Verhältnisse in ganz Italien zunächst zu restrukturieren. Er kommt in seinen Analysen zum Ergebnis, dass eine solche Restrukturierung nicht in einer demokratischen Staatsverfassung möglich ist, sondern dass dazu eine straffe politische Führung notwendig ist. Dies sei die Aufgabe einer politischen Elite, wobei Machiavelli der Vorstellung anhängt, dass dies ein einzelner (Principe) am besten tun könne. Deshalb widmet er in den Discorsi ein ganzes Kapitel dieser Überlegung (unter der Überschrift: „Wer einem Staat eine neue Verfassung geben oder ihn ohne Rücksicht auf seine alten Einrichtungen völlig umgestalten will, muß allein sein" (Machiavelli, 1977: 36)).

Seine Fragestellung bezieht sich darauf, wie dieser Principe zur Macht kommen und sich an der Macht halten kann. Zwei Faktoren bestimmen nach Machiavelli die Wahrscheinlichkeit, Macht zu erwerben und zu erhalten: Virtù und Fortuna, also einerseits die Fähigkeiten und Eigenschaften dessen, der die Macht ergreift oder sie ergreifen will und andererseits die Umweltbedingungen. Virtù kann bei Machiavelli keinesfalls als Tugend im christlichen Sinne verstanden werden. Sie umschließt vielmehr alles, was im Menschen als Potenzial angelegt ist, vor allem die vom Verstande her organisierte und disziplinierte Kraft. Sie bedeutet Offensein, Bereitsein zum richtigen Zupacken in einer gegebenen Situation. Fortuna ist in seinem Sinne alles, was der Mensch nicht sieht, von dem er blind und verblendet ist, sie ist die Laune der Zeit, der Zufallsfaktor, für niemanden voraus berechenbar, aber möglicherweise instinktiv erfassbar. Je größer die Virtù des Führers ist, um so geringere Macht besitzt die Fortuna. Das verbindende Element zwischen den beiden ist die „Occasione", die günstige Gelegenheit, die es zu ergreifen gilt.

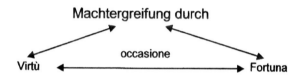

Da Machiavelli diese Virtù so wichtig erscheint, sollten seiner Vorstellung nach auch immer diejenigen die Elite bilden, die über sie in ausreichendem Maß verfügen. Erbliche Herrschaften sind aus diesem Grund nicht in seinem Sinne, weil sich – seiner Ansicht nach – die Eigenschaften der Virtù nicht unbedingt vererben. Mut, Tapferkeit und das instinktiv richtige Erfassen von Situationen und Konstellationen kann auch nicht gelehrt oder erlernt werden; man hat diese Fähigkeiten und Eigenschaften oder man verfügt nicht über sie. Aus diesem Grund sollten auch Frauen nicht in die Elite oder zur Alleinherrschaft aufsteigen, weil ihnen diese Eigenschaften fehlen (vgl. Machiavelli, 1977: 358).

Er stellt fest, dass die Möglichkeiten des Aufstiegs auch für Männer meist sehr begrenzt sind. So weist er darauf hin, dass man aus niedrigem Stand meist eher durch List und Tücke („Betrug") zu einer hohen Stellung aufsteigen kann als durch Gewalt (vgl. Machiavelli, 1977: 201f.). Diejenigen, denen man die Macht genommen hat (also die frühere, jetzt entmachtete Elite), sollte man – wenn dies möglich ist – auf seine eigene Seite ziehen. Hat man von ihnen aber die Macht durch Betrug oder Gewalt erlangt, so ist die Wahrscheinlichkeit, dass dies gelingt, sehr gering; man sollte in diesem Fall seine Vorgänger am besten politisch ausschalten. Machiavelli macht in einem Kapitel, das er mit dem Titel „Kein Machthaber ist seiner Herrschaft sicher, solange die am Leben sind, denen sie genommen wurde" (Machiavelli, 1977: 282) überschrieb, deutlich, dass die Ermordung der Vorgänger in antiken Zeiten ein durchaus häufig gebrauchtes Mittel der Herrschaftssicherung war und dieses antike Vorbild – falls nötig – befolgt werden sollte.

Die Gefahr eines Machtverlustes ist potenziell immer gegeben und geht nicht nur von den entmachteten Vorgängern aus. Deshalb sollte ein Führer verschiedene Verhaltensweisen berücksichtigen, um sich an der erreichten Macht zu halten:

– Konsolidierung des Staatshaushaltes: Er sollte mit dem Staatsvermögen sparsam umgehen, sollte nicht zu viel ausgeben. Lieber sollte sich der Principe den Ruf der Knausrigkeit gefallen lassen, als den Staat in den Bankrott zu führen.
– Sicherung der Legitimität: Auch über die Grundlagen der Legitimität stellt Machiavelli Überlegungen an. Er kommt dabei zu dem Ergebnis, dass sich ein Führer keine großen Gedanken darüber machen sollte, ob ihn das Volk aus Liebe (Achtung) oder aus Furcht als Führer anerkennt. Solche Stimmungen scheinen ihm so schwankend zu sein, dass sich der Führer oder die Elite darüber keine Sorgen machen braucht, solange keine echte Krise droht. Schlägt die Stimmung jedoch in Hass um, werden die Chancen, Gefolgschaft zu finden, sehr gering. Haß und Verachtung beim Volk sind deshalb für die politische Elite äußerste Warnzeichen. Wenn das Volk aber hinter der Elite oder dem Führer steht, sind auch Verschwörungen nicht zu fürchten.
– Qualifizierte „zweite Führungsschicht": Ein Führer sollte sich mit klugen und umsichtigen Beratern umgeben. Sie ermöglichen es ihm, sachgerecht und vorausschauend zu regieren. Dagegen sollte

er es tunlichst vermeiden, sich mit Schmeichlern zu umgeben, weil diese keine qualifizierten und fachgerechten Ratschläge erteilen, sondern nur auf ihren eigenen Vorteil bedacht sind, eine günstige Position erreichen wollen, um von der Nähe zum Führer profitieren zu können.

– Integration verschiedener gesellschaftlicher Sektoren: Um die eigene Macht zu sichern, ist es auch angeraten, andere gesellschaftliche Subsysteme in den eigenen Dienst zu stellen. So gibt Machiavelli den Ratschlag, mit der Religion so umzugehen, dass sie die eigene Machtbasis konsolidiert. Auf jeden Fall sollte ein Machthaber ein Heer unterhalten, weil er sich nur mit einem solchen vor äußeren Feinden (und damit vor dem Verlust der Macht) schützen kann.

– Innere und Rechtssicherheit: Sich an der Macht zu halten, ist für Machiavelli immer wieder ein Kampf (gegen äußere und innere Feinde des Staates). Dabei gibt es für ihn zwei Formen des Kampfes: durch Gesetze und durch Gewalt. Die erstere Kampfesweise ist für ihn diejenige, die dem Menschen eigentlich angemessen ist. Bürger, die gegen die politische Elite vorgehen wollen, sollten durch Gesetze daran gehindert werden. Machiavelli macht in diesem Zusammenhang deutlich, dass es wichtig ist, Rechtssicherheit zu schaffen. Damit meint er vor allem, dass alle vor dem Gesetz gleich sind und dass Bestrafungen (bzw. auch Belohnungen) angemessen sein sollten und jedes Verbrechen den Gesetzen entsprechend verfolgt werden muss. Vor allem aber sollte sich auch der Machthaber selbst an die gegebenen Gesetze halten; hält er sich nicht daran, untergräbt er mit diesem schlechten Vorbild die Disziplin des Volkes.

Dieser Kampf mit Gesetzen reicht jedoch nicht in allen möglichen Situationen aus. Deshalb muss es ein erfolgreicher Führer auch verstehen, mit Gewalt – also „wie ein Tier" – zu kämpfen. Bei diesem gewaltsamen Kampf sollte er sich im Löwen bzw. im Fuchs ein Vorbild nehmen. „denn der Löwe entgeht den Schlingen nicht, und der Fuchs kann dem Wolf nicht entgehen. Er muß also ein Fuchs sein, um die Schlingen zu kennen, und Löwe, um die Wölfe zu schrecken. Die, welche nur den Löwen zum Vorbild nehmen, verstehen es nicht." (Machiavelli, 1990: 87) Dies bedeutet, dass sich ein Führer nicht nur der Gewalt, sondern auch der List bedienen muss, wenn er gegen seine Gegner erfolgreich kämpfen will. Auf diese Unterscheidung zwischen Löwen und Füchsen bezieht sich später auch Pareto in seiner Elitentheorie wieder.

Herrschaftssicherung durch

Gesetze
(= Menschen angemessen)

Gewalt
(= Tieren angemessen)

rechtsstaatliche Ordnung,
v.a. Rechtssicherheit

Löwe
Kampf mit Stärke

Fuchs
Kampf mit List

Machiavellis Verdienst war es, die verschiedenen Problembereiche und Hauptfragestellungen der Elitensoziologie (wenn auch nicht immer explizit und theoretisch-systematisch) zu benennen und auf die italienischen Verhältnisse seiner Zeit anzuwenden. Zum einen erörtert er die Notwendigkeit von Eliten zur Leitung des Staates. Diese Erklärung ist stark von seiner Zeit und den herrschenden politischen Umständen geprägt. Darüber hinaus beschäftigt er sich aber auch mit den Aufstiegswegen und –ressourcen der Elite (Karrierewege). Er geht der Frage nach den persönlichen Eigenschaften und Verhaltensweisen der Elitemitglieder ebenso nach wie der nach der Sicherung der Macht bzw. den Bedingungen des Machtverlustes (Elitenzirkulation).

Da er davon ausging, dass nur eine gute Regierung das Gute in den Menschen zutage fördern könne und das gute Vorbild (z.B. Beachtung der Gesetze auch vom Gesetzgeber) entscheidend sei, formulierte Machiavelli nicht nur das Konzept einer Macht-, sondern auch einer Wertelite. Diese Vorüberlegungen waren für die spätere Entwicklung der Elitensoziologie entscheidend. Viele Theoretiker der Elitensoziologie werden nicht nur als „Neo-Machiavellisten" bezeichnet, sondern beziehen sich explizit auf das Werk Machiavellis; viele ihrer Begriffe übernehmen sie direkt von ihm. Machiavelli hat damit einige der wichtigsten Elitensoziologen beeinflusst. Seine Grundüberlegungen wurden in der Elitensoziologie weiterverbreitet, meist ohne zu beachten, wie früh diese Gedanken bereits von ihm formuliert wurden und zum Teil auch, ohne sich explizit auf ihn zu beziehen. Dennoch fanden seine Schriften enormen Widerhall; die in ihnen vermutete Unmoral forderte Widerspruch und Gegenschriften heraus. Diese entscheidende Bedeutung Machiavellis führte auch dazu, dass sein Name heutzutage zu einem werbeträchtigen „Trademark" geworden ist: Bücher – die sich an potentielle Elitemitglieder als Zielgruppe richten – werden mit „Machiavelli für Frauen" „Was hätte Machiavelli getan? Bosheiten für Manager", „Der kleine Machiavelli. Handbuch der Macht für den alltäglichen Gebrauch" oder „Machiavelli für Manager. Sentenzen" betitelt.

Literatur

Bing, Stanley (2002): Was hätte Machiavelli getan? Bosheiten für Manager. München: Econ
Jaeggi, Urs (1967): Die gesellschaftliche Elite. Bern, Stuttgart: Paul Haupt
Machiavelli, Niccolò (1977): Discorsi. Stuttgart: Kröner
Machiavelli, Niccolò (1990): Der Fürst. Frankfurt: Insel
Machiavelli, Niccolò (1995): Machiavelli für Manager. Sentenzen. Frankfurt: Insel
Noll, Peter/Bachmann, Rudolf (2001): Der kleine Machiavelli. Handbuch der Macht für den alltäglichen Gebrauch. München: Droemer Knaur
Rubin, Harriet (2001): Machiavelli für Frauen. Strategie und Taktik im Kampf der Geschlechter. Frankfurt: Fischer Taschenbuchverlag
Skinner, Quentin (1990): Machiavelli zur Einführung. Hamburg: Junius

4.2 Die Neomachiavellisten

Die sogenannten Neomachivallisten schließen in ihren theoretischen Zugängen an Machiavellis Vorbild insofern an, als im Zentrum ihrer Betrachtung die politischen Führer stehen. Sie beschäftigen sich vor allem mit Fragen nach Macht- und Herrschaftssicherung. Das Spannungsfeld zwischen Eliten und Nicht-Eliten, zwischen Herrschern und Herrschaftsunterworfenen ist für sie nur insofern von Bedeutung, als dieses Verhältnis zur Herrschaftssicherung herangezogen wird.

Neomachiavellisten:

		Werk (e)	zentraler theoretischer Bezugspunkt
Gaetano Mosca	1858-1941	„Die herrschende Klasse" (1896)	Herrschaft der Minderheit über (unfähige) Mehrheit
Vilfredo Pareto	1848-1923	„Trattato die sociologia generale (1916)	Elitenzirkulation
Robert Michels	1876-1936	„Zur Soziologie des Parteiwesens in der modernen Demokratie" (1911)	Das eherne Gesetz der Oligarchie
C. Wright Mills[2]	1916-1962	„The Power Elite" (1965?)	Machtdreieck
Pierre Bourdieu	1930-2002	„Die feinen Unterschiede" (1982) „Die verborgenen Mechanismen der Macht" (1992)	Kapitalien (ökonomisches, kulturelles, soziales, symbolisches)

4.2.1 Gaetano Mosca: Die Theorie der herrschenden Klasse

Gaetano Mosca[3] kann als Begründer der modernen Elitentheorie gelten. Seine Grundüberlegung ist, dass geschichtliche Erscheinungen nicht zufällig sind, sondern die Wirkung beständiger psychologischer Tendenzen, die das Verhalten von Menschen bestimmen. Mosca beschäftigt sich mit den Wechselbeziehungen zwischen Herrschern und Beherrschten, wobei die Gründe, welche die historische Veränderungen hierin verursachen, aufgedeckt werden sollen. Moscas Ansicht nach bleiben diese Wechselbeziehungen durch die ganze Geschichte hindurch dieselben; und deshalb behandelt er sie wie formale Gesetze.

Er formuliert dies folgendermaßen: „In allen Gesellschaften, von den primitivsten im Aufgang der Zivilisation bis zu den vorgeschrittensten und mächtigsten, gibt es zwei Klassen, eine, die herrscht und eine, die beherrscht wird. Die erste ist immer die weniger zahlreiche,

---

2 C. Wright Mills wird nicht in diesem Kapitel, sondern im Zusammenhang mit der amerikanischen Elitediskussion behandelt.

3 Gaetano Mosca wurde am 1.4.1858 in Palermo geboren und starb 1941 in Rom. Das Werk „Die Herrschende Klasse. Grundlagen der politischen Wissenschaft" wurde erstmals im italienischen Original 1896 publiziert, die Neuausgabe aus dem Jahre 1923 unterschied sich von der Erstausgabe in einigen Kapiteln (vgl. Cappai, 2001: 488)

sie versieht alle politischen Funktionen, monopolisiert die Macht und genießt deren Vorteile, während die zweite, zahlreichere Klasse von der ersten befehligt und geleitet wird. Diese Leitung ist mehr oder weniger gesetzlich, mehr oder weniger willkürlich oder gewaltsam und dient dazu, den Herrschenden den Lebensunterhalt und die Mittel der Staatsführung zu liefern." (Mosca, 1950: 52f.) Obwohl er von der Geltung dieses Gesetzes überzeugt ist, nennt er einen Komplex von Tendenzen, die die Verwirklichung einer „echten Demokratie" verhindern, also die Grundlage für das Fortbestehen dieser zwei Klassen (von Herrschenden und Beherrschten) sind:

1. Die menschliche Natur: Menschen haben die Neigung, das was sie erworben haben (Vermögen, Macht, Prestige usw.), an ihre Kinder zu vererben, ihrer eigenen Familie zu sichern. Somit werden Elitemitglieder versuchen, ihren Status und die damit verbundenen Ressourcen an ihre Erben weiterzugeben. Hinzu kommt eine weitere menschliche Eigenschaft, welche vor allem die Nicht-Elite betrifft: Die meisten Menschen interessieren sich nicht für politische Entscheidungen und Prozesse und bedürfen deshalb der Führung oder der Bereitschaft anderer, politische Aufgaben zu übernehmen. Die von Mosca angenommenen menschlichen Grundeigenschaften sind also die Ursache dafür, dass sich ein großer Teil der Gesellschaft bereitwillig führen lässt, weil sie kein Interesse an politischer Tätigkeit haben und einige wenige andere übernehmen diese Führungsaufgabe. Sie erwerben damit einen Status, der ihnen erhaltenswert erscheint und streben danach, diesen ihren Erben weiterzugeben. Somit verfestigt sich die Trennung der beiden Klassen.

2. Das Wesen der politischen Klasse: Das Hauptziel der politischen Klasse ist die Sicherung ihrer eigenen Machtbasis. Das wichtigste Mittel zur Herrschaftssicherung der politischen Klasse besteht in der Bürokratie. Sie ist das wirksamste Mittel, um Gegner der politischen Elite in ihre Interessen einzubinden und auf die Seite der Herrschenden zu ziehen und ihre Gefolgschaft zu erringen, weil sie sich damit „an der Staatskrippe" befinden und von ihr abhängig sind. All jene also, die potenziell den Machtanspruch der Elite herausfordern könnten, werden in den bürokratischen Apparat des Staates eingegliedert, weil sie damit in geringem Umfang die Herrschaftsausübung mitgestalten können und zum anderen von der staatlichen Finanzierung abhängig sind.

3. Das Wesen der Organisation: Mosca bezieht sich dabei vor allem auf die Parteiorganisation. Seine Ausgangsüberlegung ist, dass man von konservativen Parteien annimmt, dass sie ohnehin oligarchisch seien, während man von revolutionären Parteien eher erwarten würde, dass sie egalitär seien, was jedoch tatsächlich nicht der Fall ist. Parteiorganisationen (gleich welcher politischen Ausrichtung) tendieren also seiner Meinung nach immer dazu, oligarchische Züge zu entwickeln und somit konzentriert sich die Macht in den Händen einiger weniger Parteiführer.

Mosca geht es bei seinen Untersuchungen weniger um die institutionalisierten und formalen, als um die faktischen Machtverhältnisse. Er fragt also nicht danach, wer dem Gesetz nach über die größte Macht verfügt, sondern wer sie tatsächlich ausübt.

Er ist sich dabei darüber im Klaren, dass die herrschende Klasse nicht selbstherrlich regieren kann; sie ist immer einem gewissen Druck von unten ausgesetzt. Wird dieser Druck zu stark, kann die herrschende Klasse gestürzt werden und an ihre Stelle setzt sich eine neue herrschende Klasse. Mit der alten herrschenden Klasse verschwinden auch die Werte, die sie vertreten haben und neue Werte (die von der neuen herrschenden Klasse vertreten werden) gewinnen an Bedeutung (vgl. Mosca, 1950: 64).

Er beschäftigt sich auch mit der Frage, welche Voraussetzungen man braucht, um in die herrschende oder politische Klasse aufzusteigen. Sein Schwerpunkt liegt aber weniger (wie bei Machiavelli) auf der Frage nach den persönlichen Eigenschaften eines Mannes, der an die Spitze will[4], sondern nach den gesellschaftlichen Umständen und Kontextbedingungen, die dies ermöglichen oder verhindern. Er stellt fest, dass es in primitiven Gesellschaften vor allem die kriegerische Tapferkeit ist, die einen Aufstieg in der Machthierarchie ermöglicht. Entwickeln sich solche Gesellschaften dann in Richtung Urbanität und Handel, so tritt der Reichtum an die Stelle der Tapferkeit. Dieser Reichtum wird von den Reichen an ihre Nachkommen vererbt. Auf diese Art und Weise entwickelt sich im Laufe der Zeit die Erblichkeit

---

4   Selbstverständlich stellt aber auch er Überlegungen über diese Frage an. Er kommt zu dem Schluss, dass schnelles Verständnis der Psychologie der einzelnen und der Masse und besonderes Selbstvertrauen und Willenskraft wichtiger sind als Gerechtigkeitssinn, Altruismus oder gar Weite der Bildung und des Blickes; insofern schließt er sich hier Machiavellis Überlegungen an.

der Elitenpositionen. Selbst wenn bestimmte Auswahlkriterien, wie z.B. Eignungsprüfungen, Hochschulabschlüsse oder ähnliches, angewandt werden, zeigt sich immer wieder, dass die Elite aus der Elite rekrutiert wird. Die Nachkommen der Eliteangehörigen „erben" also den Elitestatus.

Aus diesen gesellschaftlichen Kontextbedingungen entwickeln sich die sogenannten „politischen Formeln", durch die die Herrschaftsverhältnisse abgestützt werden: „In einer von christlichem Geist erfüllten Gesellschaft wird die politische Klasse im Namen eines Herrschers regieren, der als der Gesalbte des Herrn gilt. In islamischen Gesellschaften wird die politische Macht im Namen des Kalifen, des Statthalters des Propheten oder im Namen eines anderen Herrschers ausgeübt, der ausdrücklich oder unausgesprochen die Investitur des Kalifen besitzt. Die chinesischen Mandarine regierten als Verkünder des Willens des Sohnes des Himmels, der vom Himmel selbst das Amt der väterlichen Regierung erhalten hatte, und nach den moralischen Grundsätzen des Konfuzius, wie sie im „Volk der hundert Familien" vorlagen." (Mosca, 1950: 76)

Dies bedeutet auch, dass nur diejenigen eine Chance haben, Teil der Elite zu werden, die die Werte (die „politische Formel") einer Gesellschaft repräsentieren. Für Mosca ist demnach die Elite immer auch „Wertelite" insofern, als die Legitimität der Elite von den „politischen Formeln" abhängt und diese politischen Formeln die Wertgrundlage der Gesellschaft widerspiegeln.

Die politischen Gebilde, in denen die Eliten agieren, werden von Mosca in zwei Typen eingeteilt: in die feudalen und die bürokratischen. Unter dem Feudalstaat versteht er folgendes: Ein Staat „in dem ein und dieselben Personen alle leitenden Funktionen der Gesellschaft, die wirtschaftlichen, richterlichen, verwaltenden und kriegerischen, gleichzeitig ausüben, während der Staat aus kleinen sozialen Gruppen besteht, deren jede alle Organe besitzt, die sie zur Autarkie bedarf" (Mosca, 1950: 78). Das Hauptmerkmal des bürokratischen Staats ist, „daß die militärischen Funktionen und andere öffentliche Dienste durch bezahlte Beamte versehen werden." (Mosca 1950: 78)

Nach Mosca entscheidet die Struktur der Eliten über das staatliche Leben in einer Gesellschaft in erheblichem Umfang. Die politische Organisation kann dabei nach dem autokratischen oder nach dem liberalen Prinzip gestaltet sein. Das autokratische Prinzip beruht darauf, dass Macht von der Spitze an die niedrigeren Ränge weitergegeben wird, während das liberale Prinzip darauf beruht, dass die Höherstehenden ihre Autorität von unten, die Regierenden also von den Regierten, erhalten.

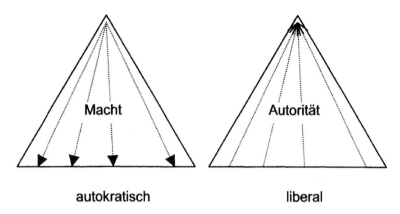

autokratisch   liberal

Eng mit diesem Begriffspaar ist ein anderes verbunden: die aristokratische vs. die demokratische Tendenz. Unter demokratisch versteht Mosca: die Tendenz zur Erneuerung der herrschenden Klasse durch den Aufstieg von Personen aus der beherrschten Klasse in die herrschende, entweder um die alte zur stürzen oder um mit ihr zu verschmelzen. Aristokratisch nennt er die Tendenz, die der Erhaltung der Herrschaft für die Nachkommen der Elitemitglieder dient. Der Unterschied zwischen demokratischer und aristokratischer Tendenz beruht also im wesentlichen darauf, ob es sich bei der herrschenden Klasse um eine offene oder geschlossene Gruppe handelt, ob der Aufstieg von unten her möglich ist oder ob die Kooption[5] und Rekrutierung nur innerhalb der politischen Klasse selbst erfolgt.

---

5   Die Wörter „Kooption" und „Kooptation" (das im modernen Sprachgebrauch das gebräuchlichere ist) bezeichnen den selben Begriffsinhalt: Die Auswahl von neuen Elitemitgliedern durch die momentanen Inhaber der Elitepositionen.

Abgeschlossenheit und Offenheit von Eliten

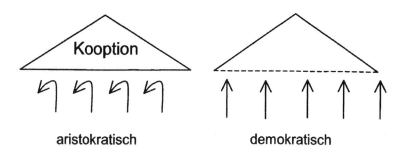

aristokratisch   demokratisch

Mosca beschäftigt sich nicht nur mit der Elite selbst, sondern auch mit ihrem „Unterbau", mit der sogenannten zweiten Führungsschicht. Diese ist notwendig, weil die oberste Spitze allein nicht in der Lage ist, die Massen zu organisieren und zu leiten. Er meint sogar, dass die oberste Spitze häufig ein bequemes Werkzeug in der Hand der zweiten, größeren Führungsschicht sein kann. Vom Grad der Anständigkeit, Intelligenz und der Aktivität dieser Schicht hängt nach Mosca letztendlich die Festigkeit jedes politischen Gebildes ab.

Literatur

Mintzel, Alf/Wasner, Barbara (2000): Zur Theorie und Empirie der Elitenforschung. Lehrmaterialien. Passau (Lehrstuhl für Soziologie), S. 18-20

Mosca, Gaetano (1950): Die herrschende Klasse. Salzburg (Das Bergland-Buch)

Jaeggi, Urs (1967): Die gesellschaftliche Elite. Bern, Stuttgart: Paul Haupt

Priester, Karin (2001): Mosca, Gaetano: Die herrschende Klasse. Grundlagen der politischen Wissenschaft. In: Papcke, Sven/Oesterdiekhoff, Georg W. (Hrsg.): Schlüsselwerke der Soziologie. Wiesbaden: Westdeutscher Verlag, S. 355-358

Cappai, Gabriele (2001): Mosca, Gaetano: Die herrschende Klasse. Grundlagen der politischen Wissenschaft. In: Oesterdiekhoff, Georg W. (Hrsg.): Lexikon der soziologischen Werke. Wiesbaden: Westdeutscher Verlag, S. 487-488

4.2.2 Vilfredo Pareto: Zirkulationsmodell der Machtelite[6]

„Die Geschichte ist ein Friedhof von Eliten." (Pareto, 1975: 261, § 2053)

Dieses Zitat kann als Zusammenfassung Partos[7] Elitensoziologie gelten; das entscheidende Moment seiner Betrachtung der Eliten besteht in der ständigen Zirkulation. Diese Auffassung speist sich aus verschiedenen Quellen: aus einer Residuenlehre, aus seiner Konzeption der Leistungselite und aus seiner Gesellschaftslehre, insbesondere der Lehre des gesellschaftlichen Gleichgewichts.

4.2.2.1 Residuenlehre

Die Residuenlehre basiert auf Paretos Einschätzung des menschlichen Handelns: Dieses gehorcht nicht nur logischen und rationalen Kriterien, sondern ist zum größten Teil nicht-logisches, nicht-rationales Handeln: „Die Menschen werden vor allem vom Gefühl geleitet." (Pareto, 1962: 137, §1859).

Residuen: Ein Residuum ist der konstante, irrationale Kern sozialer Handlungen, also Rückstände sozialer Traditionen oder psychischer Urgründe; zu diesen psychischen Urgründen oder Instinkten zählt Pareto das Streben nach Stärke, Macht, Sex, List und Xenophobie.

Er benennt folgende Klassen von Residuen (vgl. Pareto, 1962: 86, §888):

Klasse	I	Instinkt der Kombinationen
Klasse	II	Persistenz der Aggregate
Klasse	III	Bedürfnis, Gefühle mit äußeren Handlungen auszudrücken
Klasse	IV	Residuen in Beziehung zur Soziabilität
Klasse	V	Integrität des Individualismus und seines Zubehörs
Klasse	VI	Sexuelles Residuum

Pareto erläutert diese verschiedenen Klassen von Residuen ausführlich, für seine Elitentheorie sind jedoch nur die Klassen I und II von größerer Bedeutung. Unter dem Instinkt der Kombinationen (Klasse I) versteht Pareto ein Bedürfnis, eine neugierige Neigung des Menschen,

---

6   Teile dieses Kapitels beruhen unter anderem auf Vorlesungsmanuskripten zur Einführung in die Elitentheorie Paretos von Prof. Dr. Alf Mintzel.

7   Vilfredo Pareto wurde am 15.7.1848 in Paris geboren und verstarb am 19.8.1923 in Lausanne.

immer neue Ideen und Dinge zu denken und Neues zu erfinden und herzustellen. Typisch für den Instinkt der Kombinationen, für das Residuum der Klasse I, ist der Hang zur Spekulation und zur Veränderung (vgl. Pareto, 1962: 86ff., §889ff.). Die Persistenz der Aggregate ist wie folgt zu verstehen: Ist die Kombination einmal hergestellt, dann reagieren Menschen häufig mit Trägheit, mit Verharren. Sie bleiben bei den einmal zusammengefügten Ideen und Dingen. Diese ist die Klasse II der Residuen, die Persistenz der Aggregate: sie bedeutet also Trägheit und Fortdauer der einmal gewählten Kombinationen (vgl. Pareto, 1962: 89ff., § 991ff.).

Pareto greift auch die von Machiavelli getroffene Unterscheidung zwischen „Füchsen" und „Löwen" wieder auf. Er geht davon aus, dass die „Füchse" in den Eliten in der Überzahl sein sollten. Der Grund dafür liegt darin, dass Füchse – listenreiche, schlaue Menschen – eher über den Instinkt der Kombinationen verfügen, also neue innovative Methoden des Machterhalts finden, die sich vor allem auf die eigene Person beziehen; Füchse sind also eher individuell orientiert. Löwen dagegen stehen eher für eine kollektive Orientierung. Sie verkörpern für Pareto die Persistenz der Aggregate, sie versuchen also, den status quo zu erhalten und sind für Neuerungen wenig aufgeschlossen. Ein Überwiegen der Löwen in der Elite führt demnach zu ihrer Instabilität: Eine geschlossene humanitäre Elite erweist sich vor allem dann als instabil, wenn sie von gewaltbereiten Gegnern angegriffen wird; dagegen ist eine offene, auch zur Korruption fähige (also vor allem von Füchsen gebildete) Elite viel stabiler, weil sie fähig ist, ihre Gegner zu korrumpieren.

Derivate: Derivate kann man im Gegensatz zu den Residuen tatsächlich in der Gesellschaft beobachten. Derivate sind die empirisch beobachtbaren tatsächlichen Abläufe sozialen Handelns, sozialer Beziehungen und Prozesse (vgl. Pareto, 1962: 102, §1397f.).

Derivationen: Derivationen sind in der Lehre Paretos eine Art Scheinrationalisierung festverankerter Gefühle und Überzeugungen (also der Residuen), die ihrerseits den nicht-logischen Handlungen von Personen zugrunde liegen. Unterschiedliche Derivationen können in Verbindung zu verschiedenen Residuen gebracht werden. Pareto unterscheidet vier Hauptklassen von Derivationen (vgl. Pareto, 1962: 105f., §1419ff.):

1. diejenigen, die auf bloßen Behauptungen von Sachverhalten beruhen;
2. die auf anerkannten Autoritäten fußen

3. die in Übereinstimmung mit Gefühlen und Prinzipien stehen,
4. scheinlogische Begründungen („Wortbeweise").

Die Lehre von den Residuen, Derivaten und Derivationen bildet die Grundlage für die Typisierung von Individuen und sozialen Gruppen, und zwar sowohl für die sogenannte Unterschicht, also die beherrschte Klasse, als auch für die Oberschicht, also die Elitengruppen. Bei allen Menschen, gleich welcher sozialen Gruppe sie zuzuordnen sind, können Residuen beobachtet werden, also Manifestationen psychischer Zustände und instinkthafter Bedürfnisse. Jeder Mensch nimmt mittels seiner Sinne die Realität wahr und produziert über seine Wahrnehmung ein Derivat. Seine eigenen Handlungen (Residuen entspringend) werden von jedem mit Derivationen (also Erklärungen des Verhaltens, die rational und logisch anmuten) versehen. Pareto geht davon aus, dass jede Veränderung der Residuen einen Wandel der Derivationen zur Folge habe. Von seiner Konzeption der Residuen und Derivate leitet er die Idee ab, der Mensch sei ein ideologisches und schwatzhaftes Tier, das nie müde werde, sich selbst und andere zu täuschen, was insbesondere im Bereich der Politik problematisch sei.

4.2.2.2 Leistungselite

Seine Überlegungen gehen aus von der Leistungselite. Er geht davon aus, dass man durch Indexwerte die Leistungen eines Individuums in einem bestimmten Bereich messen kann; z.B.: „Dem überragenden Anwalt wird man beispielsweise eine 10 zubilligen, demjenigen, dem es nicht gelingt, auch nur einen einzigen Klienten zu bekommen, eine 1, um eine Null demjenigen vorzubehalten, der ein richtiger Idiot ist." (Pareto, 1975: 256, § 2027). Nach diesem Verfahren können Leistungsklassen gebildet werden und diejenigen, die jeweils in der höchste Leistungsklasse zusammengefasst werden, sind als Elite zu bezeichnen (vgl. Pareto, 1975: 257, § 2031)
  Diese Bildung der Leistungsklassen spricht für einen graduell-hierarchischen Aufbau (nach den jeweiligen Fähigkeiten) der Gesellschaft. Er geht jedoch von einer dichotomen Gesellschaftsstruktur aus – der Elite und der Nicht-Elite. Die Abgrenzung zwischen herrschender und beherrschter Klasse wird unter dem Gesichtspunkt der Macht- und Herrschaftsverhältnisse unterschieden. Die Elite hat also Macht und Herrschaft auf ihrer Seite, während die Nichtelite darüber nicht ver-

fügt. Pareto erklärt die entstehende Dichotomie dadurch, dass es 1. keine Leistungsmessung gibt, und sich deshalb auch weniger Leistungsfähige in die Elite „einschmuggeln" können und dass 2. bestimmte Merkmale (Reichtum, Familienzugehörigkeit, Beziehungen) vererbt werden und sich somit die „oberste Leistungsklasse" als Elite verfestigen kann und somit die Dichotomie Struktur entsteht. Die herrschende Klasse, die Elite, schottet sich nicht vollständig gegen die beherrschte Klasse ab; vielmehr nimmt sie ständig aus der Nicht-Elite die fähigsten Vertreter der Erwerbsklassen in den Elitenbereich auf. Diese stetige Rekrutierung aus den Unterschichten gehört zu den Stabilitätsbedingungen der herrschenden Klasse. Dies führt andererseits dazu, dass die Unterschichten (die Masse) führerlos bleibt (weil die potenziellen Führer von der Elite abgezogen werden) und stabilisiert somit die Elitenherrschaft. Die stabilste Elite ist jene, die offen und zur Korruption fähig ist, weil sie in der Lage ist, all diejenigen, die ihre Macht bedrohen, aufzunehmen und zu assimilieren. Instabil ist die Elite dann, wenn sie geschlossen und humanitär ist. Denn sie kann kein „frisches Blut" aufnehmen und ist aufgrund der humanitären Ideale nicht fähig, sich gegen gewaltbereite Angriffe zu wehren. Pareto macht jedoch auch deutlich, dass Stabilität nicht unbedingt das höchste Gut ist, weil gerade durch Kriege und Revolutionen manchmal entscheidende Fortschritte zustande kommen.

4.2.2.3 Gesellschaftslehre

In Paretos Gesellschaftslehre sind die Eliten eine wichtige Komponente: Sie haben Stabilisierungsfunktion für die Aufrechterhaltung eines gesellschaftlichen Gleichgewichtszustandes[8]. Seine Elitentheorie baut auf den Überlegungen Moscas auf. Pareto sieht Gesellschaft als einen Wirkungszusammenhang an, in dem zahlreiche Gruppen agieren und deren Ziel es ist, ihre unterschiedlichen Gefühle und Interessen zu befriedigen. Gesellschaft ist somit kein homogenes Gebilde, sondern ist gegliedert in zahlreiche Gruppen, die aufgrund von unterschiedlichen Gefühlen und Interessen jeweils ihre eigenen Interessen durchzusetzen trachten (vgl. Pareto, 1975: 255, §2025).

---

8 Pareto unterscheidet in seiner Theorie des gesellschaftlichen Gleichgewichtes zwei Formen des Gleichgewichts: die Formen des psychologisch-ökonomischen Gleichgewichts und des politischen Gleichgewichts. Befindet sich eine Gesellschaft im Gleichgewicht, dann ist sie stabil. Instabilität stört das Gleichgewicht.

Auch Pareto geht in seiner Grundkonzeption von einer dichotomen Grundstruktur der Gesellschaft aus: Die Gesellschaften Europas sind seiner Ansicht nach generell in zwei Schichten geteilt, in die niedere, elitenfremde Schicht und in die obere, die Elite selbst. Ebenso wie Mosca geht er von der Existenz einer Elite aus; diese Existenz braucht nicht hinterfragt zu werden. Er formuliert dies sogar mit fast den gleichen Worten wie dies auch Mosca tat, erweitert dessen Einschätzung jedoch um die Elitenzirkulation: „Diese Tatsache ist so offensichtlich, daß sie sich zu allen Zeiten sogar dem wenig erfahrenen Beobachter aufgedrängt hat, und ebenso offensichtlich ist die Zirkulation zwischen diesen beiden Schichten." (Pareto, 1975: 260, § 2047).

Erwerbsklassen[9]

Erwerbsklassen	Klasse der „Spekulanten"	Klasse der „Rentner"
Modalität des Einkommens	Einkommen variabel	Einkommen fix (oder nahezu fix)
soziale Gruppen	– Unternehmer – Aktionäre – Boden- und Börsenspekulanten – Notare – Rechtsanwälte – Ingenieure – Politiker – Arbeiter – Angestellte	– Besitzer von Sparkapitalien – Pensionäre – Besitzer von Leibrenten
zugeschriebene Eigenschaften	– unternehmungslustige Naturen, auf Einkommensmaximierung bedacht	– sparfreudig
Gesellschaftliche Funktion	„Die Kategorie S ist die hauptsächliche Ursache ökonomischen und sozialen Wandels und Fortschritts" (Pareto, 1975: 275, §2235)	„die Kategorie R ist hingegen ein mächtiges Element der Stabilität, das in vielen Fällen die Gefahren der abenteuerlichen Bewegungen der Kategorie S aufhebt" (Pareto, 1975: 275, §2235)

Beide Schichten (Elite und Nicht-Elite) sind in sich differenziert. Die Feindifferenzierung der Nicht-Elite, die Pareto generalisierend auch niedrige Schicht nennt, erfolgt nach Erwerbs- und Besitzklassen, die unter zwei Gesichtspunkten, nämlich a) nach der Art und Weise des

---

9   vgl. Pareto, 1975: 297ff., §2313ff. (Schematisierung: Mintzel/Wasner, 2000: 29)

Einkommens und b) nach der ökonomischen Interessenlage getrennt werden. Die Einteilung der Erwerbsklassen in zwei Hauptklassen, die *Spekulanten* und die *Rentner* erfolgt eben nach der Art und Weise des Einkommens und der ökonomischen Interessenlage.

Sowohl für die Eliten als auch für die beherrschte Masse gilt, dass ein Gleichgewichtszustand dann vorliegt, wenn diese beiden Klassen im Gleichgewicht sind; zu viele Spekulanten führen zu überhöhter Dynamik, zu Unruhe und Chaos. Zu viele Rentner dagegen führen zu wirtschaftlichem und gesellschaftlichem Stillstand.

Die herrschende Klasse weist ihrerseits eine dichotome Struktur auf. Pareto unterteilt sie in eine engere Gruppe und eine weitere Gruppe. Die engere ist die unmittelbar herrschende Elite, während der Rest die nicht-herrschende Elite darstellt (vgl. Pareto, 1975: 281f., §2254). In dieser herrschenden Klasse sind drei Menschentypen zu finden (vgl. Pareto, 1975: 289, § 2268):

A Menschen, die entschlossen ideale Ziele anstreben, die streng gewisse Regeln für ihr Verhalten befolgen; und

B Menschen, die als Lebenszweck ihr eigenes Wohl und das ihrer Gefolgsleute betreiben. Sie zerfallen wiederum in zwei Unterklassen, d.h.

B alpha: Menschen, die sich mit dem Genuss der Macht und den erlangten Ehren zufrieden geben und die ihren Gefolgsleuten die materiellen Glücksgüter überlassen, und

B beta: Menschen, die für sich und ihre Gefolgsleute materielle Güter zu erwerben trachten, Geld steht dabei im Vordergrund.

Die drei beschriebenen Typen finden sich in beiden Gruppen (regierende und nicht-regierende Elite) gleichermaßen. Und auch hier ist davon auszugehen, dass ein Gleichgewicht zwischen ihnen dem gesamtgesellschaftlichem Gleichgewicht dienlich ist.

4.2.2.3 *Elitenzirkulation*

Diese Begriffe und die darauf aufbauenden Überlegungen spielen für Paretos Modell der Elitenzirkulation eine wichtige Rolle: Die beiden Haupt-Residuen, die Klasse I und II, die Neigung zum ständigen Neukombinieren und der Hang zum Verharren, haben dabei einen besonderen Stellenwert.

Paretos Zirkulationsmodell der Machtelite[10]

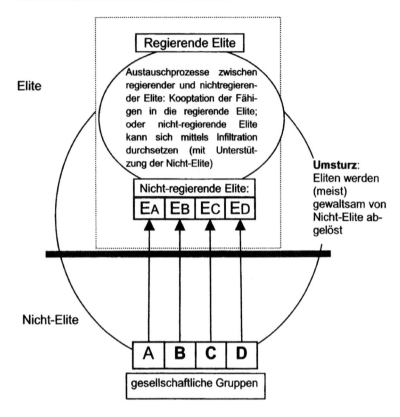

Es ist also zwischen einem kleinen und einem großen Elitenzyklus zu unterscheiden. Der kleine bezieht sich auf die Zirkulationsprozesse zwischen den regierenden und den nicht-regierenden Eliten. Der große bezieht sich auf Umstürze und Revolutionen, wenn die Masse die Elite (meist gewaltsam) aus ihren Positionen vertreibt. Entscheidender Faktor für die Stabilität der Elitenherrschaft ist das gesellschaftliche Gleichgewicht. Ist die Elite reichlich mit dem Residuum der Klasse I (Instinkt der Kombinationen) ausgestattet, sie also zu Gerissenheit, Betrug und Korruption fähig ist und darüber hinaus auch die Individuen mit den entsprechenden Eigenschaften aus der beherrschten Klasse immer wieder in

10   vgl. Mintzel/Wasner, 2000: 34

sich aufnimmt, ist das gesellschaftliche Gleichgewicht relativ hoch und Umstürze unwahrscheinlich. Verändert sich jedoch der Charakter der Elite, nimmt also die Persistenz der Aggregate über Hand, wird die Instabilität größer. Verändert sich dann auch noch der Charakter der beherrschten Klasse (Zunahme des Instinkts der Kombinationen), sind Revolutionen zu erwarten (vgl. Pareto, 1962: 168/169, §2179).

Pareto sieht aber auch noch eine andere Möglichkeit: Die regierende und die nichtregierende Elite kämpfen um die Gunst der elitenfremden Schicht, die sie als Instrument ihrer Herrschaft bzw. ihres Herrschaftswillens benutzen. Die Ablösung der regierenden Elite durch die nichtregierende geschieht nach und nach durch Infiltration, wobei die nichtregierende Elite die übrige Bevölkerung braucht, um die regierende Elite zu überwinden.

Machtausübung ist demgemäß für Pareto eine naturgesetzliche Notwendigkeit. Die regierende und die nichtregierende Elite entwickeln häufig einen Hang zum Verharren (Residuum der Klasse II) während der Rest eher zu Residuen der Klasse I, zum Neukombinieren, neigt. Steigt das Bedürfnis nach Neuerungen erheblich („Reformstau"), kommt es zum Sturz der Elite, wenn sie nicht mehr fähig ist, wenigstens kleine innovative Schritte zu tun. Die zur Gewalt entschlossenen Individuen der beherrschten Klasse haben dann die Möglichkeit, mit Gewaltanwendung die humanitär verweichlichten Individuen der bisher herrschenden Klassen zu besiegen und die Macht an sich zu reißen. Über ihre schlauen, gewitzten, aber zur Gewaltanwendung entschlossenen Führer wird die bisher beherrschte Klasse zur herrschenden Klasse. Sie lösen die bisher herrschende Klasse gewaltsam ab. Humanitätserwägungen sind im Rahmen dieser Theorie dysfunktional, weil sie zur Instabilität und zur Störung des Gleichgewichts im sozialen Gefüge führen. Instabilität bzw. Störung des Gleichgewichts eines Gesellschaftssystems gefährdet den Bestand des Systems. Gewaltanwendung ist somit jenseits moralischer und ethischer Wertungen eine funktionale Notwendigkeit zur Aufrechterhaltung der Stabilität. Die Tötung der humanitär Gesinnten und hierdurch verweichlichten herrschenden Klasse ist mit den Worten Paretos „um die Wahrheit zu sagen, ein ebenso nützliches Werk, als wenn man schädliche Tiere ausrottet". (vgl. Pareto, 1962: 174, § 2191). Für die Stabilität einer Gesellschaft ist also entscheidend, wie die beiden Kategorien „Instinkt der Kombinationen" und „Persistenz der Aggregate" einerseits in der Elite verteilt sind und welchen Anteil sie andererseits in der Nicht-Elite haben. Eine Gesellschaft weist dann die größte Stabilität auf, wenn die Persistenz der Aggregate in der Masse sehr groß und in der Elite möglichst gering ist. Für den Instinkt der Kombinationen gilt, dass dieser in der Masse möglichst gering sein sollte, in der Elite dagegen möglichst ausgeprägt. Verändert sich dieses Gleichgewicht, ist die momentane Elite in Gefahr, gestürzt zu werden, ein neuer Prozess der Elitenzirkulation setzt ein. Pareto kommt deshalb zu folgendem Schluss: „Die Eliten sind nicht von Dauer. Welches auch immer die Gründe dafür sein mögen, sie verschwinden unbestreitbar nach einer gewissen Zeit. Die Geschichte ist ein Friedhof von Eliten." (Pareto, 1962: 153, §2053).

Eine amoralische, als blanker Zynismus empfundene Theorie der strukturell-funktionalen Notwendigkeit der Macht hat zur Aburteilung Paretos geführt. Man warf ihm vor, der Theoretiker des Faschismus zu sein.

Literatur

Bach, Maurizio (2000): Vilfredo Pareto in: Kaesler, Dirk (Hrsg.): Klassiker der Soziologie. Von Auguste Comte bis Norbert Elias. München: C. H. Beck, S. 94-112

Mikl-Horke, Gertraude (1989): Soziologie. Historischer Kontext und soziologische Theorie-Entwürfe. München/Wien: R. Oldenbourg Verlag, insbes. S. 54-57

Mintzel, Alf/Wasner, Barbara: Zur Theorie und Empririe der Elitenforschung. Lehrmaterialien. Passau (Lehrstuhl für Soziologie) 2000, S. 23-45 (dort mit weiterführender Literatur)

Pareto, Vilfredo (1962): System der allgemeinen Soziologie. herausgegeben von Gottfried Eisermann. Stuttgart: Ferdinand Enke

Pareto, Vilfredo (1975): Ausgewählte Schriften. Herausgegeben von Morgardini, Carlo. Frankfurt, Berlin, Wien: Ullstein

Tommissen, Piet (1976): Vilfredo Pareto. In: Käsler, Dirk (Hrsg.): Klassiker des soziologischen Denkens. Erster Band von Comte bis Durkheim. München: C. H. Beck, S. 201-231

Zauels, Günter (1968): Paretos Theorie der sozialen Heterogenität und Zirkulation der Eliten. Stuttgart: Ferdinand Enke

4.2.3 Robert Michels: Das eherne Gesetz der Oligarchie

4.2.3.1 Elitentheoretische Konzeption

Robert Michels[11] formulierte sein berühmtes „ehernes Gesetz der Oligarchie" folgendermaßen: „Ohne Organisation ist die Demokratie nicht denkbar. Erst die Organisation gibt der Masse Konsistenz." (Michels, 1989: 24) aber: „Wer Organisation sagt, sagt Tendenz zur Oligarchie. Im Wesen der Organisation liegt ein tief aristokratischer Zug." (Michels, 1989: 25) Diese Tendenz zur Oligarchie wird verstärkt mit wachsender Organisationsgröße und -dichte (vgl. Michels, 1989: 26). Organisation ist jedoch unabdingbar notwendig, weil sie die Waffe der Schwachen gegen die Starken ist, deren Kampf sich „nur auf dem Boden der Solidarität gleicher Interessen abspielen kann." (Michels, 1989: 24)

Um dieses Dilemma besser verstehen zu können, ist es notwendig, das Michelsche Demokratieverständnis näher zu betrachten: Nach seiner Vorstellung ist Demokratie mit jeder Art von Repräsentation und Delegation unvereinbar. Eine Übertragung des „Massenwillens" auf eine kleine Gruppe von Vertretern scheint ihm unmöglich. Das Grundproblem ist somit bereits in seinem Demokratieverständnis angelegt: Er geht einerseits davon aus, dass die Repräsentation oder Vertretung des Willens der Massen nicht möglich ist, andererseits ist aber ein solidarischer Zusammenschluss von Bürgern mit gleichen Interessen notwendig, um ihre Durchsetzungsfähigkeit zu steigern. Ein solcher Zusammenschluss bedeutet die Notwendigkeit von Organisation. Der Organisation hinwiederum hängt automatisch die Tendenz zur Oligarchie an, Organisationen haben also Führer, deren Macht umso größer ist, je größer die Organisation ist.

Als Ursachen für dieses „Führertum" nennt Michels verschiedene Faktoren, die er in seiner „Ätiologie des Führertums" zusammenfasst.

---

11   Robert Michels wurd am 9.1.1876 in Köln geboren und verstarb am 3.5.1936 in Rom. Er beschäftigte sich nicht nur auf theoretischer Ebene mit Parteiorganisationen und den daraus erwachsenden Oligarchisierungstendenzen. Er war selbst Mitglied mehrerer verschiedener Parteien, der SPD, der Partito Socialista Italiana und der Partito Nazionale Fascista (vgl. Pfetsch, 1989).

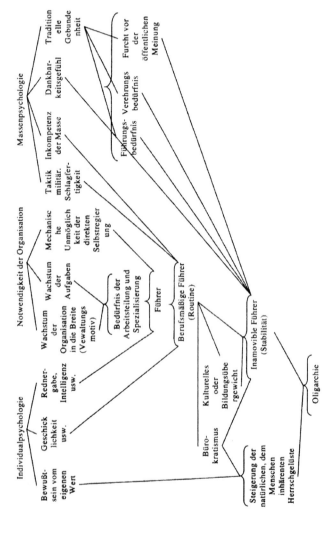

Schema zur Ätiologie der Oligarchie in den Parteien der Demokratie

Quelle: Michels, 1989: 368

1. *technisch-administrative Ursachen*: Um in einer Massenherrschaft zu Entscheidungsfindungsprozessen und Abstimmungen zu kommen, braucht man Volksversammlungen. Diese sind jedoch aus zwei Gründen nicht realisierbar. Einmal verhindern dies *technische* Probleme (z.B. gibt es keine geeigneten Versammlungsplätze, die Entfernung zum Versammlungsort ist für viele zu weit usw.). Zum zweiten lässt sich die Masse als große Gruppe zu sehr von emotionalen Aspekten leiten, die rationalen Entscheidungsprozessen entgegenstehen. Große Menschenmassen sind seiner Meinung nach zu sehr für „Gefühlsausbrüche" empfänglich und ihr Verantwortungsgefühl lässt zu wünschen übrig. Es entwickelt sich also ein Bedürfnis nach Delegation der Interessen der Masse an Vertreter.

2. *psychologische Ursachen*: Dazu zählt Michels Gewohnheitsrecht des Führers auf Delegation (vgl. Michels, 1989: 42). Zu dem Bedürfnis der Massen, ihre Interessen delegieren zu können, kommt das Bedürfnis des Führers, Führung dauerhaft ausüben zu können. Die Masse fühlt sich den Führern zu Dank verpflichtet und kann seinem Verehrungsbedürfnis nachkommen, insbesondere dann, wenn ein Führer charismatische Eigenschaften (Redegabe, Körperschönheit, Energie des Willens, Berühmtheit) aufweist (vgl. Michels, 1989: 55ff.).

3. *intellektuelle Ursachen*: Der vormals nebenberufliche Führer erlangt durch seine sachliche und formale Überlegenheit (Bildungsdifferenz) die Position eines berufsmäßigen Führers. Das berufsmäßige Führertum ist vor allem in ausdifferenzierten Organisationen möglich (vgl. Michels, 1989: 75). Durch diese Verberuflichung der Führung entsteht eine weitere Wissens- und Bildungsdifferenz zwischen dem Führer und den Geführten. Dieser Vorsprung kann wiederum in Macht umgesetzt werden.

Der Herrschaftscharakter der Führer

Im nächsten Schritt untersucht Michels den Herrschaftscharakter der Elite. Entscheidend ist das Merkmal Stabilität. Die Führer bleiben, wenn sie einmal in den Parteiapparat aufgenommen sind, praktisch auf Lebenszeit im Amt: „in Deutschland leben die Führer der Sozialdemokratie in der Partei, ergrauen in ihrem Dienst und sterben, wie sie gelebt." (Michels, 1989: 88). Der Einfluss steigt mit der Verweildauer im Amt und die Autonomie der Führer wächst. Häufige Wahlen könnten ein Mittel gegen diese Entwicklung sein, aber die Parteispitze

kann nicht beliebig oft ausgewechselt werden, da eine gewisse Amtsdauer notwendig ist, um sicherzustellen, dass die anstehenden Aufgaben kompetent erledigt werden. Zudem könnte dies ein zu geringes
Verantwortungsgefühl der Führer bewirken (vgl. Michels, 1989: 98).
   Neben diesen technische Ursachen der Führungsstabilität wirken
auch finanzielle Aspekte. Michels verweist darauf, dass früher Parla-
mentsabgeordnete nicht „entlohnt" wurden. Parteien waren aus diesem Grund darauf angewiesen, kapitalkräftige Mitglieder ins Parlament zu entsenden. Auch die Parteien selbst sind auf finanzstarke
Mitglieder angewiesen, vor allem auch wenn es um die Parteipresse
geht. Häufig springen hier reiche Parteigenossen als Mäzene ein, die
dann aber auch entsprechendes Mitsprache- und Einspruchsrecht haben. Sie können also in besonderer Weise auf die Parteipresse Einfluss nehmen.

Bürokratismus und Zentralismus im Parteiwesen

Michels betrachtet die Bürokratie als wichtiges Instrument der politischen Klasse, ihre Herrschaft zu sichern. Die (potentiellen) Gegner
der Herrschaft können dadurch, dass sie in die Bürokratie (und damit
in die Gefolgschaft) eingebunden werden, auf die Seite der Herrschenden gezogen werden und helfen dadurch mit, die Herrschaft zu
sichern. Die wirtschaftliche Lage gibt diesen Bestrebungen zusätzlich
Vorschub. Hauptsächlich die Mittelklasse, wie Kleinindustrie, Hand-
werksmeister, Kleinkaufleute und Bauern sehen ihre Existenz durch
die moderne Ökonomie gefährdet. Sie trachten deshalb danach, ihre
Söhne in andere Berufe zu bringen. Dadurch entsteht eine Gruppe von
Intellektuellen, die in zwei Klassen eingeteilt werden können: Diejenigen, „welchen es geglückt ist, an der Staatskrippe ein Unterkommen
zu finden" (Michels, 1989: 162/163), dem Staatsapparat dienen und
ihn verteidigen und die anderen, die nicht in den Staatsapparat aufgenommen wurden und deshalb zu Staatsfeinden werden. Diese übernehmen Führungsrollen in der bürgerlichen Opposition oder in den
revolutionären Parteien des Proletariats. Der Staat versucht, die Bürokratie immer weiter auszudehnen, um das radikale Potenzial an sich
zu binden und „unschädlich" zu machen.

Die soziale Analyse der Führerschaft

a) Die Führerelemente

Bei den Führerelementen sind die Führer der beiden Klassen Proletariat und Bourgeoisie zu unterscheiden:

a) *Führerelemente aus dem Proletariat*: Führer aus dem Proletariat sind nach Michels Ansicht ideologisch „sattelfest". Sie haben den Klassengedanken von ihren Vätern ererbt, in Arbeiterfamilien existiert eine ‚sozialistische Tradition' und zudem bedingt einfach die wirtschaftliche Lage, dass sich Proletarier mit der Gedankenwelt des Sozialismus identifizieren.

b) *Führerelemente aus der Bourgeoisie*: Sozialisten aus der Bourgeoisie sind dagegen mit weitaus mehr Idealismus bei der Sache, da sie nicht mit der Gedankenwelt des Sozialismus aufgewachsen sind. Ihre Erziehung, die wirtschaftlichen Verhältnisse und die gesellschaftliche Umgebung erschweren die Entwicklung eines sozialistischen Bewusstseins. Für einen Bourgeois ist der Beitritt zur Sozialdemokratie ein großer Schritt, weil es eine Entfremdung von seiner Klasse bedeutet, er häufig materielle Nachteile erleidet und den Kontakt zu seiner Familie verliert.

b) Wirkungen der Organisation

Organisation führt zu Veränderungen im sozialen Gefüge. Sie ist notwendig, weil nur organisierte Interessen durchgesetzt werden können (vgl. Michels, 1989: 24) Es kommt zu einer „Verbourgeoisierung" der Arbeiterpartei. Innerhalb einer solchen Organisation sind sequentielle Aufstiege, Karrieren möglich. Für Parteimitglieder aus der Arbeiterklasse ist eine solche Karriere natürlich besonders erstrebenswert. Dies führt dazu, dass die Homogenität der Arbeiterklasse brüchig wird, weil sich die „Parteikarrieristen" von ihren Genossen zu distinguieren wünschen. Auch eine möglichst umfassende Einbeziehung der Arbeiter in die Partei schafft dem kaum Abhilfe, denn auch sie unterliegen dem Bedürfnis nach Herrschaft und Macht über die Massen und verlieren den Weitblick für das eigentliche Ziel der sozialistischen Partei. Um also die ursprünglichen Ziele der Arbeiterbewegung verwirklichen zu können, müssen beide Führerelemente – aus bürgerlichen und aus proletarischen Kreisen, akademische Bildung und Klassenbewusstsein – einbezogen werden.

c) Psychologie der Führer

„Dem Führungsbedürfnis der Menge und ihrer Indifferenz steht der natürliche Machthunger der Führer gegenüber... Was die Bedürfnisse der Organisation, Administration und Strategie begonnen, wird vollendet durch die Bedürfnisse der Psychologie." (Michels, 1989: 200) Michels befindet, dass dauerhafte Führungstätigkeit einen ungünstigen Einfluss auf den Charakter der Führer habe. Zu Beginn der Laufbahn seien sie noch von der Richtigkeit ihrer Grundsätze überzeugt, ihr Ehrgeiz besteht darin, die Ideale der Arbeiterbewegung zu verwirklichen. Im Laufe der Parteiarbeit nimmt die Bedeutung der Ideale immer mehr ab und die der Sicherung ihrer eigenen Macht immer mehr zu. Letztendlich liegt ihnen die Machterhaltung wesentlich mehr am Herzen als die ursprünglichen Ideale. Der Ehrgeiz für die Bewegung ist also in einen egoistischen Ehrgeiz umgeschlagen.

d) Versuche zur Begrenzung der Macht der Führer

Michels stellt verschiedene Instrumente zur Begrenzung der Führermacht vor:

1. Referendum, also „Urabstimmungen" in der Partei
2. Entsagung: Parteiführer sollten auf einen bürgerlichen Lebensstil verzichten und wie die Arbeiter leben. Michels warnt jedoch vor der Illusion, die gleiche Lebensführung mit Herrschaftsteilung gleichzusetzen.
3. Syndikalismus
4. Anarchismus

All diese Versuche, Macht zu begrenzen, sind – nach Michels' Einschätzung – nur von geringer Wirksamkeit, das „eherne Gesetz der Oligarchie" kann damit nicht gebrochen werden.

Ätiologie der Oligarchie

Der Ausgangspunkt der Oligarchisierung liegt also in der Organisation. Durch die Ausweitung einer Organisation und dem Wachstum der Aufgaben entsteht der Bedarf der Arbeitsteilung und Spezialisierung. Gerade dann, wenn einer dieser Spezialisten auch noch über Rednergabe, Intelligenz oder ähnliches verfügt, kann er rasch zu einer Führungspersönlichkeit aufsteigen. Durch die Inkompetenz der Masse einerseits und seinem Geschick kann er sich dann auch zum berufsmäßigen Führer entwickeln. In dieser Position hat er die Möglichkeit, sich ein Bildungsübergewicht gegenüber den anderen Parteimitgliedern anzueignen, einfach aufgrund der Zeit, die ihm nun zur Verfügung steht. Zusammen mit dem wachsenden Bürokratismus innerhalb der Partei und dem Führungs- und Verehrungsbedürfnis der Massen entwickelt er sich mehr und mehr zu einem inamoviblen Führer, der der Partei Stabilität verleiht. Hinzukommt das natürliche inhärenten Herrschgelüste, das vielen Führungspersonen zueigen ist. All diese Komponenten führen letztendlich zur Oligarchie.

4.2.3.2 Wirkungsgeschichte

Das „eherne Gesetz der Oligarchie" inspirierte zahlreiche Forscher, sich mit den Führungsstrukturen von Parteien auseinander zusetzen. Aber auch Parteien selbst nahmen seine Erkenntnisse auf; hier ist vor allem auf die Anfangsjahre der Grünen zu verweisen. Sie führten einige Mechanismen (Rotationsprinzip, Trennung von Amt und Mandat) ein, um den befürchteten Oligarchisierungstendenzen zu begegnen. Inzwischen wird aber von vielen die Meinung vertreten, dass auch sie dem „ehernen Gesetz" anheim gefallen seien. Die weitgehende Abschaffung der oben genannten Prinzipien spricht für diese These.

Auf theoretischer Ebene knüpfte insbesondere Samuel Eldersveld bei seiner Beschäftigung mit Parteieliten an Michels an. Sein Untersuchungsgegenstand jedoch waren amerikanische Parteien, die große strukturelle Unterschiede zu den von Michels analysierten europäischen sozialdemokratischen Parteien aufweisen. Eldersveld weist zwei grundlegende Dilemmata der von ihm untersuchten Parteien aus, die auch auf die Besonderheiten amerikanischer Parteien widerspiegeln:

1. Parteien zeichnen sich durch Offenheit aus, um neue Mitglieder und Sympathisanten integrieren zu können. Daraus erwächst das Problem der Anpassungsstrategie. Zu große Anpassung führt zu Problemen im inneren Management, zunehmenden inneren Spaltungen, Effizienzeinbußen und mangelnder Zielorientierung. Geringe Anpassung führt zu mangelnder Attraktivität für Wähler, Mitglieder und Sympathisanten (vgl. Eldersveld, 1964: 6).
2. Eine Partei ist damit auch offen für bestimmte soziale Gruppierungen und deren besondere Interessen. Das zweite grundlegende Dilemma der Partei liegt also in der Spannung zwischen dem Ge-

samtziel der Partei und den Anforderungen und Interessen der verschiedenen Subgruppierungen. (vgl. Eldersveld, 1964: 7)

Das Problem besteht nun darin, dass in einer extrem pluralistischen Partei die Entscheidungsfindung wesentlich schwieriger ist, als in einer nur schwach pluralistischen. Führung ist also notwendig. Jedoch grenzt sich Eldersveld deutlich von Michels Vorstellungen ab. Er stellt dem oligarchischen Modell das der Stratarchie gegenüber (vgl. Eldersveld, 1964: 9).

Die Stratarchie zeichnet sich aus durch eine Ausweitung der Führungsgruppe, dies führt zu einer Diffussion der Machtausübung. Eine zentrale „Kommandoeinheit" fehlt, es bilden sich vielmehr unterschiedliche Teilkommandos heraus, die jeweils über unterschiedliche Machtpotentiale verfügen und die sich durch (zum Teil sehr hohe) Unabhängigkeit auszeichnen. Diese Machtverteilung entspringt pragmatischen Notwendigkeiten einer heterogenen Mitgliederschaft. Sie ermöglicht die Minimierung der Konflikte innerhalb der Mitgliederschaft und verleiht der Parteiorganisation Stabilität. Nicht nur Interessenunterschiede, sondern auch Unterschiede regionaler, traditioneller und sozialstruktureller Art können ausgeglichen werden. Es entwickelt sich eine Struktur gegenseitiger Rücksichtnahme, die tendenziell von oben nach unten gerichtet ist, denn Parteiführer brauchen die Unterstützung der nachgeordneten Einheiten (vgl. Eldersveld, 1964: 9).

Diese Parteistruktur hat natürlich auch gravierende Auswirkungen auf die Parteielite. Diese ist ein Set von unterscheidbaren „Karriereklassen" oder „Karrierekategorien" mit bemerkenswerten Unterschieden hinsichtlich ihrer Kohäsion, kommunikativem Austausch und ihrem Selbstbewusstsein (vgl. Eldersveld, 1964: 11). Die Zirkulationsrate in dieser Elite ist auf allen Hierarchieebenen relativ hoch. Es handelt sich dabei jedoch nicht um die von Michels postulierte Zirkulation, die nur der Stabilität der bestehenden Elite dient. Vielmehr sind es häufig wirkliche Umstrukturierungsprozesse in Bezug auf die Machtverhältnisse in der Partei. Die Autorität der Parteiführung beruht auf ihren Beziehungen zu den Gruppierungen der Partei. Es mag zwar sein, dass sich in diesem Führungszirkel ein Korpsgeist ausbildet, jedoch unterscheidet sich dieser von dem eines bürokratischen Führungszirkels. Die Partei ist eben eine offene Struktur, und dies führt zu einer gewissen Unsicherheit und Instabilität der Beziehungen. Die „Rettung" kommt von solchen Parteimitgliedern, die nicht zur Macht drängen, sondern sich mit einem bestimmten Status begnügen. Sie sind es, die Stabilität gewährleisten (vgl. Eldersveld, 1964: 11/12)

Eldersveld entwirft also – auf Michels aufbauend – ein Gegenbild zur Oligarichsierung. Dabei muss jedoch berücksichtigt werden, dass sich Eldersveld auf amerikanische Parteien bezieht, die unter anderen Funktionsbedingungen agieren. Insofern kann Michels' Theorie durch diese Kritik bzw. Gegenentwurf nicht als obsolet betrachtet werden, als die empirischen Befunde, auf die Eldersveld aufbaut, unter völlig anderen politisch-kulturellen Kontextbedingungen gewonnen wurden. Dennoch wird an der Gegenüberstellung der beiden Konzeptionen der Unterschied zwischen machttheoretischen und demokratietheoretischen Elitenansätzen unmittelbar einleuchtend: Während der machttheoretische Ansatz vor allem auf die Abschottungs- und Exklusionstendenzen der Eliten abhebt, stehen für demokratietheoretische Ansätze vor allem die Rolle und die Beteiligung der Nicht-Eliten im Vordergrund und die Reaktionen der Elite auf diese Partizipations- und Mitwirkungswünsche.

Literatur

Michels, Robert (1989): Zur Soziologie des Parteiwesens in der modernen Demokratie. Untersuchungen über die oligarchischen Tendenzen des Gruppenlebens. Stuttgart: Alfred Kröner Verlag (4. Auflage)

Detjen, Joachim (2001): Michels, Robert: Zur Soziologie des Parteiwesens in der modernen Demokratie. Untersuchungen über die oligarchischen Tendenzen des Gruppenlebens. In: Oesterdiekhoff, Georg W. (Hrsg.): Lexikon der soziologischen Werke. Wiesbaden: Westdeutscher Verlag, S. 471-472

Eldersveld, Samuel C. (1964): Political Parties. A Behaviour Analysis. Chicago

Pfetsch, Frank R. (1989): Einführung in Person, Werk und Wirkung. In: Michels, Robert (1989): Zur Soziologie des Parteiwesens in der modernen Demokratie. Untersuchungen über die oligarchischen Tendenzen des Gruppenlebens. Stuttgart: Alfred Kröner Verlag (4. Auflage), S. XVII-XXXIX

Mintzel, Alf/Wasner, Barbara (2000): Zur Theorie und Empirie der Elitenforschung. Lehrmaterialien. Passau (Lehrstuhl für Soziologie), S. 45-54

Röhrich, Wilfried (2001): Michels, Robert: Zur Soziologie des Parteiwesens in der modernen Demokratie. Untersuchungen über die oligarchischen Tendenzen des Gruppenlebens. In: Papcke, Sven/Oesterdiekhoff, Georg W. (Hrsg.): Schlüsselwerke der Soziologie. Wiesbaden: Westdeutscher Verlag, S. 336-338

4.2.4 Pierre Bourdieu: Die verborgenen Mechanismen der Macht

Bourdieu[12] ist sicher ebenfalls den Neomachiavellisten zuzurechnen. Seine Zielsetzung ist die Aufdeckung der Art und Weise, wie soziale Ungleichheiten (und damit auch der Zugang oder Nicht-Zugang zu Eitepositionen) etabliert und aufrechterhalten werden. Die Mechanismen der Reproduktion sozialer Macht und der Kapitalverteilung stehen im Mittelpunkt seines Interesses. Er beschäftigt sich dabei nicht nur mit den materiellen Ungleichheitsbedingungen, sondern vor allem auch mit den kulturellen und symbolischen Determinanten. Ihm erscheint dabei die kulturelle Kompetenz, durch die sich die Oberschicht auszeichnet, von besonderer Bedeutung, weil diese auch zur Legitimation der bestehenden Machtverhältnisse beiträgt. Die Abgrenzung zwischen Elite und „Masse" wird durch diese Merkmale konstituiert. Eine entscheidende Rolle spielt in seiner Konzeption der sozialen Ungleichheit der Kapitalbegriff.

Kapital

Bourdieu baut bei seinen Untersuchungen auf die Klassentheorie auf, löst sich jedoch von der rein ökonomischen Orientierung und betrachtet daneben den Habitus als das klassenkonstituierende Merkmal: „Eine gesellschaftliche Klasse ist nicht nur durch ihre Stellung in den Produktionsverhältnissen bestimmt, sondern auch durch den Klassenhabitus, der ,normalerweise' (d.h. mit hoher statistischer Wahrscheinlichkeit) mit dieser Stellung verbunden ist." (Bourdieu, 1982: 585). Neben dem ökonomischen Kapital spielen auch andere Arten von Kapital bei der Klassenzugehörigkeit eine wichtige Rolle, vor allem das kulturelle, soziale und symbolische Kapital.

Ökonomisches Kapital beschränkt sich bei Bourdieu nicht auf den Besitz von Produktionsmittel, sondern schließt auch alle anderen Formen von materiellem Besitz ein; alle Besitztümer, die in Geld konvertierbar sind und auch Vermögen in Gestalt von Geld zählen zum ökonomischen Kapital (vgl. Bourdieu, 1992: 51/52).

---

12 Pierre Bourdieu wurde am 1.8.1930 in Denguin geboren und verstarb am 23.1.2002 in Paris.

Mit *sozialem Kapital* sind die Beziehungen „eines dauerhaften Netzes von mehr oder weniger institutionalisierten Beziehungen des gegenseitigen Kennens oder Anerkennens" (Bourdieu: 1992: 63), über die ein Individuum verfügt und die ihm möglicherweise Vorteile bei der Beschaffung anderer Ressourcen verschaffen. Insbesondere beim Zugang zu Elitepositionen ist soziales Kapital von entscheidender Bedeutung, es stellt die notwendige Vertrauensbasis dar, das Vertrauen auch außerhalb der eigenen Zugehörigkeitsgruppe schaffen kann: „Die Vertrauensgarantie und Unterstützungsbereitschaft durch eine bestimmte Herkunfts- oder Zugehörigkeitsgruppe, insbesondere wenn diese einflußreich oder mächtig ist oder über ein hohes Sozialprestige verfügt, wirkt sich auch außerhalb dieses Personenkreises zumeist einflußmehrend und vertrauensbildend aus." (Sterbling, 1998: 200) Andererseits macht dies auch die sozialen Schließungsmechanismen deutlich, denn Beziehungen, die Zugang zu Elitepositionen schaffen, können nur dort geknüpft werden, wo bereits der Zugang zu elitären Zirkeln gegeben ist. Soziales Kapital weist einen hohen Reproduktionsgrad auf und kann in einiger Hinsicht auch in ökonomisches Kapital konvertiert werden. Das soziale Kapital hat einen „Multiplikatoreffekt", denn es kann zur Steigerung der anderen Kapitalformen eingesetzt werden (vgl. Bourdieu, 1992: 63-70).

Kulturelles Kapital ist nur sehr begrenzt in ökonomisches Kapital konvertierbar. Drei Formen kulturellen Kapitals sind mit Bourdieu zu unterscheiden (vgl. Bourdieu, 1992: 53-63)

1. Kulturelles Kapital in materialer, objektivierter Form: Hier sind Dinge wie Bücher, Gemälde und technische Einrichtungen zu nennen. Diese Form kulturellen Kapitals ist auch in ökonomisches Kapital konvertierbar und stellt zum Teil sogar eine Geldanlage dar.
2. Kulturelles Kapital in inkorporierter Form: Diese Form ist im wesentlichen die Bildung, über die ein Individuum verfügt. Nicht nur schulische Bildung ist damit gemeint, sondern vor allem auch Bildungsgüter, die man sich darüber hinaus angeeignet hat. Diese Form ist körper- und personengebunden, man kann angeeignetes Wissen nicht einfach weitergeben und vor allem nicht veräußern. Dies bedeutet auch, dass für diese Form des kulturellen Kapitals vor allem Zeit aufgewandt werden muss, um es zu erwerben.
3. Kulturelles Kapital in institutioneller Form: Hier sind vor allem Bildungstitel gemeint, die nur durch Bildungsinstitutionen vergeben werden können. Ein erfolgreiches Durchlaufen dieser Institu-

tionen ist also die Voraussetzung für ihren Erwerb. Diese Form ist in indirekter Form auch in ökonomisches Kapital konvertierbar: Bestimmte Titel und Abschlüsse ermöglichen den Zugang zu beruflichen Positionen, die höhere Einkünfte versprechen.

Das symbolische Kapital besteht in der Anerkennung der anderen Kapitalformen als legitim. Symbolisches Kapital besteht somit im Ansehen und Renommee, das man aufgrund des sozialen, ökonomischen und kulturellen Kapitals genießt.

Die Verteilung dieser Kapitalarten innerhalb der Gesellschaft ist ungleich und damit konstituiert sich auch soziale Ungleichheit. Diese Verteilung ist auch keineswegs zufällig, sondern von den Bedingungen und Voraussetzungen, die die eigene Klasse bietet, vorgegeben.

Reproduktion

Bourdieus besonderes Interesse gilt der Art und Weise, wie diese Kapitalausstattung aufrechterhalten und an nachfolgende Generationen weitergegeben wird, also den Reproduktionsmechanismen sozialer Ungleichheit. Er geht davon aus, dass nicht nur die Herrschaftsverhältnisse, sondern die gesamte Gesellschaftsstruktur diesem Reproduktionsprozess unterworfen sind. Insbesondere auch die Abstände zwischen den einzelnen Gruppen sind davon betroffen. Dies geschieht nicht durch gezielte Planung, sondern wird von allen Gruppen durch ihren Habitus selbstverständlich unhinterfragt weitergetragen. Bourdieu nennt sieben verschiedene Mechanismen der Reproduktion: Fortpflanzung, Nachfolge und Erbfolge, Bildung, prophylaktische Strategie, ökonomische Strategie, Strategie sozialer Investitionen und ideologische Strategien. Trotz des Begriffs „Strategie" ist darunter kein geplantes, gezieltes Vorgehen zu verstehen. In modernen Gesellschaften spielen die Mechanismen der Fortpflanzung, Nachfolge und Erbschaft keine allzu große Bedeutung mehr, von größter Bedeutung dagegen sind die Bildung, ökonomische Strategien und die der sozialen Investitionen. All diese Reproduktionsmechanismen sind getragen vom jeweiligen Habitus, der in Bourdieus Theorie eine zentrale Stelle einnimmt.

Klassenspezifischer Habitus

Aus der ungleichen Verteilung der Kapitalarten ergibt sich eine Struktur sozialer Ungleichheit, die Bourdieu in drei verschiedenen Klassen fasst: Arbeiter-, Mittel- und Oberklasse. Jede dieser Klassen zeichnet sich jeweils durch einen spezifischen Habitus aus. Dieser ist ausschlaggebend für die Lebens- und Konsumgewohnheiten der jeweiligen Klasse. „Eine Klasse definiert sich durch ihr Wahrgenommen-Sein ebenso wie durch ihr Sein, durch ihren Konsum – der nicht ostentativ sein muß, um symbolischen Charakter zu tragen – ebenso wie durch ihre Stellung innerhalb der Produktionsverhältnisse (selbst wenn diese jenen bedingt)." (Bourdieu, 1982: 754) Die kulturelle Kompetenz (bzw. ihr Fehlen), der Lebensstil und vor allem die klassenspezifische Sozialisation bringen jeweils spezifische Formen von Habitus und Hexis hervor. Unter Habitus ist dabei die innere Tiefenstruktur, das Denken, Fühlen, der Geschmack usw. zu verstehen (ähnlich dem Betriebssystem eines PCs), Hexis ist das äußerlich wahrnehmbare Verhalten und das Handeln[13], das auf den Habitus schließen lässt (vgl. Fröhlich, 1999: 100), wie beispielsweise „der Art zu gestikulieren oder zu gehen, sich zu setzen oder zu schneuzen, beim Sprechen oder Essen den Mund zu bewegen -, sondern auch die fundamentalsten Prinzipien der Konstruktion und Bewertung der Sozialwelt, jene, die am direktesten die Arbeitsteilung zwischen sozialen Klassen, Altersgruppen und Geschlechtern wie die Arbeitsteilung von Herrschaft wiedergeben..." (Bourdieu, 1982: 727) Der Habitus determiniert andererseits die Konsum- und andere Unterschiede.

Entwickelt wird dieser Habitus aufgrund der ökonomischen Verhältnisse, mit denen man aufwächst. Luxuriöser Geschmack kommt zustande, wenn man unter materiellen Bedingungen aufgewachsen ist, die durch ausreichenden Kapitalbesitz abgesichert waren. Wächst man

---

13 „Unter schulischen Aspekten gleiche Individuen (z.B. Studenten einer Grande école) können sich unter dem Gesichtspunkt ihrer körperlichen Hexis, Aussprache, Kleidung, Vertrautheit mit der legitimen Kultur grundlegend unterscheiden – einmal ganz zu schweigen von den unzähligen Kompetenzen und Fähigkeiten, die als Einlaßbillet für den Eintritt in die Welt der Bourgeoisie fungieren, wie Tanzen, aktiver Sport (der besseren Klasse) und Gesellschaftsspiele (insbesondere Bridge), und die durch die Bekanntschaften, die sie eröffnen, und das soziale Kapital, das sie zu akkumulieren erlauben, zweifellos die Grundlage später abweichender Karrieren ausmachen." (Bourdieu, 1982: 160, FN 103)

jedoch unter Bedingungen auf, die Anpassung an Notlagen und Zwänge erfordern, wird eher ein Geschmack entwickelt, der von der Not(wendigkeit) geprägt ist (vgl. Bourdieu, 1982: 289/290). Die ökonomischen Verhältnisse prägen also die persönliche Tiefenstruktur der Klassenmitglieder erheblich und die daraus sich entwickelnden Lebensstile und -chancen wirken auf die ökonomische Situation zurück. Aufgrund dieser Überlegungen erläutert Bourdieu den Habitus der verschiedenen Klassen.

Arbeiterklasse

Er beschreibt die Lebensführung der Arbeiterklasse als geprägt vom Mangel in bezug auf die verschiedenen Kapitalarten. Mitgliedern der Arbeiterklasse fehlen neben den schulischen Examina auch die notwendigen Kenntnisse und Verhaltesweisen, die in höheren Schichten Anerkennung finden würden. In den Augen anderer Klassen verstehen sie nicht zu leben, ernähren sich ungesund, und haben keinen Sinn für Schönheit und Ästhetik, was sich z.b. in ihrer Kleidung ausdrückt. Ihnen fehlt kulturelle Kompetenz, was sich in ihrem Urlaubs- und Freizeitverhalten ausdrückt (vgl. Bourdieu, 1982: 292). Der Habitus ist bei ihnen also eine „aus Not entstandene Tugend", eine Anpassung an den ständigen Mangel (vgl. Bourdieu, 1982: 585).

Mittelklasse

Die Mittelklasse zeichnet sich in erster Linie durch ihren Wunsch nach Aufstieg aus. Da der Aufstieg bisher noch nicht geglückt ist, die notwendige Kapitalausstattung also noch fehlt, ist „Bluffen" eine ständige Notwendigkeit; ihre soziale Identität beruht mehr auf Schein als Sein. Dies führt zu einer ständigen Orientierung daran, wie man von anderen beurteilt wird. Dabei ist es nicht nur bedeutsam, von der eigenen Klasse entsprechend wahrgenommen zu werden, sondern auch von unteren Schichten (die einen als höhergestellt betrachten sollten) und von höheren Schichten (die einen bestenfalls als ihresgleichen betrachten) (vgl. Bourdieu, 1982: 394). Der Geschmack ist aufgrund dieser Einstellung ständig an der Oberklasse orientiert, an der Nachahmung ihres Vorbildes. Dies muss jedoch mit begrenzteren Mitteln erreicht werden und bleibt deshalb eine dauernde Anstrengung und Unsicherheit.

Oberklasse

Die Oberklasse zeichnet ein mondäner Geschmack aus, der sich an
dem, was modisch ist, orientiert, aber auch eine gewisse Unabhängigkeit bewahrt, ist relativ traditionalistisch und gründet sich auf durchschnittliche Kenntnisse. Bei all dem ist er „gemäßigt hedonistisch"
und bleibt bei allen Kühnheiten maßvoll (vgl. Bourdieu, 1982: 415).
Der Konsumstil ist geprägt von Ausgaben für Nahrung, Kultur und
Selbstdarstellung und Repräsentation (vgl. Bourdieu, 1982: 298/299)
Menschen, die mit hohem kulturellen Kapital ausgestattet sind, zeichnen sich vor allem durch eine Leichtigkeit im Umgang mit kulturellen
und künstlerischen Produkten aus; für sie ist es vor allem die Zweck-
freiheit, die den Umgang mit diesen bestimmen. Die Oberschicht ist
es auch, die aufgrund ihres kulturellen Kapitals, ihres Geschmacks, ihren Lebensstil in ein System ästhetischer Prinzipien zu verwandeln im
Stande sind. „Sie allein sind in der Lage, ihre Lebensform zu einer
Kunstform zu erheben. Der Eintritt des Kleinbürgers in dieses Spiel
der Distinktion und Unterscheidung ist demgegenüber nicht zuletzt
durch die Furcht gekennzeichnet, anhand von Kleidung oder Mobiliar
... dem Geschmack der anderen sichere Hinweise auf den eigenen Geschmack zu liefern und sich so deren Klassifizierung auszusetzen."
(Bourdieu, 1982: 107). Diese distinktiven Merkmale (Statur, Haltung,
angenehmes Äußeres, Auftreten, Diktion und Aussprache, Umgangs-
form und Lebensart) wirken auf allen sozialen Feldern. Bourdieu hebt
besonders hervor, dass dies auch schon im Ausbildungssystem eine
entscheidende Rolle spielt. Gerade durch die Bildungsexpansion er-
fuhren die meisten Abschlüsse eine Entwertung (durch „Inflation");
aus diesem Grund spielen andere Kapitalarten eine größere Rolle bei
der Karriere oder bei einem angestrebten Aufstieg.
　　Bourdieu macht deutlich, dass man die Zugehörigkeit zu einer
Klasse nicht nur am Konsumstil ablesen könne, sondern auch z.B. an
der Körperhaltung (vgl. Bourdieu, 1982: 310). Soziale Auf- und Abstiege sind in diesem System nicht so leicht möglich und auch weniger
leicht erfassbar, da der inkorporierte Habitus nicht abgelegt werden
kann, er bleibt bestehen, auch wenn sich die (meist ökonomische) Kapitalausstattung erheblich verändern sollte. Zudem wird der soziale
Raum durch zwei Dimensionen strukturiert: vom Umfang des Ge-
samtkapitals und von der Kapitalsorte. Zum einen sind Vertikalverla-
gerungen möglich, also Auf- oder Abstiege innerhalb desselben Sek-

tors (z.b. der Aufstieg vom Klein- zum Großunternehmer); andererseits sind Transversalverlagerungen möglich, also der Übergang von einem Sektor in einen anderen, wobei damit noch kein Auf- oder Abstieg verbunden sein muss.

Die Zugehörigkeit zur Elite ist diesen Reproduktionsmechanismen in besonderer Weise verbunden. Elitemitglieder zeichnen sich dadurch aus, dass sie über eine besonders hohe Kapitalausstattung verfügen (in ökonomischer, sozialer, kultureller und symbolischer Hinsicht). Sie verfügen über den entsprechenden Habitus und können somit ihre zahlreichen Ressourcen besonders effizient nutzen und mehren. Ihren Kindern vermitteln und vererben sie nicht nur wiederum die verschiedenen Kapitalarten, sondern auch den entsprechenden Habitus, der Voraussetzung dafür ist, wieder Spitzenpositionen der Gesellschaft einnehmen zu können. Bourdieus Studie über die „Noblesse d'état" zeigen diesen Mechanismus, auch die Untersuchung der Grandes Ecoles („Die Illusion der Chancengleichheit") erbringen dasselbe Resultat: Schüler dieser renommierten Eliteschulen sind Kinder von Elitemitgliedern oder wenigsten von Oberschichtangehörigen, das Kapital der Eltern verhilft den Kindern also beim Erwerb kulturellen Kapitals.

Literatur

Bourdieu, Pierre (1982): Die feinen Unterschiede. Kritik der gesellschaftlichen Urteilskraft. Frankfurt: suhrkamp

Bourdieu, Pierre (1989): La noblesse d'état: grandes écoles et esprit de corps. Paris: Les Éditions de Minuit

Bourdieu, Pierre (1992): Die verborgenen Mechanismen der Macht. Hamburg: VSA-Verlag

Fröhlich, Gerhard (1999): Habitus und Hexis – Die Einverleibung der Praxisstrukturen bei Pierre Bourdieu. In: Schwengel, Hermann (Hrsg.): Grenzenlose Gesellschaft? Bd II. Pfaffenweiler: Centaurus-Verlagsgesellschaft, S. 100-102

Rebenstorf, Hilke (1995): Die politische Klasse. Zur Entwicklung und Reproduktion einer Funktionselite. Frankfurt, New York: Campus

Schwingel, Markus: Pierre Bourdieu zur Einführung. Hamburg (Junius) 2000

Sterbling, Anton (1998): Zur Wirkung unsichtbarer Hebel. Überlegungen zur Rolle des ‚sozialen Kaptials' in fortgeschrittenen westlichen Gesellschaften. In: Berger, Peter A./Vester, Michael (Hrsg.): Alte Ungleichheiten – Neue Spaltungen. Opladen: Leske + Budrich, S. 189-209

4.3 Demokratietheoretiker

Jene Elitesoziologen, die den Demokratietheoretikern zuzurechnen sind, beschäftigen sich weniger mit der Vorstellung, dass eine kleine Minderheit die Mehrheit beherrscht und ihre Machtressourcen dazu nutzt, diese privilegierte Position beizubehalten und andere daran zu hindern, in solche Positionen zu kommen. Sie gehen vielmehr der Frage nach, wie die Existenz einer Elite mit Demokratie zu vereinbaren ist. Mit dieser veränderten Fragestellung erschließt sich ein wesentlich umfangreicheres Forschungsfeld, als dies die eingeschränktere theoretische Perspektive der Machiavellisten zuließ. Fragen nach der Legitimität, Offenheit, Rekrutierung und Responsivität der Eliten gewannen an Bedeutung.

Demokatietheoretiker:

		Werk (e)	zentraler theoretischer Bezugspunkt
Max Weber	1864 – 1920	„Politik als Beruf (1919), „Die drei Typen der legitimen Herrschaft" (1922), „Die protestantische Ethik und der Geist des Kapitalismus" (1905)	Herrschaftssysteme, protestantische Ethik
Karl Mannheim	1893 – 1947	„Freiheit und geplante Demokratie" (1970), „Ideologie und Utopie" (1969)	„freischwebende Intelligenz", Soziale Planung
Robert A. Dahl		„Who governs?"	Interdependenz zwischen sozioökonomischer Entwicklung und Elitenzusammensetzung
Robert D. Putnam		„The Comparative Study of Political Elites" (1976)	Das Gesetz der zunehmenden Disproportionalität
Otto Stammer	1900 – 1978	„Politische Soziologie und Demokratieforschung" (1965)	Funktionseliten
Ralf Dahrendorf	1939 –	„Gesellschaft und Demokratie in Deutschland" (1965)	Konsenseliten
Dietrich Herzog	1931 – 2001	„Politische Karrieren" (1975)	Karrierewege der Elitemitglieder
Klaus von Beyme	1934 –	„Die politische Elite in der Bundesrepublik Deutschland" (1971)	
Wolfgang Zapf	1937 –	„Wandlungen der deutschen Elite" (1965)	Zirkulation der deutschen Eliten

4.3.1 Max Weber: Protestantische Ethik und Politik als Beruf

Max Weber[14] benutzt in seinen Schriften zwar nicht den Begriff „Elite", dennoch ist sein Beitrag zur Elitentheorie bedeutend. Für ihn stand die Frage nach den Faktoren, die den Zugang zur Elite determinieren, im Vordergrund. Hinsichtlich der politischen Eliten stellen die verschiedenen Herrschaftstypen den Bezugsrahmen hierfür dar. In Bezug auf wirtschaftliche Eliten stellt Weber die Bedeutung der Religion bzw. Konfession in das Zentrum seiner Überlegungen. Max Webers Überlegungen hinsichtlich der Eliten stellen einen wichtigen Wendepunkt in der Elitentheorie dar: Die Loslösung von der Annahme, dass ein kleiner Machtzirkel die Herrschaft innehat und allen anderen den Zugang zu diesem Kreis verwehren kann. Mit dieser theoretischen Wendung geht auch eine Hinwendung zu eher empirisch orientierter Elitenforschung einher.

Politische Elite

Die Abwesenheit der Begriffe wie „Elite", „politische Klasse" oder „herrschende Klasse" lässt sich aus der radikalen Wende erklären, die Weber gegenüber den Machttheoretikern im Gefolge Machiavellis vollzieht: Er interessiert sich weniger für die Techniken des Machterhalts der Herrschenden; im Zentrum seines Interesses stehen die Gründe, aus denen die Beherrschten bereit sind, Gehorsam gegenüber den Herrschern zu leisten, also die Frage nach der Legitimität politischer Eliten.

Er unterscheidet idealtypisch drei Typen der Legitimität von Herrschaft: die traditionale (auf Sitte und Tradition gegründete), die charismatische (auf Gnadengaben gegründete) und die legale (auf Satzung gegründete) Herrschaft. Diese Herrschaftstypen bringen jeweils unterschiedliche politischen Eliten[15] und nachgeordnete Führungsschichten hervor. Folgende Aufstellung soll einen ersten Überblick geben:

---

14 Max Weber wurde am 21.4.1864 in Erfurt geboren und verstarb am 14.6. 1920 in München.

15 „Was verstehen wir unter Politik? Der Begriff ist außerordentlich weit und umfaßt jede Art selbständig *leitender* Tätigkeit... Ein derartig weiter Begriff liegt unseren Betrachtungen... nicht zugrunde. Wir wollen ... darunter nur ver-

	Die drei reinen Typen der legitimen Herrschaft		
Charakteristika	legale	traditionale	charismatische
Legitimations-geltung	staatliche Bürokratie; privater kapitalisti-scher Betrieb	patriarchalische Herr-schaft	Herrschaft des Pro-pheten, Kriegshelden oder Demagogen
Gehorsam	aufgrund gesatzter, sachlicher, unpersön-licher Ordnung	aufgrund von Pie-tätsempfinden	aufgrund einer affek-tuellen Hingabe an den Führer und des-sen Gnadenglauben; Norm- und Gesetzes-charakter hat allein das Außergewöhnli-che
Herrscher (Eli-te)	Vorgesetzter	Herr	Führer
Gehorchender (Nicht-Elite)	Bürger, Genosse	Untertan, traditionaler Genosse	Anhänger, Jünger
Herrschaftsver-band	Betrieb, Behörde	Vergemeinschaftung (Pietätsverband)	emotionale Verge-meinschaftung, Ge-meinde
Verwaltungs-stab (Subelite)	*Fachbeamter*, sachli-che Kompetenz; Be-triebshierarchie; gere-gelte Anstellung durch Kontrakt; geregeltes Aufrücken, Fachge-schultheit als Norm; Gehalt	*Diener*, Kompetenz festgestellt durch will-kürliche Entscheidung des Herrn (persönli-che Dienertreue) Kon-kurrenz, Kompetenz als Privileg vererbt	*beauftragte Jünger*, Sendung durch Füh-rer, charismatische Qualifikation des Be-rufenen; keine Hierar-chie, Wahl abhängig von der willkürlichen Entscheidung des Führers.
Nachfolge (Elitensukzes-sion)	geregeltes Nachrük-ken (Satzung)	vererbt	problematisch, da Gefahr der Veralltägli-chung des Charismas (führt häufig zu legaler oder traditionaler Herrschaft)

Schematisierung: Alf Mintzel

Legale Herrschaft: Diese basiert in erster Linie auf bürokratischen Strukturen und gesetzlichen Vorgaben. Dies bedeutet, dass Beamte für die Durchsetzung der gesatzten Ordnung zuständig sind. Aber die le-gale Herrschaft besteht nicht nur in der Anwendung der Gesetze durch Beamte. Sie sind nur die ausführenden Organe. Auch hier können an

---

stehen: die Leitung oder die Beeinflussung der Leitung eines *politischen* Ver-bandes, heute also: eines *Staates*." (Weber, 1988b: 505)

der Spitze bestimmte Typen charismatischer oder honoratiorenhafter Führer zu finden sein (vgl. Weber, 1988a: 477).

Traditionale Herrschaft: Die Legitimitätsgrundlage der traditionalen Herrschaft liegt im Gehorsam gegenüber einer Person „kraft ihrer durch Herkommen geheiligten Eigenwürde" (Weber, 1988a: 478). Die Herrschenden dieser Herrschaftsform sind auch ihrerseits an die Tradition gebunden; würden sie Befehle erlassen, die dieser widerspricht, gefährden sie damit ihre eigene Stellung. Sie müssen sich in diesem Sinne als Wertelite erweisen, die die überkommene Tradition hochhält. Der Verwaltungsstab besteht aus persönlich Abhängigen, die sich durch persönliche Dienertreue auszeichnen. Der Verwaltungsstab kann patriarchal oder ständisch strukturiert sein. In der patriarchalen Struktur ist der Verwaltungsstab vollständig vom Herrscher abhängig, sie verfügen über keine eigenen Rechte an ihrem Amt und somit der Willkür ihres Herrn völlig ausgeliefert (vgl. Weber, 1988a: 479). In der ständischen Struktur besteht der Verwaltungsstab aus solchen Personen, die aufgrund bestimmter Privilegien von ihrem Herrn mit dem Amt beliehen wurden oder dieses Amt durch ein Rechtsgeschäft erworben haben. Das Amt kann ihnen deshalb auch nicht ohne weiteres entzogen werden; die Verwaltung ist somit bis zu einem bestimmten Grad autonom (vgl. Weber, 1988a: 479). In dieser Struktur findet sich also der Elite nachgeordnet eine „Führungsschicht", die über eigene Rechte und Privilegien verfügt und nicht völlig vom Herrscher abhängig ist.

Charismatische Herrschaft: Die Elite der charismatischen Herrschaft ist eine Leistungselite[16], denn charismatische Herrschaft gilt „kraft affektueller Hingabe an die Person des Herrn und ihre Gnadengaben (Charisma), insbesondere: magische Fähigkeiten, Offenbarungen oder Heldentum, Macht des Geistes und der Rede. Das ewig Neue, Außerwerktägliche, Niedagewesene und die emotionale Hingenommenheit dadurch sind hier Quellen persönlicher Hingebung." (Weber, 1988a: 481) Lassen die speziellen charismatischen Kräfte des Herrschers nach, ist auch seine Herrschaft in Gefahr, weil damit für seine Anhänger die Grundlage für die Folgebereitschaft entschwunden ist (vgl. Weber, 1988a: 482). Für den Verwaltungsstab gilt, dass er nicht nach Kriterien wie Kompetenz oder Privileg ausgewählt ist.

---

16 Oder auch Prestigeelite (vgl. Weber, 1988a: 484)

Weber legt bei seiner Beschreibung der drei Typen der legalen Herrschaft besonderen Wert auf die Beschreibung des jeweiligen Verwaltungsstabs, weil dieser gegebenenfalls zur Gegenelite werden kann, die die Herrschaft der Elite bedroht: „Für die Beziehungen des Herrn zum Verwaltungsstab gilt im allgemeinen der Satz: daß in der Regel der Herr, kraft der Vereinzelung der Zugehörigen des Stabes und der Solidarität jedes Mitgliedes mit ihm, jedem widerstrebenden Einzelnen gegenüber der Stärkere ist, allen zusammen gegenüber aber jedenfalls dann der Schwächere, wenn sie sich – wie zahlreiche Stabskategorien der Vergangenheit und Gegenwart gelegentlich taten – vergesellschaften. Es bedarf aber einer planvollen Vereinbarung der Glieder des Verwaltungsstabes, um durch Obstruktion oder bewußte Gegenaktion die Einwirkung des Herrn auf das Verbandshandeln und hiermit seine Herrschaft lahmzulegen." (Weber, 1988a: 484/485)

Elitenidentifikation

Weber stellt sich bei seinen Überlegungen zu „Politik als Beruf" die Frage, wer zur politischen Elite gezählt werden kann und wer nicht. Sein Ausgangspunkt ist, dass jeder in irgendeiner Form politisch handelt, z.B. bei Wahlen, politischen Versammlungen oder ähnlichem und dennoch nicht als Politiker oder gar als Teil der politischen Elite gelten kann. Die meisten Bürger sind also „Gelegenheitspolitiker" und damit noch kein Teil der Elite. Die politische Elite besteht für Weber aus den hauptberuflichen Politikern, also denjenigen, die von oder für die Politik leben. Weber bezieht sich nicht nur auf intrinsische Motivationen, die einen dazu bewegen, die Politik zum Beruf zu machen, sondern auch auf materielle Faktoren. Diese im Blickfeld, stellt man fest, dass ein Leben für die Politik ökonomische Unabhängigkeit erfordert, man muss also reich genug sein, um sein Leben der Politik zu widmen und nicht dem Erwerb von Unterhalt. Ein politisches System, das die Beteiligung solcher Politiker fördert, wird meistens von Eliten geführt, die nach einem plutokratischen Rekrutierungsmuster ausgewählt wurden (vgl. Weber, 1988b: 514). Um diesen plutokratischen Auswahlmodus zu verhindern oder wenigstens zu schwächen, müssen Politiker für ihre Arbeit entlohnt werden („Leben von der Politik"). Dies wiederum führt nach Webers Beobachtungen dazu, dass Politik zu einer reinen Postenjagd wird (vgl. Weber, 1988b: 516).

Elitenrekrutierung

Webers nächste Unterscheidung, mit der politische Eliten näher bestimmt werden, ist die des Fachbeamten vs. des politischen Beamten[17]: Die politischen Beamten zeichnen sich dadurch aus, dass „sie jederzeit beliebig versetzt und entlassen oder doch ‚zur Disposition gestellt' werden können" (Weber, 1988b: 520), Fachbeamte (z.b. mit richterlicher Funktion) sind dagegen unabhängiger. Während die Fachbeamten eine spezifische Ausbildung aufweisen müssen, ist dies bei den politischen Beamten nicht der Fall. Weber formuliert dies äußerst polemisch: „Preußischer Kulturminister konnte man schon unter dem alten Regime sein, ohne selbst jemals eine höhere Unterrichtsanstalt besucht zu haben, während man Vortragender Rat grundsätzlich nur auf Grund der vorgeschriebenen Prüfungen werden konnte. Der fachgeschulte Dezernent und Vortragende Rat war selbstverständlich... unendlich viel informierter über die eigentlichen technischen Probleme des Fachs als sein Chef." (Weber, 1988b: 520)

Qualifikationen und Eigenschaften

Weber stellt auch Überlegungen darüber an, welche Berufe die größten Chancen zum Aufstieg in die politische Elite bieten. Die Schlüsselqualifikation scheint ihm die erfahrene Nähe zu politischen Verfahrensweisen zu sein. So erklärt sich auch, weshalb beispielsweise Juristen im modernen Staat einen privilegierten Zugang zu Elitepositionen haben. Als Grund dafür sieht Weber die Ausrichtung auf den Anwaltsberuf. Die Aufgabe des Anwaltes besteht darin, Interessen (vor Gericht) zu vertreten. Er ist darin in besonderer Weise geschult und dies ist in der politischen Arena, wo es meist auch um Interessenvertretung und –vermittlung geht, von besonderem Vorteil (vgl. Weber,

---

17 „Der echte Beamte... soll seinem eigentlichen Beruf nach nicht Politik treiben, sondern: ‚verwalten', *unparteiisch* vor allem, – auch für die sogenannten ‚politischen' Verwaltungsbeamten gilt das, offiziell wenigstens, soweit nicht die ‚Staatsräson', d.h. die Lebensinteressen der herrschenden Ordnung, in Frage stehen. Sine ira et studio, ‚ohne Zorn und Eingenommenheit' soll er seines Amtes walten. Er soll also gerade das nicht tun, was der Politiker, der Führer sowohl wie seine Gefolgschaft, immer und notwendig tun muß: *kämpfen.* Denn Parteinahme, Kampf, Leidenschaft – ira et studium – sind das Element des Politikers." (Weber, 1988b: 524)

1988b: 524). Auch Journalisten, die in diesem Beruf zum Teil schon zur politischen Elite gerechnet werden können, haben gute Chancen, in Machtpositionen zu gelangen, ebenso wie der Berufsstand der „Parteibeamten". Beide Berufe haben durch ihre Nähe zur Politik gute Zugangschancen.

Zur Eignung für die politische Elite zählt Weber auch bestimmte persönliche Eigenschaften: „Leidenschaft – Verantwortungsgefühl – Augenmaß. Leidenschaft im Sinn von *Sachlichkeit*: leidenschaftliche Hingabe an eine ‚Sache‘, an den Gott oder Dämon, der ihr Gebieter ist. Nicht im Sinne jenes inneren Gebarens, welches mein verstorbener Freund GEORG SIMMEL als ‚sterile Aufgeregtheit‘ zu bezeichnen pflegte, ... Denn mit der bloßen, als noch so echt empfundenen Leidenschaft ist es freilich nicht getan. Sie macht nicht zum Politiker, wenn sie nicht, als Dienst an einer ‚Sache‘, auch die *Verantwortlichkeit* gegenüber ebendieser Sache zum entscheidenden Leitstern des Handelns macht. Und dazu bedarf es – und das ist die entscheidende psychologische Qualität des Politikers – des *Augenmaßes*, der Fähigkeit, die Realitäten mit innerer Sammlung und Ruhe auf sich wirken zu lassen, also: der *Distanz* zu den Dingen und Menschen." (Weber, 1988b: 545/546)

Für Weber ist auch die ethische Grundhaltung der Politiker von zentraler Bedeutung. Er beschreibt diese mit der Unterscheidung von Verantwortungs- und Gesinnungsethik. Die politische Elite muss – so Max Weber – in jedem Fall verantwortungsethisch handeln, es ist unabdingbar, dass sie sich der ethischen Probleme ihres Handelns bewusst sind.

Als unbedingt notwendig zur Herrschaftserhaltung (und damit zur Erhaltung des Elitestatus‘) scheint Weber – wie oben schon angedeutet – ein Verwaltungsstab und materielle Verwaltungsmittel zu sein. Dieser Verwaltungsstab muss an die politische Elite gebunden werden, damit er sie unterstützt. Dies ist vor allem durch zwei Mittel zu erreichen: „materielles Entgelt und soziale Ehre." (Weber, 1988b: 509)

Insgesamt beschreibt Max Weber seine Vorstellungen von der politischen Elite folgendermaßen: „Die Politik bedeutet ein starkes langsames Bohren von harten Brettern mit Leidenschaft und Augenmaß zugleich. Es ist ja durchaus richtig, und alle geschichtliche Erfahrung bestätigt es, daß man das Mögliche nicht erreichte, wenn nicht immer wieder in der Welt nach dem Unmöglichen gegriffen worden wäre. Aber der, der das tun kann, muß ein Führer und nicht nur das, sondern auch – in einem sehr schlichten Wortsinn – ein Held sein. Und auch die, welche beides nicht sind, müssen sich wappnen mit jener Festigkeit des Herzens, die auch dem Scheitern aller Hoffnungen gewachsen ist, jetzt schon, sonst werden sie nicht imstande sein, auch nur durchzusetzen, was heute möglich ist. Nur wer sicher ist, daß er daran nicht zerbricht, wenn die Welt, von seinem Standpunkt aus gesehen, zu dumm oder zu gemein ist für das, was er ihr bieten will, daß er all dem gegenüber: ‚dennoch!' zu sagen vermag, nur der hat den ‚Beruf' zur Politik." (Weber, 1988b: 560)

Wirtschaftliche Elite

Wie auch aus neueren Elitenstudien bekannt, scheint die Religion (vielmehr die Konfession) ein nicht zu vernachlässigender Faktor zu sein, der die Wahrscheinlichkeit, in Elitepositionen aufzusteigen, mitbestimmt. Erste systematische Überlegungen zu diesem Phänomen sind bei Max Weber in seiner „protestantischen Ethik" zu finden.

Bei seinen Überlegungen zur protestantischen Ethik geht Max Weber von der Beobachtung aus, dass Protestanten häufiger in der Elite oder in höheren Positionen[18] vertreten sind, als dies repräsentativ für die Bevölkerung wäre. Er stellt zunächst fest, dass Protestanten ihren Kindern meist eine höhere Bildung zukommen lassen und dass jene Katholiken, die ihren Kindern eine höhere Bildung ermöglichen, eine humanistische Bildung der technischen bzw. kaufmännisch-gewerblichen Bildung vorziehen. Er vermutet tieferliegende, strukturelle Gründe für dieses Phänomen und analysiert deshalb zunächst die Grundlagen des Protestantismus.

Weber macht deutlich, dass es den Begründern und „Verwaltern" des Protestantismus nie darum ging, eine bestimmte Wirtschaftsethik hervorzubringen, sondern dass diese ein unbeabsichtigtes „Nebenprodukt" war. Zunächst beschäftigt er sich mit dem Calvinismus, als dessen wichtigstes Merkmal er die „Gnadenwahl" hervorhebt. Dies be-

---

18 „Ein Blick in die Berufsstatistik eines konfessionell gemischten Landes pflegt mit auffallender Häufigkeit eine Erscheinung zu zeigen, welche mehrfach in der katholischen Presse und Literatur und auf den Katholikentagen Deutschlands lebhaft erörtert worden ist: den ganz vorwiegend protestantischen Charakter des Kapitalbesitzes und Unternehmertums sowohl wie der oberen gelernten Schichten der Arbeiterschaft, namentlich aber des höheren technisch oder kaufmännisch vorgebildeten Personals der modernen Unternehmungen." (Weber, 1988c: 17/18)

deutet, dass Gottes Gnade nicht durch gottgefällige Taten oder Gebete erlangt werden kann, sondern man ist von Gott erwählt oder nicht; vom Gläubigen ist dies nicht beeinflussbar. Problematisch für den einzelnen ist dabei, dass er seinen Gnadenstand nicht beeinflussen kann, und überdies nicht einmal Kenntnis von ihm haben kann (vgl. Weber, 1988c: 93). Das Problem, das außerdem damit einhergeht, besteht darin, dass ein Individuum nicht sicher sein kann, ob es von Gott erwählt ist oder nicht. Nachdem es keine erkennbaren Zeichen gibt, wird jeder dazu angehalten, sich für erwählt zu halten, um im Zweifelsfall das einem Erwählten gemäßen Leben geführt zu haben. Zweifel an der eigenen Erwähltheit werden als Anfechtungen des Teufels erachtet. Als Gegenmittel gegen diese Anfechtungen und um Selbstgewissheit zu erlangen, wird „rastlose Berufsarbeit" empfohlen (vgl. Weber, 1988c: 105). Auch über den beruflichen Bereich hinaus wird von Calvinisten eine systematische Lebensführung erwartet. Einzelne gute Werke oder eine Beichte nach begangenen Sünden sind katholische Formen des Glaubens, die ein Auf und Ab bedeuteten, aber keine systematische Lebensführung. Hierzu ist die Systematisierung zu einer konsequenten Methode der ganzen Lebensführung notwendig (vgl. Weber, 1988c: 114/115).

Als weiteres wichtiges Kriterium des Protestantismus nennt Weber die Unmittelbarkeit der Gottesbeziehung. Im Protestantismus entfällt die Kirche als Vermittlungsinstanz, die Beziehung besteht unmittelbar und unvermittelt zwischen dem Gläubigen und Gott. Dies führt zu einem größeren Individualismus, aber auch zu Isolation. Dies hat deshalb Auswirkungen auf die Berufsauffassung, weil den Berufsaufgaben konsequent nachgegangen wird als gottgefälliges Werk, für das individuelle Verantwortung übernommen werden muss (vgl. Weber, 1988c: 100/101). Auch der Pietismus brachte eine Komponente ein, nämlich das Prinzip der asketischen Lebensführung. Diese Askese richtet sich nicht gegen die Anhäufung von Reichtum als solchen, sondern gegen den Genuss dieses Reichtums, der als sittlich verwerflich gilt. Das Ausruhen auf dem Reichtum ist gleichbedeutend mit Müßigkeit und Fleischeslust und lenkt von dem Streben nach ‚heiligem' Leben ab (vgl. Weber, 1988c: 166/167).

Mit Webers Worten lassen sich die Grundlagen der protestantischen Ethik folgendermaßen zusammenfassen: „Die innerweltliche protestantische Askese ... wirkte also mit voller Wucht gegen den unbefangenen *Genuß* des Besitzes, sie schnürte die *Konsumtion*, speziell die Luxuskonsumtion, ein. Dagegen *entlastete* sie im psychologischen Effekt den *Gütererwerb* von den Hemmungen der traditionalistischen Ethik, sie sprengt die Fesseln des Gewinnstrebens, indem sie es nicht nur legalisierte, sondern ... direkt als gottgewollt ansah." (Weber, 1988c: 190) In ihrer Wirkung begünstigte die protestantische Ethik die Entwicklung des Kapitalismus und somit auch einer wirtschaftlichen Elite, die Weber im Idealtypus des kapitalistischen Unternehmers konkretisiert: Dieser Unternehmer zeichnet sich durch Bescheidenheit aus: „Er scheut die Ostentation und den unnötigen Aufwand ebenso wie den bewußten Genuß seiner Macht und die ihm eher unbequeme Entgegennahme von äußeren Zeichen der gesellschaftlichen Achtung, die er genießt. Seine Lebensführung trägt m.a.W. oft... einen gewissen asketischen Zug an sich..." (Weber, 1988c: 55). Der erwirtschaftete Gewinn ist somit „frei" für die weitere Schaffung von Renditen (Zinsen, Aktiengewinne usw.) und ermöglichst weitere Gewinnsteigerung. Wirtschaftliche Eliten sind somit jene Individuen, die diesem Idealbild am nächsten kommen, die sich aufgrund der protestantischen Ethik eine Wirtschaftsweise angeeignet haben, die ihnen wirtschaftlichen Erfolg brachte.

Literatur

Breuer, Stefan (1989): Magisches und religiöses Charisma: Entwicklungsgeschichtliche Perspektiven. In: Kölner Zeitschrift für Soziologie und Sozialpsychologie 41 (1), S. 215-240

Weber, Max (1988a): Die drei reinen Typen der legitimen Herrschaft. In: Weber, Max: Gesammelte Aufsätze zur Wissenschaftslehre. Tübingen: J. C. B. Mohr (Paul Siebeck)

Weber, Max (1988b): Politik als Beruf. In: Weber, Max: Gesammelte Politische Schriften. (herausgegeben von Johannes Winckelmann) Tübingen: J. C. B. Mohr (Paul Siebeck), S. 505-560

Weber, Max (1988c): Die protestantische Ethik und der Geist des Kapitalismus. In: Weber, Max: Gesammelte Aufsätze zur Religionssoziologie I. Tübingen: J. C. B. Mohr (Paul Siebeck), S. 17-206

4.3.2 Karl Mannheim: Freischwebende Intelligenz und politische Planung

Karl Mannheim[19] diagnostiziert für seine Zeit eine tiefe Krise. Ausdruck dieser Krise ist das Aufblühen faschistischer und kommunistischer Regime – Regime also, die auf ideologischen Grundlagen basieren. Mannheim schienen aber auch demokratische Regime nicht vor ideologischem Verfall gefeit; der Parlamentarismus sei nicht im Stande, den Herausforderungen gerecht zu werden, weil in ihm Parteien tätig sind, die ebenfalls auf Ideologien gründen und deshalb zum notwendigen Konsens nicht fähig seien. Mannheim geht deshalb davon aus, dass ein Korrektiv für diese ideologischen Kontroversen notwendig ist: die „freischwebende Intelligenz", sozusagen die ,rettende Elite'.

Grundlagen

Mannheim entwickelte seine diesbezüglichen Studien in der Zeit seines englischen Exils, als er vor den Nazis in Deutschland fliehen musste. Seine Diagnose für Deutschland war die einer tiefgreifenden Krise, die sich jedoch nicht nur auf Deutschland beschränkte. Er betrachtete es deshalb als seine Pflicht, anderen Staaten wie z.B. Großbritannien dadurch zu helfen, dass er diese Krise genauer analysierte, um so Gegenmaßnahmen zu entwickeln. (vgl. Kettler/Meja, 2000: 304)

Grundlage seiner Diagnose war der Übergang von einer freien ,laissez-faire'-Gesellschaft zu einer geplanten Gesellschaft (vgl. Mannheim, 1951: 9). Für diese geplante Gesellschaft sieht er zwei alternative Formen: Entweder in Gestalt der Regierung einer diktatorischen Minderheit oder durch eine neuartige Regierungsform, die sich demokratischer Kontrolle unterwirft. Beide Formen zeichnen sich dadurch aus, dass sie sich neuartiger Sozialtechniken bedienen. Diese ,Sozialtechniken' sind „alle Methoden der Beeinflussung menschlichen Verhaltens, die darauf abzielen, es den bestehenden sozialen Interaktions- und Organisationsmustern anzupassen." (Mannheim, 1970a: 15) Er erachtet diese als besonders machtvolle Instrumente der sozialen Kontrolle, die Regierungen zur Verfügung haben. Zudem fördern

---

19   Karl Mannheim wurde am 27.3.1893 in Budapest geboren und verstarb am 9.1.1947 in London.

diese Instrumente die Machtkonzentration in den Händen bestimmter Minderheiten, weil sie zentralisierte Regierungsmethoden und die Manipulation der öffentlichen Meinung ermöglichen. Sie sind also rein technische Instrumente, die zum Guten oder auch zum Schlechten einer Gesellschaft eingesetzt werden können (vgl. Mannheim, 1951: 10/11). Sie ermöglichen es, in die Privatsphäre der Bürger einzudringen und damit die öffentliche Kontrolle jedes einzelnen zu verstärken. Bisher wurden diese Sozialtechniken jedoch vor allem von ideologischen, diktatorischen Regimen zur Manipulation der Massen genutzt.

Sein anderer Ausgangspunkt war die Wissenssoziologie. Denken und Wissen sind jeweils von den verschiedenen Faktoren des sozialen Daseins geprägt und eine Emanzipation von diesen Denkweisen ist kaum möglich, weil sie eine Emanzipation von der sozialen Lage erfordern würde. Die oben beschriebene Krise manifestiert sich auch im politischen Denken, es führt zu ideologieverhaftetem Denken. Dieses ideologische Denken beschränkt sich nicht auf diktatorische (kommunistische, faschistische) Regime, sondern ist ebenso in demokratisch verfassten Staaten zu finden. Hier führen diese Ideologien, die sich aus den unterschiedlichen sozialen Lagen ergeben, zu so tiefgreifenden Auseinandersetzungen zwischen den verschiedenen Parteien, dass eine Bewältigung der Krise unmöglich wird.

Ideologie

Mannheim beschäftigt sich sehr ausführlich mit dem ideologieverhafteten Denken, weil es ihm die Ursache der in Europa um sich greifenden Krise zu sein scheint. Um die Planung der Gesellschaft rational und sinnvoll angehen zu können, scheint ihm eine wissenschaftliche Politik unerlässlich. Diese muss jedoch von Ideologien[20] frei sein.

---

20 Mannheim unterscheidet zwischen einem partikularen und einem totalen Ideologiebegriff. Der partikulare Ideologiebegriff bezeichnet nur einen Teil der Behauptungen des politischen Gegners als ideologisch und wirkt insofern auf der psychologischen Ebene (vgl. Mannheim, 1969: 54), weil davon ausgegangen wird, dass man über das gleiche Weltbild verfügt, innerhalb dieses Weltbildes aber ein bestimmter Sachverhalt falsch wiedergegeben wird, also eine politisch motivierte Lüge vorliegt. Der totale Ideologiebegriff stellt die gesamte Weltanschauung des Gegners in Frage. Wird der partikulare Ideologiebegriff funktionalisiert, so bezichtigt man den Gegner nur der Unwahrheit,

Seine Analyse unterschiedlicher politisch-weltanschaulicher Strömungen macht deutlich, dass jede von ihnen ideologische Elemente enthält. Mannheim stellt aus diesem Grunde die Frage, ob Politik als Wissenschaft überhaupt möglich ist. Er kommt zu dem Ergebnis, dass all diese politischen Strömungen (bürokratischer Konservatismus, konservativer Historismus, liberal-demokratisches bürgerliches Denken, Sozialismus-Kommunismus, Faschismus) jeweils auf unterschiedlichen Politikbegriffen basieren. Unterschiedliche Definitionen des Politikbegriffes müssen somit auch zu unterschiedlichen Wissenschaften der Politik führen. Politik als Wissenschaft ist also nicht möglich, weil die Definition des Gegenstandsbereichs bereits eine Frage der ideologischen Ausrichtung ist. Hier sieht Mannheim die Aufgabe der Wissenssoziologie: Ihre Aufgabe ist die Entlarvung des falschen Bewusstseins und die darauf basierende Beeinflussung der gesellschaftlichen Praxis zur Bewältigung der Krise.

Politische Akteure

Aus diesem Grund scheinen Mannheim Parteien auch nicht die richtigen Akteure im Bereich der politischen Planung, weil sie naturgemäß an Ideologien festhalten und sie für den Kampf gegen Mitbewerber nutzen. Somit ist auch der Parlamentarismus als Form der politischen Entscheidungsfindung abzulehnen, weil er aus strukturellen Gründen nicht im Stande ist, Auswege aus der Krise zu finden. Mannheims Einschätzung des Parlamentarismus war geprägt von den Erfahrungen der Weimarer Republik und er spricht deshalb dem Parteienparlament die Fähigkeit ab, zu einem Konsens zu finden, der die Bewältigung der Krise ermöglichen würde. Mannheim zieht daraus die Schlussfolgerung, dass eine neue soziale Trägergruppe gefunden werden muss, die zur politischen Planung zum Wohle der Gesamtgesellschaft fähig ist. Er meint diese Gruppe in der „freischwebenden Intelligenz" entdeckt zu haben.

---

beim totalen Ideologiebegriff wird dem Gegner völlig falsches Bewusstsein bescheinigt.

„freischwebende Intelligenz"

Diese freischwebende Intelligenz zeichnet sich durch „relative Klassenlosigkeit" aus. Die Seinsgebundenheit des Denkens und Wissens bezieht
sich vor allem auf die Klassenzugehörigkeit; „ideologiefreies" Denken
und Wissen erscheint Mannheim aus diesem Grund eigentlich nur im
Zustand relativer Klassenlosigkeit möglich zu sein. Das Mittel zur Her-
stellung dieser relativen Klassenlosigkeit ist die Bildung, weil sie ein
„homogenes Medium' der Vermittlung gesellschaftlicher und kultureller Widersprüche darstellt" (Hofmann, 1996: 120). Die freischwebende
Intelligenz zeichnet sich dadurch aus, dass sie keinen Klassenstandpunkt
einnimmt, sich jedoch in die Positionen der verschiedenen Klassen „ein-
fühlen" (Mannheim, 1969: 138) kann und Distanz zur eigenen Gruppe
und deren Vorstellungen hat. Die freischwebende Intelligenz steht somit
über den Wirren des ideologisch motivierten Klassenkampfgetümmels
und ist aus diesem Grund fähig, ein notwendiges Korrektiv für die parlamentarische Demokratie und dem damit verbundenen Parteienstreit zu
sein. Sie ist fähig, die notwendige gesellschaftliche Dynamik zu ermöglichen, aber auch zur Sicherung der Erhaltung des Bewährten.

In seinem späteren Werk gibt Mannheim das Modell der „freischwebenden Intelligenz" (das auch Gegenstand seiner Auseinandersetzung mit seinem Freund Georg Lukács war; vgl. Hofmann, 1996:
137-143) zunehmend auf und wendet sich den Eliten allgemein zu.

Politische Planung

In seinem späteren Werk genügt es Mannheim nicht mehr, nur die
richtigen politischen Akteure (die freischwebende Intelligenz) gefunden zu haben; er kommt sogar zunehmend davon ab, ihr eine zentrale
Rolle einzuräumen. Er betrachtet es auch als seine Aufgabe, Pla-
nungsvorgaben zu entwickeln, um ein soziales System zu errichten,
das einer demokratischen Kontrolle unterworfen ist. Diese Planung
sollte Gruppenmonopole nicht fördern, sie sollte auf Vollbeschäfti-
gung und volle Ausnutzung der Ressourcen abzielen. Der sozialen
Gerechtigkeit soll Vorrang vor der absoluten Gleichheit eingeräumt
werden. Nicht die Schaffung einer klassenlosen Gesellschaft sollte das
Ziel der Planung sein, sondern die Verhinderung extremer sozialer
Ungleichheit (vgl. Mannheim, 1970a: 32).

Mit dem Übergang zur geplanten Gesellschaft geht auch eine Wandlung der Auslese von Führungskräften einher. Er geht davon aus, dass die laissez-faire-Gesellschaft, die vor allem vom Wettbewerb zwischen Individuen und Gruppen geprägt ist, eine höchst unsystematische Form der Elitenauslesen kennzeichnet. Er betrachtet gerade eine systematische Führungsauslese für notwendig, weil er es nicht als gegeben erachtet, dass der freie Wettbewerb die Besten nach oben bringt, die die nötigen Eigenschaften (vor allem Führungsfähigkeit) aufweisen (vgl. Mannheim, 1970a: 77). Die Eliten müssen also über ein spezifisches Wissen verfügen, um die „Heilung der Gesellschaft" durch Planung vorantreiben zu können (vgl. Kettler/Meja/Stehr, 1989: 92). Eine wichtige Rolle kommt dabei Psychologen und Soziologen zu, die zur richtigen Selektion der Elite beitragen sollten. Die besten Voraussetzungen für die Durchführung einer solchen Planung und der Bereitstellung einer dazu fähigen Elite scheinen Mannheim (nach seiner Analyse der herrschenden Klassen in verschiedenen Gesellschaftstypen) in kapitalistischen Gesellschaftssystemen gegeben zu sein (vgl. Mannheim, 1970a: 65).

Herrschende Klasse und Planung

Eine solche herrschende Klasse ist fähig, sich neuen Gegebenheiten anzupassen, indem sie z.B. ihre Basis erweitert, mehr neuen Mitglieder Eintritt gewährt, die neue Ideen und Konzepten mitbringen. Verschmelzen diese nun mit der bisherigen herrschenden Klasse, bewirkt dies für die Gesamtheit eine innere Umwandlung und eine Mentalitätsänderung. Oligarchische Herrschaft tendiert dagegen dazu, nur wenige neue Bewerber um Führungspositionen zu akzeptieren und diese dann völlig zu absorbieren. Diese Aufsteiger bewirkten in der herrschenden Klasse deshalb nichts, weil sie sich ihr völlig anpassten. Oligarchische Herrschaft hat so den Hang zu „verknöchern" (vgl. Mannheim, 1970a: 85). Mannheim erachtet eine oligarchische (verknöcherte) herrschende Klasse einer Demokratie unangemessen, weil sich Demokratien nicht auf die Unwissenheit und Apathie der Massen gründen können, sondern Führungskraft auf allen Ebenen der Gesellschaft notwendig ist. Wenn aber die Fähigsten von der herrschenden Klasse „aufgesogen" werden und diese sich den oligarchischen Strukturen anpassen, werden einige gesellschaftliche Gruppen ihrer Führer beraubt. Zudem wird auf diese Art und Weise die gesellschaftliche Pluralität in einer unzulässigen Art und Weise eingeebnet und findet keine Repräsentanz in der herrschenden Klasse (vgl. Mannheim, 1970a: 85/86).

Mannheims Aussagen über die geplante Gesellschaft, in der die herrschende Klasse eine ganz besondere Rolle spielt (für die richtige, der Gesellschaft zuträglichen Anwendung der Sozialtechniken zu sorgen) legen den Eindruck nahe, er gehe stets von einer Wertelite aus, einer Elite, die sich ihrer verantwortungsvollen Rolle für das Wohl der Gesellschaft im klaren ist. Aber die Funktion der Elite ist nicht darauf beschränkt: auch Leistung und Erfolg spielen eine wichtige Rolle[21]. Besondere Aufmerksamkeit widmet Mannheim deshalb auch der Karriere. Sie ist dadurch charakterisiert, dass der Erfolg, also der Zugang zu Verfügungsgewalten (Einkommen, Gehalt) und der Wirkungschancen (Befehlsgewalt) und des damit verbundenen Prestiges gestaffelt und in einzelne Schritte eingeteilt ist (vgl. Mannheim, 1970b: 650). Dies bedeutet, dass Karrieren nur dort möglich sind, wo die einzelnen Schritte in schon vorgezeichnet sind, wo also bereits eine Organisation besteht, in der der Weg von unten nach oben beschritten werden kann (vgl. Mannheim, 1970b: 651). Gesellschaftliche Kämpfe finden außer-

---

21 Er grenzt diese beiden Begriffe deutlich voneinander ab: „Leistung ist eine Art der Objektivierung, Verwirklichung in irgendeinem Sachgebiete. Das ‚Sein' und die ‚Geltung' einer Leistung sind an und für sich von deren sozialer Geltung und den sozialen Schicksalen des schaffenden Individuums, des Leistungsträgers unabhängig. Erfolg ist demgegenüber eine Art Verwirklichung im Gebiete des Sozialen." (Mannheim, 1970b: 634) Beim Erfolg unterscheidet er zwischen labilen und relativ stabilen Formen des subjektiven Erfolgs. Die labile Form setzt er mehr oder weniger mit dem Ruhm gleich, es handelt sich als um irgendeine Art von Anerkennung, von Prestige. Relativ stabilisierter Erfolg liegt dann vor, wenn sich der Leistungsträger Wirkungschancen oder Verfügungsgewalten aneignet oder von anderen garantiert bekommt. Wirkungschancen können aus bestimmten Positionen bestehen, Verfügungsgewalt liegt vor allem dann vor, wenn er sich Besitz aneignen kann (vgl. Mannheim, 1970b: 638/639). Drei Formen des Erfolgs sieht Mannheim: Erfolg in der Machtsphäre (worunter er die Wirkung eines Menschen auf andere versteht, die direkt oder indirekt auf physische Gewalt zurückzuführen ist), Erfolg in der Wirtschaftssphäre und Erfolg auf dem Gebiet der Karriere. Der stabile Erfolg ist abhängig von der historisch-sozialen Lage der jeweiligen Gesellschaft (vgl. Mannheim, 1970b: 642). Dies gilt nicht nur für Erfolg auf dem Gebiet der Politik oder der Wirtschaft, sondern auch für militärische oder sportliche Leistungen (vgl. Mannheim, 1970b: 642-644).

halb solcher Organisationen statt, innerhalb gibt es nur ein „Gerangel" um die verschiedenen Positionen. „Apriorische Übersehbarkeit, Kampfentleertheit und Karriere hängen miteinander zusammen." (Mannheim, 1970b: 652).

Mannheim unterscheidet drei Grundformen der Macht: das unkontrollierte Spiel freier Kräfte (Chaos, Anomie, Anarchie), die organisierte Destruktion (Krieg, Revolution) und die institutionalisierte und kanalisierte Macht (vgl. Mannheim, 1970a: 44). Macht und Karriere verbindet sich also nur in der dritten Grundform. Die Verhinderung von Machtmissbrauch scheint ihm ein schwieriges Unterfangen zu sein, weil der normale Bürger die Machtausübung meist nicht einmal wahrnehmen kann (insbesondere wenn es sich um Manipulation handelt, was die Sozialtechniken in der beschriebenen Weise erheblich erleichtern) und auch kaum reale Chancen hat, sie zu verhindern. Gerade, wenn sich Verunsicherung breit macht, können die Machthaber diese Ängste für ihre Manipulationsmaßnahmen missbrauchen (vgl. Mannheim, 1970a: 61). Gegen solchen Machtmissbrauch hilft nur die Entwicklung eines kollektiven Verantwortungsbewusstseins, also eines möglichst ideologiefreien Denkens in der gesamten Gesellschaft.

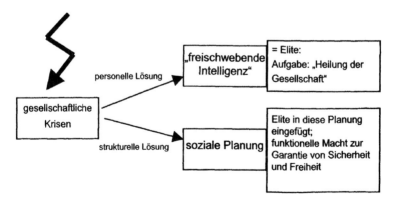

83

Andere Eliten

Mannheim beschäftigt sich aber nicht ausschließlich mit politischen Eliten bzw. herrschenden Klassen. Er benennt folgende Hauptarten von Eliten: politische, organisierende (organizing)[22], intellektuelle, künstlerische, moralische und religiöse Eliten (vgl. Mannheim, 1940: 82/83). Seiner Ansicht nach haben gerade auch die künstlerischen und moralischen Eliten eine gesellschaftlich zentrale Aufgabe, weil es für jede Gesellschaft wichtig ist, in der Freizeit „überschüssige Energien" in kulturelle Aktivitäten fließen zu lassen.

Kulturelle Eliten

Mannheim beschäftigt sich mit Entwicklungsprozessen von kulturellen Eliten in einer liberalen Gesellschaft. Vier Prozesse erweisen sich für ihn als zentral (vgl. Mannheim, 1940: 86):

1. Häufung der Elitegruppen: Die Zahl der Elitengruppen steigt und aus diesem Grund verringert sich ihre Macht. Die größere Anzahl von Führungsgruppen führt zunächst (im Vergleich zu rigideren Gesellschaftsformen) zu einer Belebung. Wird jedoch ein bestimmter Punkt dieser „Pluralisierung" überschritten, behindern sich die Elitengruppen gegenseitig (vgl. Mannheim, 1967: 101).
2. Durchbrechung der Exklusivität der Elitegruppen: Die Exklusivität der Elitengruppen sinkt in diesem Prozess. Dies führt bei den kulturellen Eliten dazu, dass ihnen weniger Freiraum bleibt, um Geschmack und Stil zu entwickeln. Beliebigkeit stellt sich aufgrund der Konkurrenz zwischen vielen neuen Moden ein. Die Elite kann ihrem geistigen Führungsanspruch nicht mehr gerecht werden (vgl. Mannheim, 1940: 87 und Mannheim, 1967: 102/103).
3. Wandel im Auswahlprinzip der Eliten: Das Selektionsprinzip der Elitenrekrutierung verändert sich. Mannheim geht von drei grundsätzlichen Prinzipien der Elitenselektion aus: Selektion aufgrund von Geburt, Besitz oder Leistung. Selektion aufgrund Geburt ist kennzeichnend für aristokratische Gesellschaften, Selektion aufgrund von Besitz für bürgerliche Gesellschaften und demokratische

---

22 gemeint ist damit in erster Linie die Organisation wirtschaftlicher Zusammenhänge.

Gesellschaften selegieren aufgrund von Geburt, Besitz und Leistung, also aller dreier Merkmale. Mannheim konzediert zwar, dass dies unter dem Gesichtspunkt der sozialen Gerechtigkeit als unerfreulich gelten kann, ansonsten aber eine recht glückliche Kombination ist, weil dadurch die richtige Mischung zwischen Stabilität und Dynamik gewahrt wird (vgl. Mannheim, 1940: 91 und Mannheim, 1967: 104-108).

4. Wandel in der inneren Zusammensetzung der Eliten: In jeder Gesellschaft gibt es einen Konflikt zwischen eher lokal orientierten und mobilen, kosmopolitischen Eliten. Letztere können als Motor für die kulturelle Entwicklung gelten. Mannheim stellt fest, dass erstere in einer liberalen Demokratie leicht Oberhand gewinnen; dies führt zu einer stärkeren Bedeutung der regionalen Kulturen und somit zu einer kulturellen Desintegration (vgl. Mannheim, 1940: 92ff. und Mannheim, 1967: 109-113). Übergreifende Interessen, die eher zu einer kulturellen Weiterentwicklung führen könnten, bleiben dadurch eher unberücksichtigt.

Wandlungsprozesse in liberalen Demokratien führen also dazu, dass kulturelle Eliten immer weniger Einfluss haben, der geistige Führungsanspruch immer mehr abnimmt und auch die Entwicklungsfähigkeit immer mehr begrenzt wird, weil die Eliten immer „provinzieller" orientiert sind.

Wirtschaftliche Eliten

Mannheim betrachtet auch die Persönlichkeitsmerkmale, die wirtschaftliches Erfolgsstreben begünstigen: Das Zeit- und Selbsterleben ist durch Zielstrebigkeit, Aktivität und Durchhalten geprägt, Fremdbeziehungen sind dadurch geprägt, dass andere in Pläne, Berechnungen und Kombinationen einbezogen werden; dies führt zu positiven Bindungen, weil Spielregeln und Verbindlichkeiten auf dieser Ebene akzeptiert werden. Die Selbstbeobachtung dient der Ausrichtung auf Ziele und der möglicherweise notwendigen Korrektur des Verhaltens. Das Handeln weist grundsätzlich Vollzugsbedachtheit auf; Angstgefühle werden mehr und mehr zurückgedrängt, die Unsicherheitsgefühle werden geringer, weil man lernt, sich in einer als berechenbar empfundenen Innen- und Außenwelt zurecht zu finden. Aus dieser Angstfreiheit entsteht eine Umstellungs- und Entscheidungsfähigkeit (vgl. Mannheim, 1970b: 655-661). Schließlich nennt Mannheim Realitätserleben als Merkmal für wirtschaftlichen Erfolg. Damit ist in erster Linie gemeint, nur jene Realitätsausschnitte zu berücksichtigen, die für das eigene Handeln und den eigenen Erfolg entscheidend sind; alle anderen äußeren und inneren Zustände, die hierfür nicht ausschlaggebend sind, werden zurückgedrängt (vgl. Mannheim, 1970b: 662).

Verhältnis Eliten – Nicht-Eliten

Abschließend ist auf Mannheims Überlegungen hinsichtlich des Verhältnisses zwischen Herrschenden und Herrschaftsunterworfenen, Eliten und Nicht-Eliten hinzuweisen. Er geht von sozialen Strukturen aus, die zwischen Elite und „Masse" vermitteln. Massendemokratien zeichnen sich durch das Fehlen solcher sozialen Strukturen aus, die Integration der Massen ist somit nicht gewährleistet. Künstliche soziale Strukturen müssen implantiert werden, um ‚organische' gewachsene Strukturen zu ersetzen. Doch auch die liberale demokratische „Methode" hat es seiner Ansicht nach noch nicht geschafft, eine organische Gliederung der umfangreichen und komplexen gesellschaftlichen Interessen zu finden (vgl. Mannheim, 1940: 106). Die Masse bleibt noch immer unkoordiniert. Dies betrachtet er als das zentrale Defizit der Demokratie in seiner Zeit. Dennoch ist Mannheim sicher, dass eine Diktatur keine Alternative zur liberalen Demokratie sein kann und begründet dies vor allem mit dem Argument, dass Diktaturen nicht planen: Diktaturen werden meist etabliert, um gesellschaftliche Krisen zu meistern. Mannheim meint aber, dass dies in einer Art und Weise geschieht, die an einen Arzt erinnert, der glaubt, ein Kind dadurch heilen zu können, dass er ihm das Weinen verbietet (vgl. Mannheim, 1940: 109).

Literatur

Endress, Martin (2001): Mannheim, Karl: Mensch und Gesellschaft im Zeitalter des Umbaus. In: Oesterdiekhoff, Georg W. (Hrsg.): Lexikon der soziologischen Werke. Wiesbaden: Westdeutscher Verlag, S. 444-445
Hofmann, Wilhelm (1996): Karl Mannheim zur Einführung. Hamburg: Junius
Kettler, David/Meja, Volker/Stehr, Nico (1989): Politisches Wissen. Studien zu Karl Mannheim. Frankfurt: Suhrkamp

Kruse, Volker (2001): Mannheim, Karl: Ideologie und Utopie. In: Papcke, Sven/Oesterdiekhoff, Georg W. (Hrsg.): Schlüsselwerke der Soziologie. Wiesbaden: Westdeutscher Verlag, S. 303-305

Mannheim, Karl (1940): Man and Society. In an Age of Reconstruction. London: Routledge & Kegan

Mannheim, Karl (1951): Diagnose unserer Zeit. Gedanken eines Soziologen. Zürich, Wien, Konstanz: Europa Verlag

Mannheim, Karl (1967): Mensch und Gesellschaft im Zeitalter des Umbaus. Bad Homburg et al.: Gehlen, 2. Auflage

Mannheim, Karl (1969): Ideologie und Utopie. Frankfurt/Main: G. Schulte-Bulmke, 5. Auflage.

Mannheim, Karl (1970a): Freiheit und geplante Demokratie. Köln, Opladen: Westdeutscher Verlag

Mannheim, Karl (1970b): Wissenssoziologie. (Auswahl aus dem Werk. Eingeleitet und herausgegeben von Kurt H. Wolff). Neuwied/Rhein, Berlin: Luchterhand

Schäfer, Bernd (2001): Mannheim, Karl: Ideologie und Utopie. In: Oesterdiekhoff, Georg W. (Hrsg.): Lexikon der soziologischen Werke. Wiesbaden: Westdeutscher Verlag, S. 443-444

5. US-amerikanische Elitendiskussion

Populäre amerikanische Demokratiekonzeptionen beziehen sich hier vor allem auf die Chancengleichheit aller, jeder könne seines „eigenen Glückes Schmied" sein und damit auch in Elitepositionen aufsteigen. Diese Vorstellung zu überprüfen, ist sicher eine der entscheidenden Aufgaben der amerikanischen Eliteforschung. Die US-Elitesoziologie hat deshalb auch eine sehr umfangreiche Literatur hervorgebracht, die sich im wesentlichen in drei Schulen einteilen lässt: machttheoretische, demokratietheoretische und empirisch orientierte. Diese drei Schulen sollen jeweils anhand eines einschlägigen Beispiels erläutert werden. Der machttheoretische Ansatz wird aufgezeigt anhand C. Wright Mills' „Power Elite", der demokratietheoretische anhand der Studien Robert Dahls und der vorwiegend empirisch orientierte anhand der Untersuchungen Robert Putnams.

5.1 C. Wright Mills[1]:Die Machtelite

In Mills' Buch „The Power Elite" wird das glatte Gegenteil vom „amerikanischen Traum" beschrieben. Er geht von einer oligarchischen Machtelite in den USA aus. Diese Machtelite ist in sich gegliedert. An oberster Stelle befindet sich das sogenannte Machtdreieck, darunter die mittlere Machtsphäre und schließlich die untere (eher lokale) Machtsphäre. Er definiert die Machtelite als diejenigen politischen, wirtschaftlichen und militärischen Gruppen, die an allen Entscheidungen von nationaler und sogar internationaler Tragweite teilhaben. Diese Gruppen bilden komplizierte Gebilde einander überschneidender Kreise (vgl. Mills, 1962: 33).

---

1   Anregungen für dieses Kapitel und die Schematisierung des „Einflussdreiecks" verdanke ich Prof. Dr. Alf Mintzel.

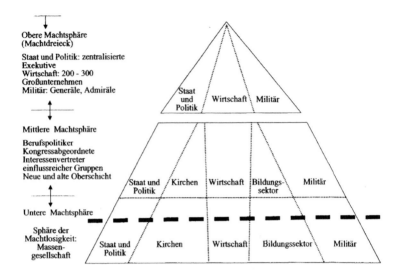

Schematisierung: Alf Mintzel (vgl. Mintzel/Wasner, 2000: 98)

Der oberste Bereich dieser Machtelite, das sogenannte Machtdreieck, setzt sich aus Vertreter von Staat und Politik, Wirtschaft und Militär zusammen. Sie sind diejenigen, die die Geschicke der gesamten USA lenken und sind überwiegend der WASP-Kultur (white anglo-saxon protestants) zuzuordnen. Die Politik wird dabei von den Vertretern der zentralisierten Exekutivgewalt vertreten, also weitgehend Regierungsmitglieder deren Machtbefugnisse großen Einfluss auf alle Bereiche der Gesellschaft einschließen. Die Wirtschaft wird vertreten durch die Vorsitzenden der 200-300 bedeutendsten Unternehmen der USA, die gemeinsame wirtschaftspolitische Interessen vertreten und weitgehend die wirtschaftliche Macht der USA darstellen. Schließlich ist das Militär vertreten, welches das wichtigste Instrument der Regierung darstellt, aber auch gewaltige eigene Machtbefugnisse hat. Die Verflechtung dieser drei Gruppen miteinander ist sehr hoch. Sie zeichnen sich auch durch eine gleichartige gesellschaftliche Herkunft und eine hohe Interaktionsdichte aus und kann als soziales und psychologisches Ganzes bezeichnet werden. Dieses Machtdreieck kann sich also sozial schließen, die Regeln, wer in diese Elite aufsteigen kann, stehen unter der Kontrolle der aktuellen Machthaber und trägt stark oligarchische Züge. Dies gilt auch für die untergeordneten Gruppen der Machtelite, der Sprung aus der unteren oder mittleren Machtsphäre in das Machtdreieck ist nicht ohne weiteres möglich.

Auch in der mittleren und unteren Machtsphäre sind die Bereiche Politik, Wirtschaft und Militär vertreten, jedoch finden hier auch andere gesellschaftliche Sektoren Berücksichtigung. Hier können auch Kirchen und der Bildungssektor ihren Einfluss geltend machen. Auch Interessenvertreter einflussreicher Gruppen, Oberschichtangehörige und professionelle Berühmtheiten sind in diesen Machtsphären vertreten. Diese Schicht spielt keine zentrale Rolle, weil sie keine Vermittlungsinstanz zwischen dem gesellschaftlichen Oben und Unten, weil sie eher einige orientierungslose Menge sich gegenseitig aufhebender und balancierender Kräfte ist. Zwischen der Sphäre der Machtlosigkeit und den Machtsphären ist eine Trennlinie, die überschritten werden kann, im Gegensatz zur Trennung zwischen dem Machtdreieck und den unteren Machtsphären; diese Grenzlinie ist kaum überschreitbar. Die Massengesellschaft ist der Manipulation des Machtdreiecks ausgeliefert und wird vor vollendete Tatsachen gestellt.

Mills Theorie war natürlich großer Kritik ausgesetzt. Er selbst gesteht die Unmöglichkeit genauer Beweisführung zu, die sich zudem auch nicht unbedingt auf detaillierte Erkenntnisse stützt (vgl. Mills, 1962: 13/14). Dahrendorf bezeichnete ihn aufgrund seiner Einschätzung der amerikanischen Machtverhältnisse als „Verschwörungstheoretiker". Seine Sichtweise ist sicher aber auch durch die Situation der USA in den 60er Jahren, also durch den Kalten Krieg, gekennzeichnet. In dieser Zeit waren nicht nur politische und militärische Demonstration der Stärke notwendig, sondern brauchte auch ein entsprechendes wirtschaftliches Fundament. Die von Mills aufgezeigte enge Zusammenarbeit zwischen den entsprechenden Eliten ist somit auch als Reaktion auf die internationale Situation erklärbar.

5.2 Robert Dahl: Who governs?

Robert Dahl untersuchte in seinem Werk „Who governs?" das politische System, insbesondere die politische Elite der Stadt New Haven. Seine forschungsleitende Frage lautete dabei: Wer regiert wirklich in einem politischen System, in dem fast jeder Erwachsene wählen darf, in dem aber Wissen, Reichtum, soziale Positionen und der Zugriff auf verschiedene Ressourcen ungleich verteilt sind? (vgl. Dahl, 1961: 1)

Dahl geht dieser Frage nach, indem er die Machtstrukturen der Stadt New Haven beschreibt. Er untersucht zunächst die historische Entwicklung. Er stellt fest, dass sich eine Wandlung von einer oligarchischen zu einer pluralistischen Elitenstruktur vollzogen hat. Zunächst bestand die politische Elite New Havens ausschließlich aus WASPs, (vor allem Landbesitzer mit juristischer Ausbildung), später kamen auch Unternehmer dazu. Dahl bringt dies mit der Industrialisierung der Stadt in Verbindung. Im Laufe der Zeit kamen dann weitere ethnische Gruppen hinzu. Vor allem Italiener und Iren stiegen in die Elite auf. Es hat also ein Übergang von einer „feudalistischen" über eine bürgerliche hinzu einer pluralistischen Machtstruktur stattgefunden.

Bei seinen weiteren Untersuchungen über Eliten unterscheidet er zwischen „Leaders" und „Subleaders". Er definiert die Begriffe folgendermaßen:

Leader: In jeder auf Dauer angelegten Vereinigung von mehr als einer Handvoll Personen übt typischerweise ein relativ kleiner Anteil von Leuten einen relativ großen Einfluss auf alle wichtigen Entscheidungen aus. (vgl. Dahl, 1961: 95)

Subleaders: Die Subleaders werden von Dahl vor allem über ihre Funktionen und Aufgaben definiert. diese umfassen die Formulierung von Strategien und Politiken, das Rekrutieren und Mobilisieren der Anhängerschaft, aber auch das Ausführen von eher stumpfsinnigen, zeitintensiven oder hochspezialisierten Routinearbeiten. Sie sind die Kofferträger, Kaffeekocher, Klinkenputzer. Ihre zentrale Funktion besteht darin, in einem Land wie den Vereinigten Staaten mit einem starken demokratischen Ethos die Leader dadurch zu legitimieren, dass sie die demokratische Fassade aufrechterhalten. (vgl. Dahl, 1961: 96)

Die Subleader werden für diese Aufgabe von den Leadern belohnt, indem sie ihnen Ressourcen zugänglich machen, die nicht für jedermann zugänglich sind. Dahl untersuchte den Einfluss, den unterschiedliche Personengruppen auf die Besetzung verschiedener Ämter haben. Er kommt zu folgendem „Einflussdreieck":

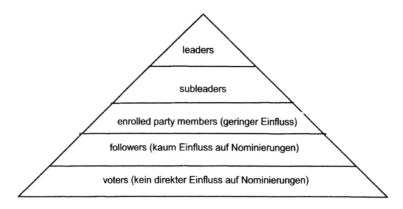

leaders

subleaders

enrolled party members (geringer Einfluss)

followers (kaum Einfluss auf Nominierungen)

voters (kein direkter Einfluss auf Nominierungen)

Im nächsten Schritt geht Dahl auf die Einflussmuster (Patterns of Influence) ein. Hier hebt er als wichtigen Aspekt die Spezialisierung hervor. Er beobachtete, dass sich Elitenmitglieder auf bestimmte Sektoren spezialisieren, in denen sie Einfluss ausüben können, während sie in anderen Sektoren einflusslos bleiben. Diese Spezialisierung erfolgt offenbar aufgrund des sozialen Hintergrunds. Jeder Einfluss-Sektor hat somit seinen eigenen „breeding ground" für Eliten.

Weiterhin hebt er hervor, dass die Subleaders in ihrer sozialstrukturellen Zusammensetzung eher der Bevölkerung entsprechen als die Leader. Darüber hinaus sind die Subleaders Mitglieder in vielen verschiedenen Vereinen und Verbänden, wo sie auch Ämter und Funktionen übernehmen und erwerben sich damit ein dichtes soziales Netzwerk. Sie können damit ihrer Aufgabe, die Verbindung zwischen der Elite und der Bevölkerung, also die „demokratische Fassade" der Elite aufrechtzuerhalten, bestens erfüllen.

Dahl entwickelt unterschiedliche Führungstypen (Patterns of Leadership). Diese Typen beziehen sich auf die Zusammenarbeit innerhalb der Elite; bei der Analyse seines Materials ergeben sich fünf Typen:

1. Die einflussreichen Bürger einer Gemeinde arbeiten verdeckt zusammen; sie treffen sich in privater Atmosphäre und kommen so zu politischen Übereinkommen (vgl. Dahl, 1961: 184).
2. Im zweiten Typ scharen sich Vertreter von bestimmten Interessengruppen um die Inhaber politischer Ämter. Die Politik wird weitgehend von diesem bestimmt, er bedient sich aber der Fähigkeiten und Einflussressourcen der Interessenvertreter (vgl. Dahl, 1961: 186).

3. Typ 3 bezeichnet Dahl als „Koalition von Häuptlingen"; dies bedeutet, dass nicht – wie in Typ 2 einer der Ressourcen der anderen bedienen kann, sondern alle gleichberechtigt sind („Häuptlinge") und auf dieser Ebene politische Übereinkommen gefunden werden müssen (vgl. Dahl, 1961: 186/187).

4. In Typ 4 erfolgt keine Zusammenarbeit; die verschiedenen „top leader" besetzen jeweils einen eigenen Herrschaftsbereich. Geraten die politischen Ziele der einzelnen nicht miteinander in Konflikt, entscheidet jeder für seinen Bereich, ohne Kommunikation mit anderen. Wenn aber ein Konflikt entsteht, wird die Auseinandersetzung durch Kampf entschieden (vgl. Dahl, 1961: 188).

5. Da diese Kämpfe für alle Beteiligten Kosten verursachen und der Ausgang jeweils sehr unsicher ist, können auch sehr starke Einflusssphären entstehen, wobei die Grenzen dieser Sphären sehr deutlich gezogen sind. Kampf wird vermieden, in der Gesellschaft vorhandene Interessenkonflikte werden mit Rücksicht auf die Machterhaltung der politischen Elite nicht ausgetragen (vgl. Dahl, 1961: 188).

Grundsätzlich bleibt für Dahl das Problem bestehen, in welchem Verhältnis die Elite zur Nicht-Elite in einer Demokratie stehen sollte. Für ihn ist die Partizipation der Nicht-Elite ein zentraler Bezugspunkt, denn er erachtet die politische Apathie der Nicht-Elite als fatal[2]. Er versteht unter Partizipation die Nutzung von Einflussressourcen. Diese Nutzung variiert im Lebenslauf von Individuen, mit bestimmten Anlässen (Wahlkampagnen und Wahlen), bei unterschiedlichen Themen und bei den verschiedenen Personen. Dahl sieht für diese Varianz verschiedene Gründe (vgl. Dahl, 1961: 273/274): Zum einen hat nicht jeder den gleichen Zugang zu den erforderlichen Ressourcen oder es erscheint ihm attraktiver, diese Ressourcen anders (für nicht politische Ziele) einzusetzen. Hierfür ist auch entscheidend, wie groß das Vertrauen in die politischen Verfahren ist und ob also der Ressourcenein-

---

2   Dahl weist jedoch darauf hin, dass die rein quantitative Seite der Partizipation noch wenig aussagt, sondern entscheidend ist, welche Qualität die Partizipationsbereitschaft hat. Er verweist auf die späte Weimarer Republik, die sich durch eine hohe Wahlbeteiligung auszeichnete, dies aber nicht zu einer „besseren Demokratie" geführt hätte, sondern zum blanken Gegenteil. Im nachfolgende Nazisystem war die erzwungene Partizipation hoch, Apathie war kaum möglich, oder wie es Dahl formuliert: „apathy was encouraged only in the concentration camps." (Dahl, 1966: 301)

satz als gewinnbringend eingeschätzt wird. Deutlich wird in Dahls Untersuchung, dass der Grad der Partizipation größer ist, über je mehr Ressourcen (Einkommen, Ansehen, Bildung, berufliche Stellung, bessere Wohngegend) ein Bürger verfügt (vgl. Dahl, 1961: 282/283).

Dahls Studie zeigt, dass der Aufstieg in die politische Klasse von verschiedenen Ressourcen abhängig ist, über die ein Individuum verfügen kann. Diese Ressourcen bestimmen, inwieweit die Bereitschaft zur Partizipation besteht; politische Partizipation – aktive, nicht nur durch das passive Wahlrecht ausgedrückte Partizipation – ist der erste Schritt zur politischen Tätigkeit und damit zur Möglichkeit des Aufstiegs in politische Toppositionen. Der theoretische Fortschritt, den Dahls Theorie darstellt, ist insbesondere die Verknüpfung der Ansätze zur Elitenforschung und der Legitimitätsforschung. Während Mills seinen Fokus stark auf die beherrschende Stellung der Eliten setzt, verbindet Dahl die Betrachtung der Eliten mit der Betrachtung der Legitimitäts- und Partizipationsforschung, die vor allem die Nicht-Eliten im Blickwinkel hat. Seiner Einschätzung nach sind die politischen Eliten relativ offen.

5.3 Robert D. Putnam: Das Gesetz der zunehmenden Disproportionalität

Robert D. Putnam beschäftigte sich unter anderem mit der Frage der Repräsentativität der politischen Eliten in sozialstruktureller Hinsicht, also inwieweit die soziale Zusammensetzung der Elite der der Bevölkerung entspricht. Seine Ergebnisse fasst er im sogenannten „Gesetz[3]

---

3 Putnams Bezeichnung „Gesetz" ist ein wenig problematisch. Der Begriff „Gesetz" stammt aus mythischen, religiösen Vorstellungen. Man ging davon aus, dass bestimmte natürliche Erscheinungen nach göttlichem Willen geschaffen seien und dass sie von Gottes willen regiert werden. Gottgegebene Regeln wurden als Gesetze, als Naturgesetze beschrieben. „Gesetze" blieben somit weitgehend den Naturwissenschaften vorbehalten, aber auch in den Sozialwissenschaften fand dieser Begriff Eingang: Man verwendet den Begriff häufig dann, wenn man von sehr gut bestätigten Hypothesen spricht. Das Problem dieses Begriffes ist, dass ihm noch immer der Vorstellung naturwissenschaftlicher Denkart anhängt. Z.B. wird durch das Fallgesetz die Beobachtung formuliert, dass ein losgelassener Gegenstand durch die Gravitationskraft der Erde angezogen wird, also nach unten fällt. Dieses Gesetz gilt als unausweichlich, es gibt keine Ausnahmen. Eine Übertragung in die Sozialwissen-

der zunehmenden Disproportionalität" (The Law of Increasing Disproportion) zusammen: „Je höher die politische Position in der Herrschaftsorganisation einer modernen Gesellschaft, desto höher ist der Anteil der statushohen sozialen Gruppen" (Putnam, 1976: 33) (und desto geringer ist der Anteil der Angehörigen unterprivilegierter Bevölkerungsgruppen). Dieses Gesetz gilt seiner Erkenntnis nach nicht nur in westlichen Demokratien, sondern auch in der zweiten und dritten Welt (vgl. Putnam, 1976: 35). Er formulierte dieses Gesetz aufgrund seiner Untersuchungen politischer Eliten der unterschiedlichsten Gesellschaften. Folgende Merkmale bezog er in diese Untersuchungen ein:

- beruflicher Hintergrund der Elitemitglieder
- beruflicher Hintergrund der Eltern der Elitemitglieder
- Schulabschluss der Elitemitglieder
- Geschlecht.

Die Ergebnisse seiner Untersuchungen zeigen, dass die sozialen Merkmale der statushohen Gruppen und Eliten in den verschiedenen Gesellschaften weitgehend übereinstimmen. Es handelt sich vor allem um:

1. Männer: Er zeigt, dass die Unterrepräsentation von Frauen überraschend wenig Unterschiede in den verschiedenen Gesellschaften aufweist (vgl. Putnam, 1976: 33). Seiner Analyse der nationalen Eliten nach hatte Schweden in den Jahren 1945 bis 1973 den höchsten (und bis dahin ungebrochen stark ansteigenden) Anteil von Frauen, am geringsten waren die Frauenanteile in den Vereinigten Staaten und der UdSSR (vgl. Putnam, 1976: 34).
2. Oberschichtangehörige: Putnam zeigt, dass in allen Gesellschaften die Elitemitglieder überwiegend schon durch Geburt der Oberschicht angehören.

---

schaften ist somit problematisch (vgl. z.B. Mosca: Er geht davon aus, daß die Elitenbildung ein „Gesetz" sei, das auf jede Gesellschaft angewandt werden kann, so dass er es nicht einmal für notwendig erachtet, es zu begründen). Das Problem ist, dass sehr häufig übersehen wird, dass sozialwissenschaftliche „Gesetze" immer probabilistisch sind, also nicht mit 100%iger, sondern mit XX%iger Wahrscheinlichkeit eintreten. Aus diesem Grund sollte man es in den Sozialwissenschaften besser unterlassen, von „Gesetzen" zu sprechen, sondern eher von „bestätigten Hypothesen". Insofern stellt das "Putnam'sche Gesetz" einen griffigen Begriff dar, man sollte sich jedoch darüber im Klaren sein, dass es sich lediglich um eine gut bestätigte Hypothese handelt.

3. Gebildete: Als Beispiel zieht Putnam hier Großbritannien heran, indem er zeigt, wie viele ehemalige Oxbridge-Studenten in der politischen Elite (1955-1974) vertreten sind. Aber auch in weniger hochentwickelten Gesellschaften, die einen überwiegenden Anteil von Analphabeten aufweisen, spielt die Bildung eine wichtige Rolle.
4. Ethnische Mehrheit: Putnams Vergleich ergibt, dass Angehörige ethnischer Minderheiten in den verschiedenen Gesellschaften kaum eine Chance haben, in Elitepositionen aufzusteigen.

Bei diesen internationalen Vergleichsstudien kommt Putnam zu dem Ergebnis, dass das von ihm formulierte Gesetz der zunehmenden Disproportionalität in den USA noch stärker als in anderen Gesellschaften gilt: Hier sind unterprivilegierte Bevölkerungsgruppen beim Zugang zu den Eliten (politische, administrative und wirtschaftliche) noch mehr eingeschränkt als anderswo. Auch Putnam kommt also zu dem Ergebnis, dass US-amerikanische Eliten relativ exklusiv und geschlossen sind.

5.4 Neuere Entwicklungen in der amerikanischen Elitensoziologie

Neuere amerikanische Elitenuntersuchungen gehen davon aus, dass vor allem die machttheoretischen Elitenansätze Zeitdiagnosen waren, gültig für die 60er und 70er Jahre, nun aber von den gesellschaftlichen Entwicklungen überholt sind. Lerner, Nagai und Rothman kommen in ihrer Untersuchung zu dem Schluss, dass amerikanische Eliten keine geschlossenen Machtgruppen mehr sind, sondern inzwischen eher Funktionseliten entsprechen (vgl. Lerner/Nagai/Rothman, 1996: 136).

Auch im Hinblick auf Putnams Untersuchungen sind inzwischen Veränderungen eingetreten. Die Kriterien der sozialen Selektivität haben sich gewandelt. Für den Aufstieg in die Elite ist es noch immer von Vorteil, weiß und ein Mann zu sein, aber bereits hinsichtlich der Religionszugehörigkeit haben sich Veränderungen ergeben: vor allem Konfessionslose und Juden haben offenbar einen besseren Zugang zu den Eliten und nicht mehr wie früher die Protestanten. Es zeigt sich auch, dass neben der Bildung auch die politische Ausrichtung des Elternhauses eine wichtige Rolle spielt: Elitemitglieder haben öfter liberal eingestellte Eltern.

Auch die Bedeutung der gesellschaftlichen Sektoren hat sich gewandelt. Eine eindeutige Vormachtstellung der Sektoren Politik, Militär und Wirtschaft, wie sie Mills beschrieb, ist in der USA des späten 20. Jahrhunderts nicht mehr so deutlich feststellbar. Andere gesellschaftliche Sektoren haben dagegen an Bedeutung gewonnen. Lerner, Nagai und Rothman heben hier insbesondere die Intellektuellen hervor. Sie haben vor allem von der Ausweitung des Bildungssektors in den 60er Jahren profitiert, ihr Einfluss ist damit erheblich gewachsen (vgl. Lerner/Nagai/Rothman, 1996: 138).

5.5 John Higley: Elitentypologie und Elitentransformationen

Eine der wichtigsten neueren theoretischen „Inputs" für die elitensoziologische Forschung kam ebenfalls aus den USA, von John Higley und seinen Mitarbeitern. Higleys elitensoziologische Überlegungen sind deshalb von Bedeutung, weil die moderne Forschung sehr häufig auf die von ihm entwickelte (oben z. T. schon angedeutete, vgl. Kapitel 2.2.) Typologie zurückgreift. Diese soll hier in ihrem theoretischen Zusammenhang näher erläutert werden.

Elitentypologie

Higley und seine Mitarbeiter gehen bei ihren unterschiedlichen Untersuchungen von einer Elitendefinition aus, nach der Eliten aus Personen bestehen, die aufgrund ihrer strategischen Position in machtvollen Organisationen fähig sind, politische Entscheidungen auf nationaler Ebene regelmäßig und substantiell zu beeinflussen (vgl. Burton/Gunther/Higley, 1992: 8). Regelmäßig heißt in diesem Zusammenhang, dass andere Entscheidungsträger mit diesem Einfluss rechnen, auch wenn er nicht in jeder einzelnen Entscheidung geltend gemacht wird oder zum Erfolg führt. Die Regelmäßigkeit besteht also darin, dass der Einfluss einer Person als existent wahrgenommen wird und dass er bei jeder Entscheidung ins Kalkül gezogen wird. Substantiell meint, dass ohne diesen Einfluss die getroffenen Entscheidungen anders strukturiert wären oder dass eine Entscheidung ohne diesen Einfluss gar nicht zustande käme (vgl. Burton/Gunther/Higley, 1992: 9).

Higley und seine Mitarbeiter erstellen aufgrund dieser Definition eine Elitentypologie, die Eliten in verschiedenen politischen Regimen zu erfassen versucht. Die beiden Dimensionen, auf die sie sich dabei beziehen, sind die Einigkeit und die Differenzierung der Elite(n).

Die Einigkeit oder Uneinigkeit der Eliten hat zwei Dimensionen: eine normative und eine interaktive. Die normative bezieht sich auf das Ausmaß der gemeinsam geteilten Werte und Grundhaltungen und eher spezifische Normen (die meistens informell und nicht kodifiziert sind) bezüglich politischer Umgangsformen, Wettbewerb usw. Die interaktive Dimension betrifft das Ausmaß von Kanälen und Netzwerken zwischen den Elitemitgliedern und Elitegruppen, die ihnen einen sicheren Zugang zu zentralen Entscheidungszentren ermöglichen (vgl. Higley/Lengyel, 2000: 2). Die Elitendifferenzierung misst den Grad der sozialen Heterogenität, organisationalen Diversität und relativen Autonomie gegenüber dem Staat und gegenüber anderen Elitegruppen (vgl. Higley/Lengyel, 2000: 2). Erstellt man anhand dieser beiden Dimensionen eine Vier-Felder-Tafel, so ergibt sich folgendes Konfigurationsmodell für nationale Eliten:

		Einigkeit der Elite	
		hoch	gering
	breit	Konsenselite (konsolidierte Demokratie)	Fragmentierte Elite (Nicht konsolidierte Demokratie) (möglicherweise ein kurzlebiges autoritäres Regime)
Elitendifferenzierung	gering	Ideokratische Elite (totalitäres oder post-totalitäres Regime)	Geteilte Elite (autoritäres oder sultanistisches Regime)

Quelle: nach Higley/Lengyel, 2000: 3

Diese unterschiedlichen Elitetypen entwickeln jeweils eigene Strategien und Taktiken der Interaktion. Die Konsenselite (oder: consensually unified elites) ist von ideologischen Werthaltungen nicht eingeschränkt. Die strukturelle Integration und der Wertkonsens ist in dieser Elite hoch und bewirkt eine starke Inklusion. Sie kann Rivalitäten und Streitigkeiten frei austragen, wenn auch unter der Maßgabe bestimmter Regeln. Diese Regeln sind wohlbekannt und werden eingehalten, der inhaltliche Ausgang der Auseinandersetzung ist aber immer offen. Es wird grundsätzlich akzeptiert, dass der Verlierer in einer

Sache der Gewinner in einer anderen sein kann (vgl. Higley/ Lengyel, 2000: 3). Der Grund für diese konsensuelle Orientierung ist, dass die Netzwerke und Kommunikationsstrukturen sehr dicht sind und die meisten Elitemitglieder miteinbezogen werden. Einzelne Gruppen können diese Netzwerke nicht dominieren, Entscheidungen werden deshalb im Rahmen von Verhandlungen getroffen. Auseinandersetzungen (beispielsweise zwischen Regierung und Opposition) sind meist eher „Showkämpfe", echter Kampf zwischen den einzelnen Gruppen findet nicht statt (vgl. Burton/Gunther/Higley, 1992: 11).

Dagegen stehen die verschiedenen Elitemitglieder und –gruppen der geteilten Eliten (disunified elite) im ständigen Kampf gegeneinander. Die strukturelle Integration und der Wertkonsens zwischen den Elitemitgliedern oder –gruppen ist minimal. Die Konflikte sind gekennzeichnet von Feindseligkeit und finden ohne Kommunikation zwischen den verfeindeten Lagern statt, das Misstrauen ist dazu zu groß. Meist ist es kaum möglich, aus diesem Kampf auszubrechen, es sei denn, es tritt eine Situation ein, in der die Interessen aller wichtigen Gruppen gleichermaßen beeinträchtigt sind (vgl. Higley/Lengyel, 2000: 3/4). Eine Einigung auf Regeln des politischen Umgangs und der gemeinsamen Entscheidungsfindung ist nicht möglich, vor allem deshalb, weil die verschiedenen Gruppen eine höchst unterschiedliche Wertschätzung gegenüber politischen Institutionen vertreten. Gemeinsame Netzwerke und Kommunikationsstrukturen können unter diesen Umständen nicht entstehen (vgl. Burton/Gunther/Higley, 1992: 10).

Fragmentierte Eliten findet man meist nach Systemumbrüchen (wie z.B. nach den Revolutionen in Osteuropa Ende der 80er Jahre). Es können sich zwar gewisse Koalitionen bilden, aber es existiert keine Vorstellung von einer „Einigkeit in Vielfalt". Während sich aber die Gruppen der geteilten Elite in einer starken Polarisierung gegenseitig als „Erzfeinde" betrachten, sind die Konfliktstrukturen in der fragmentierten Elite wesentlich komplexer, aber auch meist weniger fundamental (vgl. Higley/Lengyel, 2000: 4).

Die ideokratischen Eliten (auch: ideologically unified elite) zeichnen sich dadurch aus, dass es eine dominante Ideologie gibt, unter deren Fahne sich alle Elitemitglieder versammeln. Bei diesem Elitentyp ist jedoch ein dynamisches Element zu berücksichtigen: Unter dem Deckmantel der Ideologie beginnen Elitenmitglieder oder –gruppen ihren politischen Einfluß durch persönliche Netzwerke auszubauen, die eher dazu dienen, die persönliche Macht aufrechtzuerhalten oder zu steigern und sich allmählich von den ideologischen Voraussetzungen lösen können (vgl. Higley/Lengyel, 2000: 4). Die strukturelle Integration und der Wertkonsens in dieser Elite sind als „monolithisch" zu bezeichnen. Kommunikationsstrukturen und Netzwerke in dieser Elite beziehen alle Gruppen mit ein, sind aber durch eine zentrale dominante Gruppe vermittelt. Ideologische oder politische Uneinigkeit ist deshalb praktisch unbekannt. Streitigkeiten (sofern sie trotz des monolithischen Wertkonsens überhaupt entstehen) können durch die hegemoniale Dominanz der zentralen Führungsgruppe unterbunden werden. Es handelt sich also um den Typus von Eliten totalitärer Systeme, die von einer kleinen Gruppe dominiert werden (vgl. Burton/Gunther/Higley, 1992: 12).

Eliten und gesellschaftliche Entwicklung

Welcher dieser Elitentypen in einer Gesellschaft vorzufinden ist, hängt von verschiedenen Faktoren ab, wie von der gesellschaftlichen Entwicklung (ausgegangen wird von vier Niveaus: der Agrargesellschaft, Gesellschaften, die von vorindustriellem Städtebau geprägt sind, Industriegesellschaft und postindustrielle Gesellschaft). Diesen Entwicklungsniveaus lassen sich nun nicht nur bestimmte Elitetypen zuordnen, sondern auch die Grundorientierungen der Eliten und der Nicht-Eliten. Diese haben wiederum Auswirkungen auf die Stabilität der politischen Institutionen.

Niveau der gesellschaftlichen Entwicklung	Nicht-Eliten-Orientierung	Elitenstruktur	politische Institutionen
Agrargesellschaft (Niveau 1)	vorwiegend egalitär	keine Eliten (aristokratische Herrschaft)	
Gesellschaften, die von vorindustriellem Städtebau geprägt sind (Niveau 2)	vorwiegend egalitär	Konsenselite (Ergebnis von Unabhängigkeitsbewegungen, Angleichung durch Verhandlungen)	stabil, repräsentativ instabil
		Entzweite Elite (Normalzustand nach Nationalstaatenbildung)	stabil, nicht repräsentativ
		Ideologisch geeinte Elite (durch Revolutionen, Kriegssiege radikaler Bewegungen)	
Industriegesellschaft (Niveau 3)	egalitär: ¼ manageriell[4]: ¼ unbestimmt: ½	Konsenselite (Fortsetzung von Niveau 2)	stabil, repräsentativ
		Unvollständig geeinte Elite (durch Wahlmehrheit der anti-egalitären Fraktion einer entzweiten Elite)	stabil, widerruflich repräsentativ stabil, nicht repräsentativ
		Ideologisch geeinte Elite (faschistische Revolutionen, Bürgerkriege, Fortsetzung von Niveau 2)	
Postindustrielle Gesellschaft (Niveau 4)	vorwiegend manageriell	Konsenselite (Fortsetzung von Niveau 3, Angleichung der egalitären Fraktion einer unvollständig geeinten Eliten an die Mehrheitsfraktion) Fortsetzung der entzweiten Elite? Fortsetzung der ideologisch geeinten Elite?	stabil, repräsentativ

Quelle: Field/Higley, 1980

Elitentransformation

Eliten sind meist keine starren Gebilde, sondern unterliegen, ebenso wie Gesellschaften allgemein, einem steten Wandel. Das Ausmaß und

---

4   Die managerielle Orientierung „akzeptiert Hierarchie und unterschiedliche Statusse [!], wenn auch nicht notwendig alle Züge des Status quo." (Field/ Higley, 1980: 41)

die Stärke dieses Wandels versuchen Burton, Gunther und Higley theoretisch zu fassen. Eine zentrale Rolle weisen sie dabei der Übereinkunft von Eliten (elite settlement) zu. Dieses Übereinkommen führt zu einer Stabilisierung der Demokratie, weil die verschiedenen Elitegruppen es dadurch schaffen, Formen der offenen, friedlichen Konfliktaustragung zu finden. Zwei Ursachen sind hierfür zu nennen: Diese Übereinkunft kann herbeigeführt werden durch einen schweren Konflikt, der allen Elitengruppen schwere Verluste gekostet hatte oder ein aktueller Konflikt, der droht, gewaltsame Auseinandersetzungen zu provozieren (vgl. Burton/Gunther/Higley, 1992: 14). Formen der offenen, friedlichen Konfliktaustragung dienen also der Stabilität von Eliten und der Gesellschaft insgesamt. Liegt diese nicht bereits vor, ist auch die Möglichkeit der Annäherung der Eliten (elite convergence) gegeben. Diese kann dadurch entstehen, dass eine Gruppe innerhalb der eigentlich uneinigen Eliten entdeckt, dass sie durch Wahlbündnisse die Zahl ihrer Anhänger und Stimmen maximieren kann. Sie bildet also eine Koalition mit einer oder mehreren anderen Gruppen, um ihre eigenen politischen Vorstellungen umsetzen zu können. Dies bedeutet aber in erster Linie, dass die Koalitionspartner zunächst die demokratischen Institutionen, über deren Wert und Bedeutung zunächst höchst unterschiedliche Auffassungen vorlagen, anerkannt werden muss und dass man sich auch auf eine gemeinsame Einschätzung einigt (vgl. Burton/Gunther/Higley, 1992: 24).

Aus diesen Grundüberlegungen lässt sich auch eine Elitenzirkulationstypologie ableiten. Wiederum dienen zwei Variablen der Konstruktion der Typologie: Der Bereich, der von der Zirkulation erfasst wird (welche Positionen sind betroffen und „wie tief" hinunter reicht der Umsturz?) und die Art und Weise und die Geschwindigkeit, in der die Zirkulation erfolgt. Es ergibt sich daraus folgende Übersicht:

		Bereich	
		breit und tiefgehend	eng und oberflächlich
Art und Weise	graduell und friedlich	klassische Zirkulation	Reproduktive Zirkulation
	plötzlich und erzwungen	völliger Austausch der Eliten	Quasi-Austausch der Eliten

Quelle: nach Higley/Lengyel, 2000: 7

Literatur

Burton, Michael/Gunther, Richard/Higley, John (1992): Introduction: Elite Transformation and Democratic Regimes. In: Higley, John/Gunther, Richard (Hrsg.): Elites and Democratic Consolidation in Latin America and Southern Europe. Cambridge: Cambridge University Press, S. 1-37

Dahl, Robert (1961): Who governs? New Haven: Yale University Press

Dahl, Robert A. (1966): Further Reflections on ‚The Elitist Theory of Democracy'. In: The American Political Science Review 60 (2), S. 296-305

Field, G. Lowell/Higley, John (1983): Eliten und Liberalismus. Ein neues Modell zur geschichtlichen Entwicklung der Abhängigkeit von Eliten und Nicht-Eliten: Zusammenhänge, Möglichkeiten, Verpflichtungen. Opladen: Westdeutscher Verlag

Higley, John/Lengyel, György (2000): Elites after State Socialism. Lanham et al.: Rowman & Littlefield Publishers

Lerner, Robert/Nagai, Althea K./Rothman, Stanley (1996): American Elites. New Haven, London: Yale University Press

Mills, C. Wright (1981): The Power Elite. New York: Oxford University Press

Walker, Jack L. (1966): A Critique of the Elitist Theory of Democracy. In: The Americn Political Science Review 60 (2), S. 285-295

6. Elitentheoretische Positionen im Nachkriegsdeutschland

Die Elitentheoretiker der deutschen Nachkriegszeit gingen in erster Linie der Frage nach, welche Funktion Eliten für die Gesellschaft haben, ob und wie sie Katastrophen wie den Nationalsozialismus verhindern können. Hier sollen die wichtigsten Theorien bzw. Theoretiker der deutschen Nachkriegszeit herausgegriffen werden, also diejenigen, die den theoretischen Diskurs am nachhaltigsten bestimmt haben: Stammer, Herzog, Dahrendorf, Beyme. Zapf, der sicherlich ebenfalls zu den Mitbestimmern dieses Diskurses gezählt werden muss, wird weiter hinten (im Kapitel Deutschland) behandelt, weil er mit einen Überlegungen die jüngere empirische Elitenforschung erheblich geprägt hat.

Sie schließen an Mannheims Gedanken der Elite im Sinne einer verantwortlichen Minderheit an. Bedeutend erscheint dabei der Gedanke der politischen Repräsentation. Eliten (insbesondere die politischen) sollten in einem besonderen Sinne am Gemeinwohl orientiert sein, indem sie am „Willen des Volkes" orientiert sind, aber auch über die Unabhängigkeit verfügen, in eigener Verantwortung zu entscheiden (vgl. Röhrich, 1967: 90/91). Herrschaft wird also im Auftrag und unter der Kontrolle des Volkes ausgeübt, der Kampf um die besten Entscheidungen wird frei und öffentlich zwischen verschiedenen Eliten bzw. Elitemitgliedern ausgetragen (vgl. Röhrich, 1967: 95). Dies bedeutet, dass in einer solchen repräsentativen Demokratie, in der verschiedene gesellschaftliche Interessen von den Eliten vertreten werden, Spannungen zwischen den verschiedenen Elitengruppen an der Tagesordnung sein müssen. Dies ist in einem pluralistischen System unvermeidlich und „naturnotwendig". Da jedoch die verschiedenen Eliten bzw. Elitegruppen bereit sind, allgemeingültige Verfahrens- und Verhaltensregeln zu akzeptieren und somit Grundkonsens über die Verfahrensregeln herrscht, kann der Entscheidungskampf auf sachlicher, nicht fundamentaler Ebene geführt werden (vgl. Röhrich, 1967: 101) und trägt zu einer breiteren Akzeptanz von Entscheidungen in der Bevölkerung bei. Wenn alle Interessen ähnlich große Chancen haben, durchgesetzt zu werden, kann auch einmal eine Niederlage hingenommen werden. Schäfers fasst diese Grundhaltung kurz folgendermaßen zusammen: „Eliten sind also dann mit Demokratie vereinbar, wenn die Elite-Rekrutierung nicht ständischen Prinzipien folgt, sondern Wahl und Delegation, Abwählbarkeit und Kritik, Öffentlichkeit der Entscheidungen und Legitimation durch Leistung den Ausschlag geben für die Besetzung der gesellschaftlichen Spitzenpositionen. In diesem Zusammenhang formulierte Willy Brandt seien bekannten Satz: ‚Wir sind Gewählte, aber nicht Erwählte'". (Schäfers, 1996: 476)

Erstaunlich ist eine terminologische Besonderheit: In der Elitendiskussion der Nachkriegszeit steht die besondere Beziehung zwischen politischen Eliten und demokratischer Verfassung im Zentrum der Überlegungen. Zu erwarten wäre, dass sich die verschiedenen Forscher in diesem Bereich nicht nur den Überlegungen, sondern auch der Terminologie der demokratietheoretischen Elitensoziologie anschließen würden. Dies ist jedoch nicht der Fall; alle prominenten Vertreter greifen auf die Terminologie Moscas und Paretos zurück und sprechen von „politischer Klasse" oder von „herrschender Klasse".

6.1 Otto Stammer[1]: Funktioneliten

Elite und Demokratie

Stammer[2] schickt seinen Ausführungen über Funktionseliten eine Untersuchung der herkömmlichen Elitentheorien voraus, die historischen Gesellschaftsformationen angemessen sein mochten. Er geht davon aus, dass die mit diesen Theorien verbundenen Begriffe meist mit der Vorstellung einer Wertelite verbunden waren. Er arbeitet folgende zentrale Merkmale dieser Definitionen heraus: Eliten werden verstanden als eine auserlesene Minderheit von besonderer sozialer, sittlicher, geistig-fachlicher und politischer Qualität, sie repräsentieren damit die Leitwerte des Gemeinwesens, ihr Einfluss besteht in ihrer Vorbildungwirkung. Ihr Verhalten ist damit Orientierungsmaßstab für

---

1   Wichtige Anregungen für dieses Kapitel verdanke ich Stammers Schüler, Prof. Dr. Alf Mintzel.
2   Otto Stammer wurde 1990 in Leipzig geboren und verstarb 1978 in Berlin.

die Gesellschaft und bestätigt und konserviert so anerkannte Wertemuster. Sie stellt eine einheitliche Wertelite dar, die durch Selbstauslese und Privilegierung zustandekommt und eine scharfe soziale und politische Trennung zwischen der Elite und den Herrschaftsunterworfenen aufrechterhält. Diese Elite entspricht der klassischen liberalen Demokratie, einer Minoritätendemokratie auf der Basis einer gesicherten sozialen Rangstellung. Die politischen Eliten werden ausschließlich aus den sozialen Oberschichten (Adel, Honoratioren und Bildungsschichten) rekrutiert, die durch eine spezifische Tradition und Erziehung geprägt ist. Diese Regierungsform entspricht jedoch nicht mehr den Verhältnissen der modernen Demokratie, die von Vermassungsprozessen geprägt ist. Damit einher geht eine zunehmende Bürokratisierung und die Tendenz zur Spezialisierung, ebenso wie Machtzusammenballungen. Es differenzieren sich Funktionskomplexe wie beispielsweise Wirtschaft, Politik oder Wissenschaft aus.

Funktionseliten

Stammer befasst sich nun mit der Frage, wie sich Eliten unter diesen Bedingungen rekrutieren und wie sie arbeiten. Er geht von einem funktionalistischen Ansatz aus, dessen Grundgedanke darin besteht, dass sich gesellschaftliche Teilbereiche ausdifferenzieren, die jeweils bestimmte Funktionen für die Gesellschaft erfüllen. Seine Überlegung ist, dass jeder dieser gesellschaftlichen Teilbereiche seine eigene Elite hervorbringt, jede Funktion, die für die Gesellschaft erbracht werden muss, wird von den entsprechenden Teileliten ausgeübt. Stammer spricht deshalb von Funktionseliten und definiert diese als „die mehr oder weniger geschlossenen sozialen und politischen Einflußgruppen, welche sich aus den breiten Schichten der Gesellschaft und ihren größeren und kleineren Gruppen herauslösen, um in der sozialen oder der politischen Organisation des Systems eine bestimmte Funktion zu übernehmen. Gemeint sind außerdem die kleineren Einflußgruppen, die sich im Bereich des Staates durch die Übernahme bestimmter politischer Funktionen herausbilden, Gruppen, welche in der Gesellschaft Resonanz suchen und vom Volk in seiner Gesamtheit kontrolliert werden." (Stammer, 1965: 71)

Diese Funktionseliten scheinen ihm den modernen Massendemokratien wesentlich angemessener. Die Merkmale dieser Massendemokratie sind die Führungsauslese durch Delegation und Konkurrenz aus

107

breiten Schichten der Gesellschaft. Die Führungsgruppen werden aufgrund ihrer Funktionen bestimmt, für die sie beruflich-fachliche Fähigkeiten aufweisen müssen. Sie fungieren nicht abgelöst von der Gesellschaft, sondern werden von ihr kontrolliert. Es handelt sich um offene Eliten und da jeder gesellschaftliche Funktionsbereich jeweils eine Elite hervorbringt, um ein plurales Elitensystem.

Die Legitimation der Funktionseliten besteht darin, dass die „Massen" einerseits das Bedürfnis zur Partizipation haben, andererseits aber das Bedürfnis nach Reduktion der Komplexität der politischen Auseinandersetzung (vgl. Stammer, 1965: 76). Dies können Funktionseliten leisten, weil sie einerseits große fachliche Fähigkeiten haben, und andererseits immer auch Resonanz in der Gesellschaft suchen. Sie gehen aus sogenannten „Muttergruppen" (also Funktionsbereiche, in denen sie ihren Aufstieg vollzogen haben und in denen sie herausragende Positionen einnehmen) hervor und bleiben mit ihnen verbunden. Stammer nennt diese Muttergruppen, weil sie den „Nährboden" für die jeweilige Elite darstellen. In einer funktionierenden Demokratie unterstehen die Funktionseliten nicht nur der öffentlichen Kontrolle, sondern auch der Kontrolle ihrer Muttergruppen. So wird verhindert, dass sich Monopolpositionen oder Oligarichien herausbilden. Aus diesem Grund geht Stammer auch davon aus, dass jede Untersuchung der Funktionseliten auch die Muttergruppen, also die sozialen Formationen und Gruppierungen, aus denen sie hervorgehen, einschließen muss, um ein zutreffendes Bild zu erhalten (vgl. Stammer, 1965: 85).

Elitenintegration

Stammer legt jedoch auch Wert auf die Beobachtung, dass die einzelnen Teileliten (also die aus den einzelnen Muttergruppen hervorgegangenen Funktionseliten) nicht völlig unabhängig voneinander (funktional getrennt) agieren, sondern dass sich Vergemeinschaftungsprozesse erkennen lassen und die Elitenbildung somit auch ein Integrationsprozess ist: Personen oder Gruppen der verschiedenen Funktionsbereiche, die Einfluss haben oder erreichen wollen, schließen sich zusammen, um den Willensbildungsprozess (mit) zu bestimmen. Diese Gruppe wird nicht nur von außen als einflussreich anerkannt; die Gruppenmitglieder entwicklen ein Wir-Gefühl und ein Elitebewußtsein. Um eine Oligarchisierung auszuschließen, ist die oben geschilderte Kontrolle durch die Öffentlichkeit und die Muttergruppen notwendig.

Stammers Elitenmodell lässt sich graphisch folgerdermaßen aufzeigen:

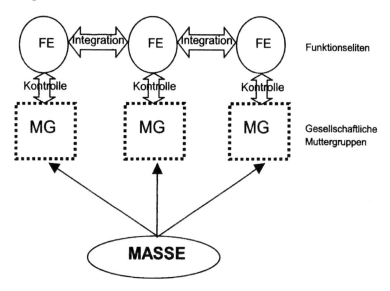

6.2 Ralf Dahrendorf: Die herrschende Klasse

Dahrendorf[3] setzt sich mit den politischen Eliten der deutschen Geschichte auseinander, insbesondere der Weimarer Republik, der Nazizeit und Nachkriegsdeutschlands. Um diese Wandelungen der Eliten erfassen zu können, arbeitet er mit folgender Elitendefinition: „Gesellschaft impliziert die Übereinkunft, daß einige mit dem Recht ausgestattet werden, sozialen Normen die bindende Kraft der Geltung zu verleihen. Diese ‚einigen‘ sind, soziologisch genauer, zunächst einige Positionen und Rollen, Führungspositionen. Wir werden noch sehen, daß diese – zuweilen auch Leerstellen des Etats der Gesellschaft sein können. In der Regel allerdings entsprechen den Führungspositionen sozialer Führungsgruppen. Man kann sie mit Pareto regierende Eliten oder mit

---

3   Ralf Dahrendorf wurde 1929 in Hamburg geboren.

Mosca die politische Klasse nennen" (Dahrendorf, 1965: 245). Dahrendorf schließt sich also auch der terminologischen Ebene den Machttheoretikern an. Er zählt zu der herrschenden Klasse zum einen die Träger der politischen Führungspositionen im engeren Sinne, also Mitglieder der Exekutive, Legislative und Judikative. Der zweite Kreis der politischen Elite ist unmittelbar mit dem ersten verbunden, es sind die Partei- und Verbandsführungen, die Spitzen der Verwaltung und des Militärs. Der dritte Kreis sind jene, die im Auftrag bestimmter Gruppen systematisch auf die Herrschenden einwirken, es handelt sich dabei vor allem um Verbandsführer, Wirtschaftsführer, Kirchenvertreter und Vertreter der Massenmedien (vgl. Dahrendorf, 1965: 247).

Auch Dahrendorf entwirft einige Modelle oder Typologien, die ihm bei der Analyse von Eliten hilfreich scheinen. Er beschreibt Machteliten mit zwei von einander unabhängigen Variablen, nämlich „soziale Stellung und Gestalt" und „politische Interessenlage und Haltung". Mit sozialer Gestalt ist vor allem der Zusammenhalt in der Elite gemeint, also die Frage nach der sozialen Kohäsion, die sich aufgrund gleicher Rekrutierungsmuster, gleicher Sozialbiographien und gemeinsamen Erfahrungen ergeben kann. Ist ein hoher Grad an Kohäsion gegeben, dann spricht Dahrendorf von einer „etablierten Elite", gibt es diesen Zusammenhalt nicht, spricht er von einer „abstrakten" Elite. Auch hinsichtlich der Variable „politische Interessenlage und Haltung" geht er ähnlich vor: Er fragt, ob die Elite weitgehend gleiche politische Interessen verfolgen und somit in ihrem politischen Verhalten „uniform" sind, oder ob sie sehr unterschiedliche Interessen haben und somit in ihrem politischen Verhalten „multiform" oder pluralistisch sind. Aus der Kombination dieser beiden Variablen ergibt sich folgende Einteilung:

| | | Politische Haltung | |
		uniform	multiform
	etabliert	autoritäre Elite	liberale Elite
Soziale Gestalt			
	abstrakt	totalitäre Elite	?

Quelle: Dahrendorf, 1965: 259

Darüber hinaus führt Dahrendorf die Unterscheidung zwischen Konkurrenz und Kartell ein: Konkurrenz oder Kartell kann dort entstehen, wo mehrere einigermaßen gleichrangige Gruppen oder Einheiten aufeinandertreffen und unterschiedliche Interessen vertreten (wie es in den Eliten meist der Fall ist). Im Falle der Konkurrenz ist die Auseinandersetzung zwischen diesen Gruppen durch Produktivität, Dynamik, Risikoreichtum und Lebendigkeit geprägt. Die Kartellbeziehung dagegen ist defensiv, auf Risikoverringerung und Erhaltung des Status quo ausgerichtet und durch Starrheit geprägt (vgl. Dahrendorf, 1965: 296).

Anhand dieser beiden Typologisierungsmerkmale versucht Dahrendorf, die deutsche Machtelite in ihrer Eigenart zu beschreiben. Er kommt zu dem Ergebnis, dass es sich um eine multiforme Machtelite handelt, die in Form eines Kartells organisiert ist (vgl. Dahrendorf, 1965: 296). Dieses Kartell beruht nicht auf Absprachen oder schriftlichen Vereinbarungen, sondern auf dem Verhalten der Eliten, die soziale Macht durch bestimmte Proporzschlüssel zu verteilen. Den Grund dafür sieht Dahrendorf in dem mangelnden Selbstbewusstsein der deutschen Eliten der Nachkriegszeit. Das Problem besteht darin, dass die Eliten dadurch zwar (in seiner Typologie) multiform sind, aber echter Elitenpluralismus unter diesen Bedingungen nicht möglich ist (vgl. Dahrendorf, 1965: 296f.) Als ebenfalls problematisch betrachtet Dahrendorf die relativ heterogene Herkunft der deutschen Eliten (im Vergleich zu Frankreich oder Großbritannien) und die daraus folgenden Schwierigkeiten bei der Konfliktaustragung. Dahrendorf hält die soziale Homogenität der Eliten für einen großen Vorteil, weil sie eine fruchtbare Auseinandersetzung fördert. Die Spielregeln der Auseinandersetzung sind nicht nur allen Beteiligten bekannt, sie wurden auch (aufgrund gemeinsamer Herkunft und Ausbildungswege) immer wieder eingeübt, so können auch divergierende Interessen in eine fruchtbare Auseinandersetzung eingebracht werden. Soziale Homogenität schließt demnach die Repräsentation divergierender Interessen in keinster Weise aus. Eine etablierte (homogene) politische Klasse ist deshalb für einen repräsentativen Staat mit einer liberalen Verfassung von großem Vorteil (vgl. Dahrendorf, 1965: 302). Dennoch stellt Dahrendorf selbst fest, dass die deutschen Eliten sich hauptsächlich aus der Oberschicht rekrutieren; er führt dies auf den Zugang zum Bildungssystem zurück, der vor allem für Kinder der Ober- und oberen Mittelschicht und der Beamten privilegiert sei. Dies liegt seiner Meinung nach aber nicht an finanziellen Gründen, sondern in der Bildungsferne der restlichen Schichten begründet (vgl. Dahrendorf, 1962: 22). Dahrendorf bemängelt an der deutschen Machtelite auch die zu große Stabilität. Die durchschnittliche Amtsdauer von Ministern in den ersten drei Bundesregierungen betrug 6 Jahre. Er bezeichnet dies als einen „fast gefährlichen Mangel an Zirkulation" (Dahrendorf, 1962: 25).

Dahrendorfs Beschreibung der deutschen Elite ist sicherlich vor allem eine Zeitdiagnose der 60er Jahre. Gerade seine Ausführungen zur Bildungssituation sind durch die Bildungsexpansion in Deutschland sicher überholt. Für die zentralen Merkmale seiner Beschreibung gilt dies jedoch nicht: Die Feststellung, dass es sich um eine recht heterogene politische Elite handelt, ist sicherlich nach wie vor zutreffend, insbesondere auch nach der deutschen Wiedervereinigung. Auch die „Kartellorganisation" ist sicherlich weitgehend noch gegeben.

6.3 Dietrich Herzog: Karrierewege der Eliten

Eliterekrutierung

Dietrich Herzog[4] geht von der Grundüberlegung aus, dass die klassische dichotome Unterscheidung zwischen „Herrschenden" und „Herrschaftsunterworfenen" modernen Gesellschaften nicht mehr angemessen ist. Aus dieser Überlegung ergibt sich ein wesentlich differenzierteres Bild der Eliten. Diese höhere Differenzierung führt dazu, dass der Aufstieg in eine Eliteposition nicht mehr wie früher ein individueller „Glücksfall" ist. In modernen, differenzierten, offenen Gesellschaften ist vielmehr davon auszugehen, dass der Weg in die Elite prinzipiell für viele offen ist und dass es deshalb bestimmte Mechanismen geben muss, die bestimmte Personen in Elitepositionen bringen. Diesen Karrierewegen schenkt Herzog seine Aufmerksamkeit. Zur ihrer Analyse zieht er folgende Ansätze heran:

1. Stratifikationstheoretischer Ansatz: Dieser Ansatz geht davon aus, dass es einen Zusammenhang gibt zwischen der sozialen Herkunft und der Chance, in Elitepositionen aufzusteigen. Somit sind auch die Karrierewege in die Elite von der Sozialstruktur der Gesellschaft mitbestimmt. Herzog stellt fest, dass nicht nur die soziale Herkunft und das damit verbundene Sozialprestige mitbestimmend ist, sondern auch die Zugehörigkeit zu bestimmten Berufsgruppen. Dabei ist nicht nur das Berufsprestige ausschlaggebend, sondern Faktoren wie „Po-

---

4   Dietrich Herzog wurde 1931 geboren und verstarb im Jahr 2001.

litiknähe", die Art der Berufstätigkeit (eher selbstgesstaltend vs. fremdbestimmt) und die Abkömmlichkeit vom Beruf (vgl. Herzog, 1982: 78/79). Für den Aufstieg in die politische Elite ist also entscheidend, inwieweit man vorher die Möglichkeit hatte, die relevanten Arbeitsstile und Aufgabenbewältigungsmechanismen erlernen zu können.

2. Persönlichkeitstheoretischer Ansatz: Der persönlichkeitstheoretische Ansatz geht von den Persönlichkeitsmerkmalen derjenigen aus, die in die politische Elite aufgestiegen sind. Meist geht man von einer Disposition zur Machtorientierung aus. Herzog sieht jedoch bei diesem Ansatz eine ganze Reihe von ungeklärten methodischen Problemen, z.B. dass die Persönlichkeitsmerkmale grundsätzlich ex post untersucht werden, dass man also solche Personen untersucht, die bereits erfolgreich in die politische Elite aufgestiegen sind. Deren Persönlichkeitsmerkmale könnten sich aber gerade aufgrund dieses Aufstiegs verändert haben. Insofern plädiert Herzog für eine Perspektivenänderung dieses Ansatzes, indem die Fragestellung mehr darauf gelenkt wird, welche Persönlichkeitsentwicklungen durch die Rekrutierungsprozesse ausgelöst werden (vgl. Herzog, 1982: 86).

3. Organisationstheoretischer Ansatz: Bei der Untersuchung der politischen Elite steht im organisationstheoretischen Ansatz die Führungsauswahl innerhalb der Parteien im Vordergrund. Die Mitarbeit in der Partei und die innerparteiliche Organisationswirklichkeit werden der Analyse unterzogen. Dabei zeigt sich, dass in den deutschen Parteien (ähnliches gilt offenbar auch für andere politische Systeme) die Basis – also untere Parteiverbände und Delegiertenversammlungen – eine entscheidende Macht ausüben kann. Eine Kandidatenauswahl von oben – also von der Parteispitze – würde nicht akzeptiert werden. Dies stellt besondere Anforderungen an die potentiellen Kandidaten: Sie müssen die verschiedenen Parteigliederungen von sich überzeugen können.

4. Karrieretheoretischer Ansatz: Karriere wird verstanden als eine Sequenz unterschiedlicher Positionen, die von einer Person auf dem Weg zu einer Eliteposition zurückgelegt wird. Nicht nur berufliche Positionen, auch politische, verbandliche und sonstige Positionen werden dabei berücksichtigt und die gegenseitige Beeinflussung und das Zusammenspiel der verschiedenen Positionen werden analysiert. Im Zentrum der Untersuchung steht somit die tertiäre – vor allem berufliche – Sozialisation der Elite. Einbezogen wird aber auch die primäre (vor allem die vom Elternhaus vermittelten objektiven und

subjektiven Chancen) und sekundäre Sozialisation (vor allem die Schulbildung). Der Lebenslauf und Karriereverlauf von Elitenmitgliedern wird somit als Karriere- und Sozialisationsweg nachgezeichnet.

Mit Hilfe dieser unterschiedlichen Ansätze kommt Herzog zu dem Ergebnis, dass in Deutschland die föderalistische Struktur eine besondere Rolle spielt. Die Landesebene hat sozusagen die Funktion eines ‚Durchlauferhitzers‘; hier werden bundespolitische Karrieren gestartet und können erheblich beschleunigt werden. Es zeichnet sich somit für Deutschland eine gewisse Karrierisierung ab. Eine spezifische Abfolge von politischen Positionen (auf den verschiedenen Ebenen) führen zu einer politischen Karriere. Damit einher geht auch eine verstärkte Professionalisierung der Politik. Der ‚erlernte‘ Beruf verliert immer mehr an Bedeutung, entscheidend sind die verschiedenen politischen Ämter für einen Aufstieg. Zur Karrieresicherung (weil man ja seinen eigentlichen Beruf nicht mehr ausübt) wird deshalb auch eine vertikale Ämterkumulation angestrebt, also eine Absicherung durch Positionen auf den verschiedenen Ebenen des föderalen Systems.

Funktion der politischen Elite

Die Entwicklung hin zur Verhandlungsdemokratie und die gesellschaftliche Differenzierung führt auch zu einer gewandelten Bedeutung und Funktion der politischen Elite: Sie ist nun für die Steuerung durch strategische Zieldefinition verantwortlich. „Insofern darf der Staat – in Gestalt der öffentlich verantwortlichen Führungseliten – bei Verhandlungen nicht lediglich ein Akteur unter vielen oder bloß ‚Moderator‘ sein. Er darf nicht nur koordinieren, er muß auch strategische Ziele setzen. Denn er bleibt letztlich verantwortlich dafür, dass sie erreicht werden." (Herzog, 2000: 181/182)

Entscheidend dafür, dass dies auch gewährleistet ist, ist die Integration der politischen Elite. Herzog nimmt dabei Bezug auf Higley (siehe oben), der die consensually unified elite als Grundbedingung für den Bestand einer liberalen Demokratie betrachtet. Dem schließt sich Herzog an, weil er davon ausgeht, dass nur eine konsensuell geschlossene Elite die Aufgabe übernehmen kann, solche Zieldefinitionen vorzugeben, die allgemein anerkannt und deshalb auch umsetzbar sind.

6.4 Klaus von Beyme: Die politische Klasse

Auch Klaus von Beyme[5] knüpft an den Begriff der politischen Klasse an. Er geht der Frage nach: „Ist das Bild der politischen Klasse, das aus einem zwar parlamentarisierten, aber vordemokratischen Regime gewonnen war, noch gültig für die entwickelte Demokratie Ende des 20. Jahrhunders?" (v. Beyme, 1992: 7). Seine Antwort ist, dass die Übernahme dieses Begriffes zwar möglich ist, aber nur unter zwei Einschränkungen:

1. Die gesellschaftliche Differenzierung muss stärker berücksichtigt werden. Die plutokratische Vorstellung, die mit dem Begriff häufig verbunden war, sollte aufgegeben werden.
2. Parteiorganisation muss berücksichtigt werden. Mosca und Pareto vernachlässigten diesen Aspekt, Michels überbewertete ihn (vgl. v. Beyme, 1992: 12).

Schließlich weist Beyme auch darauf hin, dass in modernen Demokratien der Wechsel des Regierungspersonals Normalität ist, ein Aspekt, den Mosca und Pareto ebenfalls vernachlässigten. Er hält die Bezeichnung „politische Klasse" für Regierung und Opposition gleichermaßen für nicht angemessen (vgl. v. Beyme, 1992: 12).

Von Beymes empirische Ergebnisse seiner Analyse der politischen Klasse lassen sich wie folgt zusammenfassen:

- Es hat eine Entideologisierung der Politik stattgefunden; die Gegensätze von links und rechts, konservativ und sozialdemokratisch usw. spielen eine sehr viel geringere Rolle als früher.
- Eine soziale Homogenisierung der Eliten ist zu verzeichnen. Fanden Mosca und Pareto in ihren Untersuchungen noch eine relativ hohe soziale Homogenität der Eliten vor, änderte sich dies im Laufe der Zeit; insbesondere der Interessengegensatz zwischen Bürgertum und Arbeitern führte zu einer erhöhten Heterogenität der politischen Eliten. Berufspolitiker sind heute der Regelfall; aufgrund dieser gemeinsamen sozialen Lage stellt sich wieder stärkere Homogenität ein, und die soziale Herkunft spielt nach Beymes Ansicht keine entscheidende Rolle mehr (vgl. v. Beyme, 1992: 17/18).
- Politische Eliten weisen eine geringe Selbstreproduktionsrate auf. Da es in Deutschland keine Elitebildungsanstalten (wie z.B. in

---

5   Klaus von Beyme wurde 1934 in Schlesien (Saaran) geboren.

Frankreich) gibt, die dafür sorgen, dass der Nachwuchs mit hoher Wahrscheinlichkeit in eine ähnliche Position wie der Vater aufsteigen kann, ist die Selbstreproduktion der politischen Elite nicht einfach. Zudem ist die Politik für Oberschichtangehörige nicht sonderlich attraktiv, denn politische Betätigung bringt nur wenig Prestige ein (vgl. v. Beyme, 1992: 18). Bildung inzwischen ein sehr wichtiges Kriterium für den Aufstieg in die politische Klasse geworden, da sich jedoch in Deutschland keine Elitebildungsstätten etablieren konnten, ist der Auswahlprozess relativ offen und schränkt die Selbstreproduktion der politischen Klasse ein.

- Die Professionalisierung hat sich verstärkt, Politik wird zunehmend zum Beruf. Erfahrungen in anderen Berufen werden seltener und die erlernten Berufe wurden nur kürzere Zeit ausgeübt (vgl. v. Beyme, 1992: 19/20).
- Angleichung der Lebensstile der Elitemitglieder durch gleiche Formen des Erwerbs des Lebensunterhalts und durch ähnliche Informationsformen (vgl. v. Beyme, 1992: 21/22).

Beyme geht zwar davon aus, dass die politische Klasse sehr sensibel gegenüber den Wünschen und Interessen der Nicht-Elite ist, dennoch eine gewisse Abgehobenheit zu verzeichnen ist. Er führt dies auf sechs Gründe zurück:

1. Veränderung der Partizipationsformen: neue Bewegungen haben auch ohne große Organisation die Chance, Ressourcen zu mobilisieren.
2. Gegeneliten können dadurch rascher aufsteigen. Alte Strukturen des Parteiensystems verlieren an Bedeutung.
3. Die Entideologisierung der Politik führt zu einer Annäherung der Bereiche Wirtschaft und Politik, während die jeweiligen Eliten immer weiter auseinandertreten, weil die Professionalisierung in beiden Bereich gestiegen ist. Politik wurde daher zunehmend kommerzialisiert (vgl. v. Beyme, 1992: 24).
4. Zunehmende Etatisierung der Parteien: Von staatlicher Seite werden für die Parteien erhebliche Unterstützungen (v.a. finanzieller Art) geleistet. Die Parteieliten werden dadurch von ihren Mitgliedern unabhängiger; dies fördert die Abgehobenheit.
5. Kooperativer Parlamentarismus: Die Opposition übt keine Fundamentalopposition, sondern setzt eher auf Mitregierung. Die Kooperation innerhalb der politischen Klasse ist also groß.

6. Organisation der Politikfeld-Arenen: Experten sind auf bestimmten Politikfeldern aktiv, sie kooperieren mit Interessenverbänden, Verwaltung usw. Andere Mitglieder der politischen Klasse verlassen sich auf das Urteil dieser Experten, weil sie auf deren Fachwissen vertrauen. Abgehobenheit entsteht also auch aus der Arbeitsteilung innerhalb der politischen Klasse.

Von Beyme charakterisiert die politische Klasse Deutschlands also als eine politische Elite, die sozial und ideologisch zunehmend homogener und geschlossener wird. Tendenzen zur Oligarchisierung sind deshalb gering, weil Möglichkeiten zur Vererbung von Elitepositionen kaum gegeben sind. Die politische Elite zeichnet sich zwar einerseits durch eine hohe Sensibilität gegenüber den Regierten aus, dennoch verstärken sich Tendenzen des „Abgehobenseins", die aber vor allem auf strukturelle Entwicklungen zurückzuführen sind.

Literatur

Beyme, Klaus von (1974): Die politische Elite in der Bundesrepublik Deutschland. München: R. Piper & Co.

Beyme, Klaus von (1992): Der Begriff der politischen Klasse – Eine neue Dimension der Elitenforschung? in: Politische Vierteljahresschrift 33 (1), S. 4-32.

Beyme, Klaus von (1993): Die politische Klasse im Parteienstaat. Frankfurt: Suhrkamp

Stammer, Otto (1965): Politische Soziologie und Demokratieforschung. Berlin: Dunker & Humblot

Dahrendorf, Ralf (1962) : Eine neue deutsche Oberschicht? Notizen über die Eliten der Bundesrepublik. In: Die Neue Gesellschaft 9 (1), S. 18-31

Dahrendorf, Ralf (1965): Gesellschaft und Demokratie in Deutschland. München: R. Piper & Co

Hartmann, Michael (1998): Homogenität und Stabilität. Die soziale Rekrutierung der deutschen Wirtschaftselite im europäischen Vergleich. In: Berger, Peter A./Vester, Michael (Hrsg.): Alte Ungleichheiten – Neue Spaltungen. Opladen: Leske + Budrich, S. 171-187

Herzog, Dietrich (1982): Politische Führungsgruppen. Probleme und Ergebnisse der modernen Elitenforschung. Darmstadt: WBG

7. Identifizierung von Eliten: Methodische Ansätze

Ein zentrales Problem ist mit jeder elitensoziologischen Untersuchung verbunden: Wer gehört eigentlich zur Elite und wer ist nicht dazu zu zählen? Drei Hauptansätze zur Identifizierung von Eliten sind zu nennen: der Reputations-, der Entscheidungs- und der Positionsansatz.

Auch hier gilt, dass Methoden zur Gewinnung von Daten zwar lediglich Instrumente der Forschung sind, aber die Auswahl des Instruments auch Auswirkungen auf die Ergebnisse hat. Gerade bei der Frage, ob eine Gesellschaft oder eine Gemeinschaft eine oligarichische oder eine plurale Elitenstruktur aufweist, ist die Auswahl der Methode entscheidend. Die Frage also, ob der Einfluss zwischen verschiedenen Elitengruppen verteilt ist, ob die Eliten auch auf die Gefolgschaft Rücksicht nehmen muss oder ob dies nicht erforderlich ist, hängt nicht nur vom politischen oder ideologischen Standort ab, sondern kann auch durch die Erhebungsmethode (mit)determiniert sein.

7.1 Reputationstechnik

Die Reputationstechnik beruht auf der Annahme, dass einflussreiche Personen (also die Elite) denjenigen auch bekannt sind, auf die sie Einfluss nehmen. „Als einflußreich oder mächtig werden diejenigen Bewohner einer Gemeinde identifiziert, die entweder im Urteil der Gemeindebevölkerung oder aber im Urteil lokaler Experten einflußreich sind." (Drewe, 1974: 163). Wie diese Definition schon zeigt, wird die Reputationsmethode meist in kleineren sozialen Einheiten (z.B. Gemeinden) angewandt.

Vorgehensweise: Um die erwünschten Daten über die Elite zu erhalten, wählt man ein Befragungssample aus, das meist entweder aus einem repräsentativen Querschnitt der der Gemeinde oder lokale Experten besteht. Die ausgewählten Personen werden dann gebeten anzugeben, wen sie für einflussreich halten. Sie sollen also einschätzen, wer in der Gemeinde „das Sagen hat".

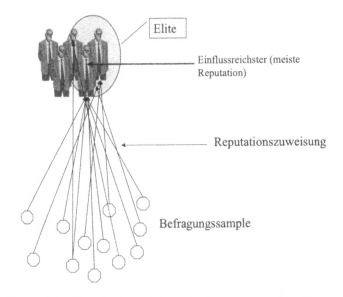

Elite

Einflussreichster (meiste Reputation)

Reputationszuweisung

Befragungssample

Entscheidend ist die Auswahl des Befragungssamples. Geht man von lokalen Experten aus, sind umfangreiche Vorstudien über den Wissensstand verschiedener Personen notwendig. Möglicherweise kommt es zu Überschneidungen: Diejenigen, die über die Machtverhältnisse in einer Gemeinde sehr gut Bescheid wissen, gehören häufig selbst zu den „Machthabern". Wählt man dagegen den repräsentativen Querschnitt der Bevölkerung aus, sind die Kriterien entscheidend, auf die sich die Repräsentativität bezieht: geht es um sozialstrukturelle, politische, regionale (z.B. Stadtteile) oder Interessenrepräsentativität?

Eine wichtige Überlegung bei der Anwendung dieser Methode ist, welche Kriterien man für die Zugehörigkeit zur Elite anlegt: Wieviele Nennungen muss eine Person auf sich vereinigen, wenn sie zur Elite gezählt werden soll? Gibt es auch qualitative Unterschiede (mehr oder weniger einflussreich)? Und schließlich ist bei der Einschätzung der Ergebnisse zu beachten, dass zunächst nur die Reputation gemessen wurde, also nicht der tatsächliche Einfluss, den bestimmte Personen haben. Zur Kontrolle der Ergebnisse müssen sich also auch andere Untersuchungen anschließen, die Auskunft darüber geben, ob einer Person Einfluss zugesprochen wurde, den sie tatsächlich gar nicht hat oder ob es „graue Eminenzen" im Hintergrund gibt, die die Fäden ziehen, deren Einfluss aber in der Öffentlichkeit nicht wahrgenommen wird.

Der Einsatz der Reputationstechnik führt im Ergebnis tendenziell zu einer oligarchischen Machstruktur (vgl. Drewe, 1974: 173).

7.2 Entscheidungstechnik

Die Grundannahme der Entscheidungstechnik ist, dass eine Person einflussreich ist, wenn sie in ganz bestimmten Streitfragen oder Entscheidungssituationen ihren Willen oder ihre Position durchsetzen kann. Dies kann auch bedeuten, dass sie die Vorschläge anderer wirkungsvoll blockieren kann. Mit der Entscheidungstechnik wird also die konkrete Ausübung von Macht rekonstruiert und die Elite anhand dieser Machtausübung identifiziert. Nicht unmittelbar in Entscheidungsprozessen ausgeübte Macht kann mit ihr nicht erfasst werden. Macht kann sich jedoch auch in Form von Nicht-Entscheidungen ausdrücken. Wenn eine einflussreiche Person oder Gruppe solche Konstellationen schaffen kann (oder den Betroffenen die „wahre Lage" so verschleiern können), dass bestimmte Entscheidungssituationen gar nicht erst entstehen, so hat sie dennoch Macht ausgeübt, ohne dass diese mit der Entscheidungstechnik erfasst werden könnte.

Vorgehensweise: Zunächst wählt man einen oder mehrere Entscheidungsprozesse aus, wie z.B. parlamentarische Gesetzgebungsverfahren (vgl. Wasner, 1998: 45/46), Volksbegehren oder Aufsichtsratssitzungen. Diese werden dann näher analysiert: Welche Personen vertreten welche Positionen und wer kann sich aufgrund welcher Einflussressourcen durchsetzen? Die Untersuchung bezieht sich darauf, möglichst den gesamten Entscheidungsprozess zu begleiten und zu ermitteln, welche Personen Einfluss auf ihn nehmen können. Oft bedeutet dies auch, dass die Entscheidungsvorgänge aus Dokumenten (Sitzungsprotokolle, Interviews mit den Beteiligten oder ähnliches) erschlossen und rekonstruiert werden müssen, weil man keinen direkten Zugang zu den Sitzungen der Entscheidungsgremien hat oder weil Absprachen auf informellem Wege erfolgen.

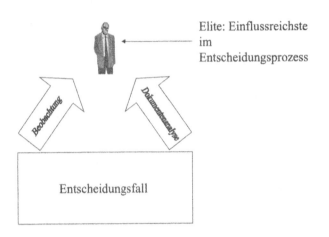

Entscheidend bei dieser Methode ist die Auswahl des Entscheidungs-falles oder der Entscheidungsfälle. Da man anhand dieser Methode nur „punktuelle" Eliten erfassen kann, also nur diejenigen, die jeweils in einem Entscheidungsfall Einfluss geltend machen konnten, sollte der Entscheidungsfall bzw. die Entscheidungssituation möglichst re-präsentativ und nicht nur issue-spezifisch sein. Dabei sollte man sich darüber im Klaren sein, dass nicht alle Streitfragen öffentlich ausge-tragen werden, Entscheidungen, die in den „Hinterzimmern der Macht" getroffen werden, entziehen sich der Entscheidungsmethode. Aktivität wird überbetont, Inaktivität wird nicht erfasst, obwohl Inak-tivität nicht bedeuten muss, dass keine Macht ausgeübt wird.

7.3 Positionstechnik

Die Positionstechnik bezeichnet diejenigen als Elitemitglieder, die Po-sitionen innehaben, die mit weitgehenden Einflussmöglichkeiten aus-gestattet sind (vgl. Drewe, 1974: 167).

Vorgehen: Man beginnt mit der Auswahl eines gesellschaftlichen Sektors. Innerhalb dieses Sektors sind jene Organisationen zu suchen, die einflussreich innerhalb dieses Sektors sind (z.B. große Unternehmen im Sektor Wirtschaft). Innerhalb dieser Organisationen sind dann die Toppositionen samt ihren derzeitigen Inhabern zu ermitteln.

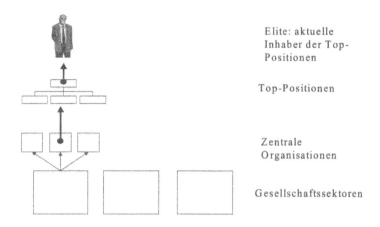

Elite: aktuelle
Inhaber der Top-
Positionen

Top-Positionen

Zentrale
Organisationen

Gesellschaftssektoren

Zu beachten ist, dass eine formale Machtposition zwar eine bedeutende Machtressource ist, aber noch nicht mit tatsächlichem Einfluss gleichzusetzen ist. Felber nennt eine Reihe von Faktoren, die die tatsächliche (über die Position an sich hinausgehende) Machtausübung bestimmen: Interesse an der Einflussnahme, Persönlichkeitsmerkmale (Kraft, Ausdauer, Entscheidungskraft, Überzeugungsfähigkeit...), Verfügung über Informationen, Taktisches Gespür, Geschick im Ausspielen von Machtchancen und die Übereinstimmung unter den verschiedenen Positionsinhabern (vgl. Felber, 1986: 167-172).

7.4 Weitere Ansätze

Neben diesen drei Ansätzen, die vor allem in der deutschen Elitenliteratur als *die* Hauptansätze behandelt werden, gibt es noch einige weitere. Unter diesen hat vor allem der netzwerkanalytische (auch: soziometrische) Ansatz an Bedeutung gewonnen. Versuchte man früher anhand dieses Ansatzes nur das Umfeld und die Kommunikationsbeziehungen von Elitemitgliedern zu analysieren, ging man dazu über, mit diesem Ansatz Eliten zu identifizieren. Es zeigte sich, dass Personen, die enge kommunikative Kontakte zu Elitemitgliedern hatten, entweder selbst (z.b. nach der Positionsmethode) Elitemitglieder waren oder durch den Kontakt mit Mächtigen und Einflussreichen selbst auch eine gewisse Machtfülle hatten (und sei es nur durch kommunikativen Einfluss auf den Mächtigen). Bei der Untersuchung von Eliten greift man meist auf das Instrument der persönlichen Netzwerke zurück, Gesamtnetzwerke kommen weniger in Frage. Diese Netzwerke können in Form einer Matrix, einer Liste oder eines Graphen darstellen. Als Graph dargestellt können persönliche Netzwerke folgende Form annehmen (die Akteure sind als Punkte dargestellt, die verbindenden Beziehungen als Linien):

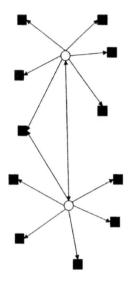

Eliten werden in diesem Fall also als die Netzwerke, die um die Inhaber einflussreicher Personen entstehen, identifiziert. Auch diese Methode erbringt vor allem Ergebnisse, die einer oligarichischen Elitesstruktur entspricht.

Zu erwähnen ist auch der Cleavage-Ansatz. In diesem Ansatz werden alle Personen als einflussreich betrachtet, die Anführer von solchen Gruppen sind, die miteinander in Konkurrenz oder Konflikt stehen. Grundgedanke dabei ist, dass tiefgreifende Konfliktstrukturen eine Gemeinschaft oder Gesellschaft in erheblichem Maße prägen können. Somit haben die Vertreter der Konfliktparteien eine nicht unbeträchtliche Machtfülle. Drewe dagegen bezweifelt, dass dies so ist und spricht dem Cleavage-Ansatz aus diesem Grund den Anspruch ab, ein eigenständiger Ansatz zur Elitenidentifikation zu sein (vgl. Drewe, 1974: 167).

Ähnlich schätzt er auch den Social-Activity-Ansatz ein, den er eher für eine Unterform des Positionsansatzes hält. Bei diesem Ansatz wird davon ausgegangen, dass Personen, die sozial sehr aktiv sind, also in verschiedenen Vereinen und Verbänden aktiv sind, ein umfassendes und dichtes Netzwerk haben und sie dadurch in die Lage kommen, in verschiedenen Organisationen Einfluss zu nehmen. Zur Elite gehören nach diesem Ansatz Personen, die Mitglieder in möglichst vielen Organisationen sind und dort möglichst einflussreiche Positionen einnehmen.

Zu bedenken ist bei all diesen Identifizierungsmethoden, dass mit ihnen jeweils nur „Bestandteil" der Macht gemessen werden kann. So misst die Reputationsmethode die Machtressource des reputierten Einflusses, nicht aber die tatsächliche Macht oder den Einfluss. Ebenso erfassen auch die anderen Ansätze jeweils nur Teilaspekte. Insofern wäre eine Kombination dieser Ansätze von großem Vorteil, weil dadurch die Defizite der einzelnen Ansätze kompensiert werden könnten. Dies scheitert jedoch meist an forschungspraktischen und –ökonomischen Gründen.

Literatur

Moyser, George/Wagstaffe, Margaret (1987) (Hrsg.): Research Methods for Elite Studies. London: Allen & Unwin

Drewe, Paul (1974): Methoden zur Identifizierung von Eliten. In: Koolwijk, Jürgen von/Wieken-Mayser, Maria (Hrsg.): Techniken der empirischen Sozialforschung. Bd. 4, München: C. H. Beck, S. 162-179

Felber, Wolfgang (1986): Eliteforschung in der BRD. Analyse, Kritik, Alternativen. Stuttgart: Teubner

Wasner, Barbara (1998): Parlamentarische Entscheidungsfindung. Einblicke in das schwierige Geschäft der Mehrheitsbeschaffung. Passau: Wissenschaftsverlag Rothe

Teil B

Elitemuster in verschiedenen europäischen Gesellschaften

Im folgenden sollen Elitenprofile in folgenden Gesellschaften dargestellt werden.

- Deutschland
- Frankreich
- Großbritannien
- Italien
- Spanien
- Mittel- und südosteuropäische (postsozialistische) Gesellschaften

1. Unterschiede in den Eliteprofilen

Grundsätzlich ist davon auszugehen, dass es eine Reihe von Faktoren gibt, die Unterschiede in den Eliteprofilen der einzelnen Gesellschaften verursachen. Dies sind zum einen politische und makrosoziologische Faktoren. Als entscheidend sind wohl folgende fünf Ursachen(bündel) zu erachten:

- politisches System
- politische Kultur
- Bildungssystem
- Gewicht einzelner Gesellschaftssektoren
- sozialstrukturelle und sozio-ökonomische Faktoren

1.1 Politisches System

Das politische System spielt deshalb eine wichtige Rolle für das Elitenmuster einer Gesellschaft, weil es nicht nur die politische Elite strukturiert, sondern auch die Rolle und Gestaltungsmöglichkeiten anderer Eliten davon mittelbar oder unmittelbar betroffen sind. Augenfällig ist natürlich der Unterschied zwischen einem demokratischen und einem totalitären System: Sie bringen jeweils verschiedene Elitemuster hervor. Aber auch zwischen demokratisch verfassten Gesellschaften zeigen sich erhebliche Unterschiede. Diese sind auf folgende unterschiedlichen Strukturen zurückzuführen:

- Parlamentarisches oder präsidentielles Regierungssystem: Die Unterschiede in den Wahlverfahren und der damit verbunden Auswahl des politischen Personals ergeben unterschiedliche Elitemuster. Parlamentarische Regierungssysteme führen eher zu Parteikarrieren, zum langsamen sequentiellen Aufstieg auf verschiedenen politischen Positionen, präsidentielle Regierungssysteme ermöglichen eher Blitzkarrieren und den Übergang von Spitzenpositionen eines gesellschaftlichen Systems in ein anderes.

- Ein- oder Zweikammern-Parlament: Zum einen bieten Zweikammern-Parlamente ein größeres „Auswahlreservoir" für die Rekrutierung von Personal in Spitzenämter. Zudem bieten sie die Chance zu einer breiteren Interessenrepräsentation in der politischen Elite.
- Föderalistischer oder zentralistischer Staatsaufbau: In zentralistisch organisierten Staaten liegt häufig eine höhere Machtkonzentration im staatlichen Zentrum vor. In föderalistisch organisierten Staaten ist diese meist nicht so hoch. Der Grad der Machtkonzentration ist wesentlich beeinflusst von den Kompetenzen und Befugnissen der Gliedstaaten.
- Wahlsystem: Die verbreitetsten Formen sind Verhältniswahlsystem, Mehrheitswahlsystem und Mischsysteme. Das Verhältniswahlsystem führt zwar einerseits zu einer recht genauen parteipolitischen Widerspiegelung des Wählerwillens im Parlament, kann jedoch auch zu einer hohen Fragmentierung führen. Sperrklauseln (wie in Deutschland 5%) sollen dies verhindern. In politischen Systemen, in denen nach dem Mehrheitswahlsystem gewählt wird, ist die Tendenz gegeben, dass die parteipolitische Kohäsion der politischen Elite geringer ist, weil die einzelnen Mandatsträger ihr Amt weniger der Partei zu verdanken haben als ihrer eigenen „Wahlkampfperformance". Zudem gehen regelmäßig bis zu 50% der Wählerstimmen verloren, nämlich derjenigen Wähler, die den unterlegenen Kandidaten gewählt haben. Aufgrund dieser Probleme finden in vielen politischen Systemen Mischformen Anwendung.

1.2 Politische Kultur

Die politische Kultur in einer Gesellschaft ist bestimmend für die Legitimationsbasis der Eliten. Sie ist vor allem geprägt von den sozialen, ökonomischen und konfessionellen Konflikten einer Gesellschaft. Elitemitglieder sind insofern häufig auch Vertreter unterschiedlicher Konfliktparteien, wie oben bei den Identifizierungsmethoden gezeigt.

Die Frage, ob eine Gesellschaft eher konfliktiv oder konsensorientiert ist, hat also auch Auswirkungen auf das Eliteprofil dieser Gesellschaft. Die wichtigsten Cleavage-Strukturen in Europa beziehen sich auf folgende Dimensionen: Kapital – Arbeit, Kirche – Staat, Zentrum – Peripherie und in jüngerer Zeit der Konflikt zwischen materialistischen und postmaterialistischen Werten. Entlang dieser Konfliktlinien haben sich nicht nur die Parteiensysteme gebildet, sondern auch zivilgesellschaftliche Organisationen.

Neben der Konfliktstruktur haben für die Elitenbildung „Systembrüche" eine besondere Bedeutung. In Europa sind drei Formen des „Systembruchs" auffindbar:

- der Übergang von den faschistischen Regimen zu Demokratien in der Mitte des 20. Jahrhunderts (z.b. Deutschland, Italien)
- der Übergang von diktatorischen Regimen zur Demokratie in den 70er Jahren des 20. Jahrhunderts (z.b. Spanien, Griechenland)
- der Übergang von sozialistisch-kommunistischen Regimen zu Demokratien am Ende des 20. Jahrhunderts (z.b. „Ostblockstaaten")

Gerade in Gesellschaften, in denen es zu solchen Brüchen nicht kam, haben stabile Elitenrekrutierungsmuster und relativ geschlossene Eliten, wie etwa Großbritannien. Sie haben traditionsreiche Elitebildungsanstalten und Karrierewege, die privilegierte Gruppen in die Elitepositionen bringen. In den Staaten, in denen ein radikaler Wandel des politischen Systems vollzogen wurde (mit den begleitenden Problemen des Elitenaustausches) sind solche Strukturen nicht vorhanden, denn gerade die „Elite" spielte in den Diktaturen eine so herausragende Rolle, dass später allen Eliten mit größtem Misstrauen begegnet wurde und irgendwelche „Eliteeinrichtungen" keinerlei Akzeptanz gefunden hätten. Die erwähnten Systembrüche hatten also eine entscheidende Wirkung: Sie führten zu einer Demokratisierung der Eliten. In den neu entstandenen Demokratien hatten die Eliten vor allem für Legitimität durch Responsivität zu sorgen, der Anschein irgendwelcher Privilegierungen oder Formen von Nepotismus sollte sorglich vermieden werden (was in Italien nur unzureichend gelang). In Frankreich und Großbritannien dagegen konnten sich Elitenrekrutierungsmuster erhalten, die denen zu Beginn des 20. Jahrhunderts entsprechen, die Modernisierungs- und Demokratisierungsschübe, die die Systembrüche in den anderen Gesellschaften auslösten, fehlen hier ganz offenbar.

1.3 Bildungssystem

Das Bildungssystem spielt eine zentrale Rolle für die Chancengleichheit innerhalb der Gesamtgesellschaft, vor allem aber auch hinsichtlich des Zugangs zu gesellschaftlichen Spitzenpositionen. Voraussetzung für diesen Zugang ist meist eine Hochschulausbildung. Die „Akademisierung" der Eliten ist in allen Bereichen fortgeschritten. Aufgrund dessen kann die Aufmerksamkeit im Hinblick auf die Eliten vor allem der Hochschullandschaft gelten. Man sollte jedoch auch den Bereich der Schule nicht ganz vernachlässigen, weil sie ja die Voraussetzungen für den Hochschulbesuch vermittelt und zudem auch eine wichtige Rolle bei der Verwirklichung der Chancengleichheit hat. Im Bereich der Hochschulbildung ist die Frage, ob es ein einheitliches Hochschulsystem gibt oder ist es geteilt in aussichtsreiche und weniger aussichtsreiche Hochschulbildungsanstalten (vgl. Frankreich)? Gibt es bestimmte Hochschulen (Orte), die man besucht haben muss, um eine Elitekarriere machen zu können (z.B. Oxford in Großbritannien)? Gibt es bestimmte Studienfächer, die am „eliteträchtigsten" sind (in Deutschland beispielsweise Jura)? Bourdieu wies nachdrücklich darauf hin, dass das Bildungssystem die sozialen Hierarchien reproduziert und dies nicht nur durch die Chancen, überhaupt eine Hochschule besuchen zu können, sondern beispielsweise auch durch die Wahl der Studienfächer (vgl. Bourdieu, 1982: 605). Ob dies auch in anderen Gesellschaften in gleicher Weise zutrifft, wird zu zeigen sein.

1.4 Gewicht einzelner Sektoren

Moderne Gesellschaften zeichnen sich durch die hochgradige Ausdifferenzierung gesellschaftlicher Sektoren (oder Systeme) aus. Diese verschiedenen Funktionsbereiche sind relativ unabhängig voneinander und bringen somit auch ihre jeweils eigenen Eliten hervor (wobei natürlich keineswegs davon auszugehen ist, dass diese Eliten nicht auf die eine oder andere Weise miteinander verbunden sind). Nicht jeder dieser Sektoren (und damit ihre Funktionseliten) hat die gleiche Bedeutung, die gleichen Einflusschancen. Aus diesem Grund werden in umfassenden Elitestudien bestimmte Sektoren berücksichtigt, andere dagegen nicht. Folgende Sektoren wurden beispielsweise in der Potsdamer Elitenstudie untersucht:

- Politik
- Verwaltung[1]
- Wirtschaft
- Finanzwirtschaft
- Wirtschaftsverbände
- Gewerkschaften
- Berufsverbände
- Justiz
- Wissenschaft
- Massenmedien
- Kultur
- Kirche
- Umwelt- und sonstige zentrale Organisationen der neuen sozialen Bewegung
- Militär

Die Frage ist nun, wie groß der Einfluss und das Gewicht der einzelnen Sektoren ist und welche „Balance" zwischen den Sektoren herrscht. Mit entsprechender Macht sind ihre jeweiligen Eliten ausgestattet.

---

1   Peters entwarf vier verschiedene Modelle zur Formation der Verwaltungselite:
   - das (englische) Oxbridge-Modell: Diplome bestimmter Bildungsanstalten werden bevorzugt, insbesondere solche, die eine humanistische, generalistische, nicht juristische Ausbildung ermöglichen.
   - „legal training": Jura als Studienfach wird bevorzugt, weil die Aufgaben der Verwaltung als relativ begrenzt betrachtet werden (v.a. in Deutschland, Österreich, Niederlande, Skandinavien),
   - das französische Modell: notwendig ist die Ausbildung in ganz bestimmten Ausbildungsstätten (v.a. ENA), um den Weg in die Verwaltungselite finden zu können; die Verflechtung zwischen der Verwaltungselite und der politischen Elite ist sehr hoch.
   - das amerikanische Modell: wo es keinen ausgeprägten Beamtenapparat gibt und deshalb auch keinen „Königsweg" in die Verwaltungselite; man muss vielmehr auf einem bestimmten Themenfeld praktische Erfahrung gewonnen haben, zu den einschlägigen Interessengruppen Kontakte pflegen, um so in die Verwaltungselite aufsteigen zu können. (vgl. Righettini, 1997: 198)

1.5 Sozialstrukturelle und sozio-ökonomische Faktoren

Bei den sozialstrukturellen und sozioökonomischen Faktoren sind historische Entwicklungsprozesse entscheidend für die Elitenbildung. Wie Dahl zeigte, ist der sozioökonomische Entwicklungsstand der Gesellschaft entscheidend dafür, welche Gruppen einer Gesellschaft in Elitepositionen aufrücken können; so ist es relativ unwahrscheinlich, dass in einer industriellen oder postindustriellen Gesellschaft beispielsweise Landwirte eine sehr große Bedeutung im Bereich der Eliten haben. So nahm der Anteil der Parlamentsabgeordneten, deren Hauptberuf im Agrarbereich lag, in der Zeit von 1848 (in Deutschland vor allem seit ca. 1900) bis 1994 ganz erheblich ab (vgl. Best, 1997: 17)

Von Bedeutung ist natürlich auch die soziale Ungleichheit einer Gesellschaft, also die ungleiche Verteilung des Zugangs zu den wertvollen Gütern einer Gesellschaft. Meist stellen die Eliten einen Extrempol in dieser Verteilung dar: Sie besitzen nicht nur ein Höchstmaß an Macht und Einfluss, sondern meist auch ein hohes Einkommen und Vermögen, hohe Bildungsabschlüsse und Prestige. Die Ungleichheitsstruktur einer Gesellschaft gibt auch Aufschluss darüber, wie sehr die Reproduktion dieser Vorteile von der Elite oder Oberschicht monopolisiert werden kann, ob in einer Gesellschaft annähernde Chancengleichheit (auch hinsichtlich des Zugangs zu Elitepositionen) besteht oder nicht.

Literatur

Best, Heinrich (1997): Politische Modernisierung und Elitenwandel 1848-1997. Die europäischen Gesellschaften im intertemporal-interkulturellen Vergleich. In: Historical Social Research 22 (3/4), S. 4-31

Kaase, Max (1982): Sinn oder Unsinn des Konzepts „Politische Kultur" für die vergleichende Politikforschung. Oder auch: Der Versuch, einen Pudding an die Wand zu nageln. In: Kaase, Max/Klingemann, Hans D. (Hrsg.): Wahlen und Politisches System, Studien zur Bundestagwahl 1980. Opladen: Westdeutscher Verlag, S. 144-171

2. Deutschland

In der Bundesrepublik Deutschland wurden in den Jahren 1968, 1972, 1981 und 1995 umfangreiche Elitenstudien durchgeführt. Während sich die ersten drei Studien nur mit den bundesrepublikanischen Eliten beschäftigten, wurden in der jüngsten Studie auch die Eliten der neuen Bundesländer mit einbezogen. Aus diesem Grund wird vor allem auf diese letztere Studie Bezug genommen, nicht nur der Aktualität wegen, sondern auch, weil in ihr auch die Ergebnisse der früheren Studien zum Vergleich herangezogen wurden (vgl. Bürklin, 1997: 18-21).

2.1 Politisches System

Das Regierungssystem der Bundesrepublik ist ein parlamentarisches. Dies bedeutet, dass die Karrieren der politischen Elite meist durch den „Gang durch die Institutionen" geprägt sind. Die Stellung der Parteien ist sehr stark, politische Karrieren sind damit immer auch Parteikarrieren. Dazu kommt das föderale Element: Der regionale Faktor ist von großer, jedoch eher abnehmender Bedeutung. Wie sich dies auf die Zusammensetzung der politischen Elite auswirkt, zeigt von Beyme: Die süddeutschen Länder waren in den meisten Kabinetten besser repräsentiert sind als andere (vgl. v. Beyme, 1999: 247). Zusammengenommen bedeutet dies, dass politische Spitzenpositionen nach einer Karriere erreicht werden, die gekennzeichnet ist durch den sequentiellen Aufstieg auf verschiedenen politischen Ebenen (Kommunen, Regionen, Länder, Bund) und Parteiämtern auf verschiedenen Hierarchiestufen (vgl. Herzog). Das Zwei-Kammern-System Deutschlands verstärkt den Einfluss der Länder; mit dem Bundesrat haben sie ein machtvolles Instrument, um die erste Kammer, den Bundestag und damit auch die Bundesregierung, wirkungsvoll zu kontrollieren. Die Elite der Länderkammer spielt also keineswegs die „zweite Geige"; die entsprechenden Positionen sind mit großen Machtressourcen ausgestattet.

135

In Deutschland findet ein Mischsystem aus Verhältnis- und Mehrheitswahlsystem Anwendung. Die Hälfte der Sitze (beispielsweise des Bundestages) werden nach dem Mehrheitswahlsystem (die sogenannte erste Stimme), die andere Hälfte nach dem Verhältniswahlsystem (Zweitstimme) vergeben. Der Vorteil dieses Mischsystems ist, dass eine gemischte Elite zustande kommt: Profilierte Stimmenmaximierer (oder Wahlkämpfer mit einem starken Rückhalt in ihrem Wahlkreis) sind die eine Hälfte der Gewählten, während die andere Hälfe auf Parteilisten den Weg ins Parlament findet. Somit kann man von einer gemischten Orientierung der Abgeordneten ausgehen: Ein Teil besteht aus wahlkreis- und wählerorientierten Stimmenmaximierern, während der andere Teil eher sach- und verfahrensorientierte Experten, „Technokraten", umfasst.

2.2 Politische Kultur

Zahlreiche Forscher beschäftigten sich mit der Frage, inwieweit die politische Kultur der Bundesrepublik von der traumatischen Erfahrung des Nationalsozialismus geprägt war oder blieb. Hier ist festzuhalten, dass sich die Legitimität des neuen demokratischen politischen Systems recht rasch stabilisierte. Die Bürger begannen schnell, Vertrauen in die Institutionen zu entwickeln (vgl. v. Beyme, 1999: 70/71). Dabei ist die generelle Unterstützung des politischen Systems besonders hoch, die Zustimmungswerte für bestimmte Regierungen dagegen immer etwas niedriger (vgl. v. Beyme, 1999: 74). Dies zeigt, dass die Deutschen mit ihrem politischen System zufrieden, bei konkreten Sach- oder Personalfragen jedoch kritisch sind. Das Vertrauen in die verschiedenen politischen Institutionen ist nicht gleich verteilt. Zum Beispiel die Parteien genießen – trotz der deutschen Tradition der Parteienaversion – relativ hohe Akzeptanz. Insbesondere der Parteienpluralismus fand in der Nachkriegszeit zunehmende Anerkennung. Vor allem aber die unparteiischen Institutionen (z.B. das Bundesverfassungsgericht) erfreuen sich des Vertrauens der Bevölkerung. Seit der Wiedervereinigung sind vor allem die Gerichte und die Polizei für die Bevölkerung zunehmend vertrauenswürdiger geworden, während die Medien (insbesondere das Fernsehen) an Vertrauenswürdigkeit verloren haben (vgl. v. Beyme, 1999: 77).

Nach wie vor ist die Identifikation mit der Nation sehr gering; die Deutschen weisen einen sehr geringen Nationalstolz auf. Damit einher geht, dass die Ausländerfeindlichkeit durchschnittlich in Deutschland laut Umfragen relativ (im internationalen Vergleich) gering ist.

Die deutschen Bürger haben grundsätzlich das Gefühl, nicht sehr viel politisch bewirken zu können (meist wird dies unter dem Stichwort „Politikverdrossenheit" diskutiert). Aus diesem Grund ist auch die Bereitschaft zur Partizipation nicht besonders hoch. Insbesondere unkonventionelle (möglicherweise sogar gewaltsame) Formen der politischen Partizipation werden meist abgelehnt. Selbst Jugendliche zeigen sich in dieser Hinsicht laut Umfragen als relativ konfliktscheu. Jedoch ist in dieser Hinsicht in den letzten Jahren ein Wandel zu verzeichnen: „Nichtkonventionelle Formen der Teilnahme und neue Muster einer stark an Problemen orientierten neuen Politik – neben und außerhalb der Institutionen – breiteten sich aus." (v. Beyme, 1999: 78).

Eine der wichtigen Fragen der politischen Kulturforschung in Deutschland ist – und wird es vermutlich auch noch eine Weile bleiben –, ob sich die politischen Kulturen Ost- und Westdeutschlands sehr stark voneinander abweichen, sich allmählich angleichen oder ob mit der Wiedervereinigung ein neues Cleavage entstanden ist, das Ost-West-Cleavage.

Die deutsche Parteienlandschaft spiegelt die grundlegende Konfliktstruktur relativ gut wieder: Die SPD repräsentiert den historischen Konflikt zwischen Kapital und Arbeit; die CDU/CSU sowohl den Kirche-Staat-Konflikt als auch das konservative Cleavage (Adel-Bürgertum), für das auch die FDP steht. Der Widerspruch zwischen materialistischer und postmaterialistischer Orientierung manifestiert sich in den Grünen, der Ost-West-Gegensatz brachten den Erfolg der PDS hervor. Der Ost-West-Gegensatz wird nicht nur an der Existenz der PDS deutlich, sondern zeigt sich auch in den Unterschieden hinsichtlich der Eliten in Ost- und Westdeutschland, der unten noch verdeutlicht wird.

2.3 Bildungssystem

Bestimmte Elitebildungsanstalten gibt es in Deutschland nicht. Es gibt zwar sehr renommierte Universitäten, aber deren Besuch führt noch nicht zu einer Privilegierung im Karriereweg. Dennoch zeigen Untersuchungen, dass Mitglieder der politischen Elite besonders häufig an den Universitäten Frankfurt, München, Tübingen und Hamburg studiert hatten. Bei den Verwaltungseliten waren es insbesondere Köln, Freiburg, Göttingen und Heidelberg (vgl. v. Beyme, 1999: 255). Es handelt sich also jeweils um große Universitäten und die hohe Zahl ihrer Absolventen spiegelt sich in der Elite wider. Ähnliches lässt sich hinsichtlich des Studienfachs feststellen: Die hohe Anzahl der Juristen in den Eliten kann wohl durch die hohe Absolventquote in diesem Fach erklärt werden. Die starke Dominanz der Juristen scheint sich aber allmählich zu verringern, während die Wirtschaftswissenschaftler mehr und mehr aufholen und ansonsten die unterschiedlichsten Studiengänge in der Elite vertreten sind (vgl. Schnapp, 1997b: 111). Aus diesen Befunden ergibt sich, dass die integrative Wirkung, die sich aus dem Besuch bestimmter Hochschulen oder dem Studium bestimmter Fächer ergibt, in Deutschland nur geringe oder keine Wirkung entfalten kann; die Kohäsion der Eliten kann durch diese Faktoren nicht gesteigert werden.

Dasselbe gilt für den schulischen Bereich: Es existieren zwar eine Anzahl von privaten Schulen mit hohem Niveau, aber eine höhere Wahrscheinlichkeit, in die Elite aufzusteigen, ergibt sich aus dem Besuch solcher Schulen noch nicht. Der Bereich der staatlichen Schulen ist der Kulturhoheit der Länder unterstellt, was zu gewissen regionalen Unterschieden im Bildungssystem führt. Weit verbreitet ist das dreigliedrige Schulsystem, das auf einer frühen Differenzierung nach Leistungsniveau beruht. Dies scheint ein Faktor zu sein, der die hohe Reproduktion sozialer Ungleichheit im deutschen Schulsystem miterklärt. Die PISA-Studie der OECD ergab große Defizite im deutschen Bildungssystem, die unter anderem darauf zurückzuführen sind, dass die Bildungschancen der Kinder stark vom Einkommen der Eltern, deren Beruf und deren Schulabschluss abhängig sind. Insofern ist davon auszugehen, dass ein hoher sozialer Status der Eltern zu Bildungsvorteilen der Kinder führt.

2.4 Gewicht einzelner Gesellschaftssektoren

Sicherlich ist in Deutschland ein besonderes Gewicht der politischen, administrativen (wegen ihres engen Bezugs zu politischem Entscheidungshandeln) und der wirtschaftlichen Eliten hervorzuheben (vgl. Machatzke, 1997: 39, 41 und 43). In die Potsdamer Elitenstudie wurden folgende Sektoren einbezogen: Politik, Verwaltung, Wirtschaft, Finanzwirtschaft, Wirtschaftsverbände, Gewerkschaften, Berufsverbände, Justiz, Wissenschaft, Massenmedien, Kultur, Kirchen, zentrale Organisationen (Umweltverbände und andere Organisationen der neuen sozialen Bewegung) und Militär (vgl. Machatzke, 1997). „Die Sektoren sowie die Organisationen und Positionen derselben wurden anhand der Bedeutung, die sie für den gesamtgesellschaftlichen Willenbildungs- und Entscheidungsprozeß haben, festgelegt. Organisationen, deren Einflussnahme nicht primär auf gesamtgesellschaftliche Entscheidungsprozesse ausgerichtet ist, sondern eher auf eine interne Interessenwahrnehmung, wie z.b. Sportorganisationen oder das Deutsche Rote Kreuz, wurden nicht berücksichtigt." (Machatzke, 1997: 38)

2.5 Sozialstrukturelle und sozio-ökonomische Faktoren

Um die deutsche Sozialstruktur zu beschreiben, sind klassische Schichtmodelle nur noch begrenzt brauchbar. Die neuere Sozialstrukturanalyse bedient sich vor allem der Milieumodelle, die den Vorteil haben, nicht nur soziales „Höher" und „Tiefer" zu berücksichtigen, sondern auch andere Merkmale wie politische Einstellungen und Konsumhaltungen.

Zum sozialstrukturellen Vergleich zwischen Bevölkerung und Elite wird das Konzept der Dienstklasse angewandt. Man geht dabei von folgender Einteilung aus:

– Obere Dienstklasse: Selbständige mit mehr als 10 Mitarbeitern, bzw. Professionelle (z.B. Ärzte) mit mehr als 1 Mitarbeiter, Beamte, Richter und Angestellte im höheren Dienst, Angestellte mit Führungsaufgaben
– Untere Dienstklasse: Professionelle allein oder mit einem Mitarbeiter, mittlere Beamte und Angestellte usw.
– Nicht-Dienstklasse: Nichterwerbstätige, Landwirte, kleine Selbständige, Arbeiter, Beamte und Angestellte im einfachen Dienst usw. (vgl. Schnapp, 1997a: 73)

Im Jahr 1995 verteilten sich diese Klassen in der deutschen Bevölkerung folgendermaßen (im Vergleich dazu die Verteilung in den Eliten):

	Nicht-Dienstklasse	untere Dienstklasse	obere Dienstklasse
Bevölkerung	73%	21%	6%
Elite	35%	31%	35%

Quelle: nach Schnapp, 1997a: 77

2.6 Profil deutscher Eliten

Die jüngste umfassende Untersuchung der deutschen Eliten wurde 1995 mit der Potsdamer Elitestudie (herausgegeben von Wilhelm Bürklin) vorgelegt. Sie knüpft an die Mannheimer Elitestudie (Ursula Hoffmann-Lange) an.

Grundsätzlich ist festzuhalten, dass sich in Deutschland die verschiedenen Eliten in bezug auf ihre soziale Herkunft stark ähneln, lediglich die Gewerkschafts- und Militäreliten entsprechen nicht ganz dem allgemeinen Bild (vgl. Schnapp, 1997b: 105). Hinsichtlich der Konfessionszugehörigkeit und religiösen Bindung zeigt sich, dass die Eliten eine recht geringe religiöse Bindung aufweisen und dass Konfessionslose und Protestanten im Vergleich zur Bevölkerung überrepräsentiert sind. Frauen sind in den Eliten nach wie vor unterrepräsentiert, was jedoch mit den Faktoren Erwerbstätigkeit oder Bildungsniveau erklärt werden kann, weil Frauen in diesen Bereichen erheblich aufgeholt haben und somit die Unterrepräsentation aufgrund dieser Nachteile nicht mehr gerechtfertigt ist. Der Frauenanteil ist lediglich in der politischen Elite relativ hoch, weil in den 80er Jahren Bestrebungen nach einer gezielten Frauenförderung von den Parteien aufgenommen wurde. Dabei verfolgten die verschiedenen Parteien unterschiedliche Strategien, die größten Anstrengungen unternahmen dabei die Grünen, die eine 50%ige Frauenquote festschrieben.

Da in Deutschland verbindliche Rekrutierungskanäle fehlen, die man durchlaufen muss, um an die Spitze zu gelangen, ist zu erwarten, dass die Elitenkohäsion relativ gering ist. Dies bestätigt sich jedoch nur zum Teil, denn es lässt sich durchaus eine gewisse Kohäsion feststellen und dies über sektorale Grenzen hinweg. Das bedeutet, dass die Eliten trotz der hohen gesellschaftlichen Differenzierung als integriert gelten können. Diese Integration geht nach Schnapps Einschätzung vorrangig aus institutionell verankerten und öffentlich anerkannten Strukturen hervor (vgl. Schnapp, 1997b: 121). Überdies scheint sich in den Eliten eine Art der Arbeitsteilung herauskristallisiert zu haben. So lassen sich in jedem Sektor Elitemitglieder finden, die als hochgradige Spezialisten für ihren Bereich gelten können. Sie sind meist diejenigen, die klassische Karrieren des allmählichen Aufstiegs innerhalb dieses Bereichs hinter sich haben. Die anderen (meist Späteinsteiger) können eher als Universalisten gelten, sie haben auch Erfahrungen in anderen Bereichen gesammelt und sind deshalb vor allem für den Austausch mit anderen Sektoren besonders geeignet. Insofern ist sowohl Sachkompetenz als auch „Sozialkompetenz" in den Eliten aller gesellschaftlicher Sektoren vorhanden.

Eine wichtige Frage in Deutschland ist auch, inwieweit sich die ost- und westdeutschen Eliten einander annähern und sich ihre Rekrutierungsmuster ähneln. Inzwischen gilt in der politischen Elite für Ostdeutsche etwa ähnliches wie für Frauen: sie werden in Quoten berücksichtigt.

Die Verflechtung bzw. der Austausch zwischen den verschiedenen gesellschaftlichen Sektoren ist in bezug auf die Eliten gering. Der Wechsel zwischen Spitzenpositionen in der Politik, der Verwaltung und der Wirtschaft, der z.B. in Frankreich sehr häufig ist, ist in Deutschland kaum zu finden. Üblich ist nur, dass „ausgediente" Politiker an die Spitze von Verbänden wechseln oder Berater in Wirtschaftsunternehmen werden (vgl. v. Beyme, 1999: 261).

Hartmanns Untersuchungen der deutschen Wirtschaftselite macht deutlich, dass diese nicht so offen ist, wie immer angenommen. Auch hier ist eine „Oberschichtdominanz" zu beobachten. Er stellt fest, dass die Karrierechancen bei gleich hohem Bildungsabschluss von Kinder aus dem gehobenen oder dem Großbürgertum durchschnittlich um 50 bis 100 Prozent besser sind (vgl. Hartmann/Kopp, 2001: 458).

Da sich Elitenbildungsstätten in Deutschland nicht etablieren konnten, sind also andere Kriterien bei der Auswahl entscheidend. Hartmann nennt vor allem Persönlichkeitsmerkmale: „Der Kandidat muss die in solchen Positionen üblichen Umgangsformen beherrschen und die dort geltenden ungeschriebenen Regeln kennen; er muss ein hohes Maß an Souveränität im Auftreten und eine relativ große Allgemeinbildung besitzen; schließlich muss er eine optimistische Lebenseinstellung aufweisen und über ein hohes Maß an unternehmerischem Denken verfügen." (Hartmann, 2001: 184). Eine besondere Bedeutung haben in diesem Zusammenhang die jeweiligen Ehefrauen der Elitemitglieder, deren Aufgabe in der Bereitstellung des „richtigen" und angemessenen Lebensumfeldes besteht (vgl. Böhnisch, 1999).

Nach wie vor (bzw. inzwischen mehr als früher) ist die Konfessionszugehörigkeit ein Selektionskriterium der Elitenrekrutierung. Katholiken sind unter-, Protestanten über- und Konfessionslose stark überrepräsentiert. Ursula Hoffmann-Lange führt dies auf zwei Faktoren zurück:

– auf die strukturelle Benachteiligung der Katholiken (leben überwiegend in nicht-städtischen Gebieten mit einer traditionellen Wirtschaftsstruktur, was auch Nachteile hinsichtlich der Bildungseinrichtungen mit sich bringt) und
– ihre geringere Aufstiegsmotivation (vgl. Hoffmann-Lange, 1984: 116).

Elitenzirkulation

In Deutschland spielte die Frage nach dem Austausch der Elite nach dem Wechsel des politischen Systems mehrmals eine wichtige Rolle:

– nach dem Übergang von der Monarchie zur Republik;
– nach dem Ende der nationalsozialistischen Herrschaft;
– nach dem Untergang der DDR.

Dabei stand immer die Frage im Vordergrund: Ging mit dem Wechsel des politischen Systems auch ein Wechsel der Elite einher? Exemplarisch soll dieses Problem anhand der Überlegungen nach dem Ende der nationalsozialistischen Herrschaft dargestellt werden.

Insgesamt gesehen gibt es drei große Thesen zu diesem Problem (die vor allem anhand der Situation nach dem zweiten Weltkrieg entworfen wurden):

1. Die erste These bezieht sich darauf, dass Eliten über Erfahrungen und Know-how verfügen, die für eine Gesellschaft unabdingbar notwendig sind. So achteten die Alliierten nach dem Zweiten Weltkrieg darauf, dass die Inhaber der Spitzenpositionen (vor allem des politischen Systems) aus ihren Ämtern entfernt wurden (soweit

sich dieses Problem nicht von selbst erledigte). Jedoch konnte man auf das Wissen und die Erfahrung z.B. von Spitzenbeamten in den Verwaltungen nicht verzichten. Diese wurden deshalb vielfach (nach entsprechenden Entnazifizierungsmaßnahmen und demokratischer Schulung) in ihren Ämtern belassen.

2. Da das NS-Regime von relativ kurzer Dauer war[1], konnte man auf frühere Eliten zurückgreifen. Gerade im politischen Bereich zeigte sich, dass viele Politiker, die bereits in der Weimarer Zeit tätig waren, gerne wieder in der Bundesrepublik politische Ämter übernahmen. Sie gehörten zu denjenigen, die das Hitler-Regime ablehnten und deshalb in den Untergrund gingen, sich Widerstandsgruppen anschlossen oder ins sichere Exil im Ausland flohen. Die neu gegründeten Parteien verließen sich zum großen Teil auf die politische Erfahrung dieser wieder aufgetauchten oder wieder eingewanderten Politiker.

Ein erheblicher Aderlass war hier in der wissenschaftlichen und intellektuellen Elite zu verzeichnen (vgl. Krohn, 2001): Viele bedeutende Wissenschaftler flohen vor Hitler ins Ausland (die meisten nach Amerika), teils weil sie Juden oder jüdischer Abstammung waren oder weil sie sich offen gegen die Machtübernahme Hitlers gewandt hatten. Die meisten dieser Wissenschaftler fanden in den USA sehr viel bessere Bedingungen vor als sie ihnen Deutschland nach dem Krieg hätte bieten können. Aus diesem Grund ist kaum ein bedeutender Wissenschaftler nach Deutschland/Österreich zurückgekehrt.

3. Schließlich ist die dritte These, dass es eine große Anzahl von Leuten geschafft haben, ihren Status aus der NS-Zeit herüberzuretten, weil sie es durch die Bildung von Seilschaften geschafft hätten, ihre Vergangenheit zu verschleiern oder geheim zu halten. Sie hätten es durch schnelles und geschicktes Anpassen an die neuen demokratischen Verhältnisse einerseits und durch Manipulation und Verdunklung der eigenen Vergangenheit andererseits, geschafft, ihre Elite-Position zu erhalten.

Ergebnisse von Studien zum Elitenwechsel nach dem Ende des NS-Regimes zeigen, dass nicht in allen Bereichen ein ähnlicher Wechsel

---

1 Dies war nach dem Fall der Mauer nicht der Fall, diese These kann deshalb auf die Wende in Ostdeutschland nicht übertragen werden.

stattgefunden hat. Z.B. waren die meisten Spitzenpolitiker der SPD auch schon in der Weimarer Zeit Berufspolitiker gewesen; während der NS-Zeit waren die meisten von ihnen im Widerstand oder im Exil. Der größte Teil der Inhaber von Spitzenpositionen in der Verwaltung hatte diese Position auch schon während des NS-Regimes inne. Die größte Elitenkontinuität findet sich in den beiden großen Kirchen. Dabei muss aber beachtet werden, dass gerade die kirchlichen Spitzen auf evangelischer Seite häufig im Widerstand tätig waren, teilweise auch verfolgt oder verhaftet wurden. Die Machthaber des NS-Regimes schafften es nicht, die Besetzung der kirchlichen Ämter zu steuern und mussten deshalb diese Gegenelite „im Zaum halten" oder bekämpfen. Die Spitzenpositionen in der Wirtschaft, im auswärtigen Dienst und beim Militär hatten ungefähr zur Hälfte die gleichen Leute inne, die diese Positionen auch unter Hitler besetzt hatten.

Zapf beschäftigte sich ausführlich mit diesem Thema. Er analysierte die Eliten der unterschiedlichen gesellschaftlichen Funktionsbereiche und stellt fest, dass die politischen Eliten im Zeitraum zwischen 1919 und 1961 ihren Charakter zweimal auffällig verändert haben. In der Weimarer Republik war die Zirkulation überdurchschnittlich hoch, in der Nazizeit sehr gering. In der Bundesrepublik dann war die Elite stabiler als in der Weimarer Zeit, aber weniger starr als zu Hitlers Zeiten (vgl. Zapf, 1965: 123/124). Bei den Verwaltungseliten lässt sich diese Entwicklung nicht beobachten, ihre Zirkulationsrate blieb in etwa gleich. Die stabilsten Eliten (also diejenigen, die die geringsten Zirkulationsraten aufweisen) sind nach Zapfs Erkenntnis die kirchlichen und die wirtschaftlichen Eliten. Dabei ist jedoch festzustellen, dass die Austauschraten in der wirtschaftlichen Elite mehr und mehr zugenommen haben (vgl. Zapf, 1965: 128). Grundsätzlich hält Zapf fest, dass nach jeder „Revolution" (Hitlers Machtübernahme, Gründung der Bundesrepublik) zunächst eine Phase relativer Konsolidierung folgt und später die Zirkulationsraten wieder zunehmen („die Wachablösung der Revolutionäre, Pioniere und Veteranen durch die Verwalter und Spezialisten" (Zapf, 1965: 131)).

Aktuell wurde dieses Thema wieder nach der deutschen Wiedervereinigung, als natürlich die Frage aufkam, welche Elitenzirkulations- Prozesse stattfinden oder stattgefunden hatten und wie die Ablösung von der nationalsozialistischen Diktatur in der DDR bewältigt wurde. Hier wurden nach dem zweiten Weltkrieg im Zuge der „antifaschistischen Umwälzung" alle Spitzenpositionen von SED-Aktivisten besetzt. Problematisch dabei war, dass diese häufig nicht über die erforderlichen Kompetenzen verfügten und es zudem nicht selten zu Konflikten zwischen diesen Funktionären kam. Oft wurden diese Konflikte durch „Säuberungen"[2] gelöst, was die ohnehin schon sehr dünne Personaldecke noch mehr verknappte. Der Elitenwechsel wurde also erheblich erschwert durch das spärliche Personalreservoir, das sich zudem durch mangelnde Qualifikation auszeichnete. Deshalb musste auch in der DDR auf das frühere NS-Personal zurückgegriffen werden (vgl. Danyel, 1999). Zudem waren auch die Ansprüche an das Führungspersonal sehr hoch: Vor allem politische Zuverlässigkeit (im Sinne der SED) war von hoher Priorität, aber auch die soziale Herkunft spielte eine wichtige Rolle[3]; die Elite sollte aus der Arbeiter- und Bauernklasse hervorgehen (vgl. Welsh, 1999a: 111). Das Problem des Mangels an geeigneten Führungskräften blieb bis in die 60er Jahre bestehen.

Schon früh (in den 50er Jahren) begann man damit, dieses Problem durch die sogenannte ‚Kaderpolitik' zu lösen. „Kaderpolitik war die akribische, umfassende, mit langem Atem, durch Bedarfs- und Entwicklungspläne gesteuerte Auswahl, Förderung und Erziehung, umfassende Betreuung und Kontrolle des Personals an den Schaltstellen von Politik und Verwaltung. Sie kannte nicht die ‚bürgerliche' Trennung von öffentlich und privat, von Berufsrolle einerseits, Privat- und Intimsphäre andererseits" (Boyer, 1999: 13). Die Kaderpolitik umfasste alle Positionen, die in politischer und sozialer Hinsicht so bedeutend waren, dass sie geplant besetzt werden sollten. Dies bedeutete, dass die SED die über die Besetzung der Positionen in oberen hierarchischen Bereich übernahm und dazu geeignete Kandidaten zur Verfügung stellte (vgl. Hornbostel, 1999: 177). Angestrebt wurde, dass die Kader nicht nur fachlich qualifiziert wurden (Hochschulstudium), sondern auch po-

---

2　Diese Säuberungen bestanden darin, dass unliebsame Elitemitglieder aus ihren Positionen entlassen wurden mit Begründungen wie: ‚ungenügender Qualifikation', wegen ‚feindlicher Tätigkeit' oder ‚moralischer und politischer Vergehen' (vgl. Welsh, 1999: 112).

3　„Nach wie vor erwies sich deshalb das ingenieurtechnisch-naturwissenschaftliche wie das verwaltungstechnische Know-How der ‚alten' Experten als unentbehrlich. Hier – aber nicht nur hier – waren ‚kleinbürgerliche' oder ‚bürgerliche' Herkunft, politische ‚Unklarheiten' bzw. mangelnde ‚ideologische Festigung', in vielen Fällen auch NS-Vergangenheit, Westkontakte oder ‚unmoralischer Lebenswandel' zu beanstanden" (Boyer, 1999: 22).

litisch-ideologisch (Besuch einer Parteischule für mindestens ein Jahr) geschult waren. Für die Aufnahme in die Kader (bzw. Kaderreserven) waren folgende Merkmale entscheidend (vgl. Welsh, 1999a: 117):

- Länge der SED-Parteizugehörigkeit
- fachliche und politische Bildung
- soziale Herkunft (Arbeiter- und Bauernklasse)
- nach Möglichkeit keine Westverwandtschaft
- nach Möglichkeit keine westalliierte Kriegsgefangenschaft.

Frauen blieben in den Kadern weitgehend unberücksichtigt (vgl. Welsh, 1999a: 118f.) Zwar war der Grad der Gleichstellung zwischen den Geschlechtern in der DDR sehr hoch, nicht aber, was höhere Positionen anging. Langenhan und Roß kommen zu folgender Einschätzung: „Fragt man nach der positionalen Verortung der Frauen, relativiert sich das Bild der beruflichen Gleichstellung in der DDR. Die Repräsentanz von Frauen nahm in dem Maße ab, wie Entlohnung, Status und Einflussmöglichkeiten der Position stiegen. Somit war auch im ‚real-existierenden Sozialismus' eine geschlechtspolare horizontale Segregation des Berufslebens über alle Qualifikations- und Beschäftigungsgruppen hinweg anzutreffen." (Langenhan/Roß, 1999: 152).

Diese Kaderpolitik wurde nicht nur im Bereich der Politik, sondern auch im Militär (vgl. Wenzke, 1999) und der Wirtschaft (vgl. Nehring, 1999) verfolgt. Erste Erfolge wurden in den späten 50er Jahren erkennbar: Die Homogenität und Professionalität der Kader konnte erheblich erhöht werden. Obwohl die Kader vor allem aus der Arbeiterschaft rekrutiert werden sollten, um „Volksnähe" zu schaffen, war und blieb der Bürokratismus erheblich hoch (vgl. Boyer, 1999: 26-29). Entscheidend blieb das Kadernomenklatursystem, das alle wichtigen Positionen und neben dem aktuellen Amtsträger mögliche Nachfolger und Regeln zur Besetzung der Position erfasste (vgl. Lorenz, 1999: 86/87). Die Aufnahme in dieses System konnte mit dem Eintritt in die Elite gleichgesetzt werden (vgl. Wagner, 1999: 54).

Als besondere Elite fühlten sich die Mitarbeiter des Ministeriums für Staatssicherheit, also die Stasi-Mitarbeiter. Sie stellen insofern eine Selbsteinschätzungselite dar, als sie sich als die Beschützer des sozialistischen Staates begriffen[4]. MfS-Mitarbeiter genossen nicht nur

---

4   Diese Selbsteinschätzung wird auch dadurch deutlich, dass in jedem Fall das Kooptationsprinzip galt, dass sogenannte „Selbstbewerber" grundsätzlich ab-

das Privileg, an der Machtausübung beteiligt zu sein und über exklusive Informationen zu verfügen, sondern genossen auch materielle Privilegien, wie z.b. überdurchschnittliche Bezahlung und Einkaufmöglichkeiten auf westlichem Niveau.

Literatur

Berking, Helmut/Neckel, Sighard (1991): Außenseiter als Politiker. Rekrutierung und Identitäten neuer lokaler Eliten in einer ostdeutschen Gemeinde, in: Soziale Welt 42 (3), S. 283-299.

Beyme, Klaus von (1999): Das politische System der Bundesrepublik Deutschland. Wiesbaden: Westdeutscher Verlag

Böhnisch, Tomke (1999): Gattinnen – Die Frauen der Elite. Münster: Westfälisches Dampfboot

Borchert, Jens/Golsch, Lutz (1999): Deutschland: Von der ‚Honoratiorenzunft' zur politischen Klasse. In: Borchert, Jens (Hrsg.): Politik als Beruf. Die politische Klasse in westlichen Demokratien. Opladen: Leske + Budrich, S. 114-140

Boyer, Christoph (1999): Kaderpolitik und zentrale Planbürokratie in der SBZ/DDR (1945-1961). In: Hornbostel, Stefan (Hrsg.): Sozialistische Eliten. Horizontale und vertikale Differenzierungsmuster in der DDR. Opladen: Leske + Budrich, S. 11-30

Danyel, Jürgen (1999): Die unbescholtene Macht. Zum antifaschistischen Selbstverständnis der ostdeutschen Eliten. In: Hübner, Peter (Hrsg.): Eliten im Sozialismus. Beiträge zur Sozialgeschichte der DDR. Köln, Weimar, Wien: böhlau, S. 67-85

Frei, Norbert (Hrsg.) (2001): Karrieren im Zwielicht. Hitlers Eliten nach 1945. Frankfurt/New York: Campus

Gieseke, Jens (1999a): „Genossen erster Kategorie". Die hauptamtlichen Mitarbeiter des Ministeriums für Staatssicherheit als Elite. In: Hübner, Peter (Hrsg.): Eliten im Sozialismus. Beiträge zur Sozialgeschichte der DDR. Köln, Weimar, Wien: Böhlau, S. 201-240

Gieseke, Jens (1999b): Die hauptamtlichen Mitarbeiter des Ministeriums für Staatssicherheit – eine sozialistische Elite? in: Hornbostel, Stefan (Hrsg.): Sozialistische Eliten. Horizontale und vertikale Differenzierungsmuster in der DDR. Opladen: Leske + Budrich, S. 125-145

Hartmann, Michael (2001): Klassenspezifischer Habitus oder exklusive Bildungstitel als soziales Selektionskriterium? Die Besetzung von Spitzen-

gelehnt und geheimdienstlich ausspioniert wurden (vgl. Gieseke, 1999b: 130) Die Stasi-Mitarbeiter zeichnete offenbar auch eine nicht geringe Überheblichkeit aus, auch gegenüber dem Parteiapparat (vgl. Gieseke, 1999b: 135)

positionen in der Wirtschaft. In: Krais, Beate (Hrsg.):An der Spitze. Von Eliten und herrschenden Klassen. Konstanz: UVK, S. 157-208

Hartmann, Michael/Kopp, Johannes (2001): Elitenselektion durch Bildung oder durch Herkunft? Promotion, soziale Herkunft und der Zugang zu Führungspositionen in der deutschen Wirtschaft. In: Kölner Zeitschrift für Soziologie und Sozialpsychologie 53 (3), S. 436-466

Hoffmann-Lange, Ursula (1984): Katholiken und Protestanten in der deutschen Führungsschicht. Ausmaß, Ursache und Bedeutung ungleicher Vertretung von Katholiken und Protestanten in den Eliten der Bundesrepublik. In: Bürger im Staat 34 (2), S. 114-119

Hornbostel, Stefan (1999): Kaderpolitik und gesellschaftliche Differenzierungsmuster: Befunde aus der Analyse des Zentralen Kaderdatenspeichers des Ministerrates der DDR. In: Hornbostel, Stefan (Hrsg.): Sozialistische Eliten. Horizontale und vertikale Differenzierungsmuster in der DDR. Opladen: Leske + Budrich, S. 177-209

Krohn, Claus-Dieter (2001): Vertriebene intellektuelle Eliten aus dem nationalsozialistischen Deutschland. In: Schulz, Günther (Hrsg.): Vertriebene Eliten. Vertreibung und Verfolgung von Führungsschichten im 20. Jahrhundert. München: Harald Boldt Verlag im Oldenburg Verlag, S. 61-81

Langenhan, Dagmar/Roß, Sabine (1999): Berufskarrieren von Frauen in der DDR und ihre Grenzen. In: Hornbostel, Stefan (Hrsg.): Sozialistische Eliten. Horizontale und vertikale Differenzierungsmuster in der DDR. Opladen: Leske + Budrich, S. 147-162

Leggewie, Claus (1993): Die Kritik der Politischen Klasse und die Bürgergesellschaft. Muß die Bundesrepublik neugegründet werden? in: APuZ B 31/93, S. 7-13

Lorenz, Sabine (1999): Kommunaler Elitenwandel: Rekrutierung, Zusammensetzung und Qualifikationsprofil des lokalen administrativen Führungspersonals in Ostdeutschland. In: Hornbostel, Stefan (Hrsg.): Sozialistische Eliten. Horizontale und vertikale Differenzierungsmuster in der DDR. Opladen: Leske + Budrich, S. 85-103

Machatzke, Jörg (1997): Die Potsdamer Elitestudie – Positionsauswahl und Ausschöpfung. In: Bürklin, Wilhelm/Rebenstorf, Hilke (Hrsg.): Eliten in Deutschland. Rekrutierung und Integration. Opladen: Leske + Budrich, S. 35-68

Neckel, Sighard (1999): Das Sozialkapital der Survivor. Erfolgsbedingungen „persistenter" lokaler Eliten in Ostdeutschland am Beispiel einer Gemeindestudie. In: Hornbostel, Stefan (Hrsg.): Sozialistische Eliten. Horizontale und vertikale Differenzierungsmuster in der DDR. Opladen: Leske + Budrich, S. 211-222

Nehring, Christel (1999): Das Leitungspersonal der Volkseigenen Güter 1945-1970. In: Hübner, Peter (Hrsg.): Eliten im Sozialismus. Beiträge zur Sozialgeschichte der DDR. Köln, Weimar, Wien: böhlau, S. 309-324

Noack, Paul (1998): Elite und Massendemokratie. Der Befund und die deutsche Wirklichkeit. In: Hatschikjan, Magarditsch A./Altmann, Franz-Lothar (Hrsg.): Eliten im Wandel. Politische Führung, wirtschaftliche

Macht und Meinungsbildung im neuen Osteuropa. Paderborn, München, Wien, Zürich: Ferdinand Schoningh, S. 15-32

Rebenstorf, Hilke (1997a): Identifikation und Segmentation der Führungsschicht – Stratifikationstheoretische Determinanten. In: Bürklin, Wilhelm/Rebenstorf, Hilke (Hrsg.): Eliten in Deutschland. Rekrutierung und Integration. Opladen: Leske + Budrich, S. 123-155

Rebenstorf, Hilke (1997b): Karrieren und Integration – Werdegang und Common Language. In: Bürklin, Wilhelm/Rebenstorf, Hilke (Hrsg.): Eliten in Deutschland. Rekrutierung und Integration. Opladen: Leske + Budrich, S. 157-199

Schnapp, Kai-Uwe (1997a): Soziale Zusammensetzung von Elite und Bevölkerung – Verteilung von Aufstiegschancen in die Elite im Zeitvergleich. In: Bürklin, Wilhelm/Rebenstorf, Hilke (Hrsg.): Eliten in Deutschland. Rekrutierung und Integration. Opladen: Leske + Budrich, S. 69-99

Schnapp, Kai-Uwe (1997b): Soziodemographische Merkmale der bundesdeutschen Eliten. In: Bürklin, Wilhelm/Rebenstorf, Hilke (Hrsg.): Eliten in Deutschland. Rekrutierung und Integration. Opladen: Leske + Budrich, S. 101-121

Sterbling, Anton (1999): Elitenbildung und Elitenwandel in Südosteuropa und der ehemaligen DDR. In: Hornbostel, Stefan (Hrsg.): Sozialistische Eliten. Horizontale und vertikale Differenzierungsmuster in der DDR. Opladen: Leske + Budrich, S.253-266

Wagner, Matthias (1999): Das Kadernomenklatursystem – Ausdruck der führenden Rolle der SED. In: Hornbostel, Stefan (Hrsg.): Sozialistische Eliten. Horizontale und vertikale Differenzierungsmuster in der DDR. Opladen: Leske + Budrich, S. 45-58

Welsh, Helga A. (1999a): Kaderpolitik auf dem Prüfstand: Die Bezirke und ihre Sekretäre 1952 – 1989. In: Hübner, Peter (Hrsg.): Eliten im Sozialismus. Beiträge zur Sozialgeschichte der DDR. Köln, Weimar, Wien: böhlau, S. 107-129

Welsh, Helga A.: (1999b): Zwischen Macht und Ohnmacht: Zur Rolle der ersten Bezirkssekretäre der SED. In: Hornbostel, Stefan (Hrsg.): Sozialistische Eliten. Horizontale und vertikale Differenzierungsmuster in der DDR. Opladen: Leske + Budrich, S. 105-123

Welzel, Christian (1997a): Rekrutierung und Sozialisation der ostdeutschen Elite. Aufstieg einer demokratischen Gegenelite, in: Bürklin, Wilhelm/Rebenstorf, Hilke (Hrsg.): Eliten in Deutschland. Opladen: Leske + Budrich, S. 201-237.

Welzel, Christian (1997b): Demokratischer Elitenwandel. Die Erneuerung der ostdeutschen Elite aus demokratie-soziologischer Sicht. Opladen: Leske + Budrich

Wenske, Rüdiger (1999): „Bei uns können Sie General werden..." Zur Herausbildung und Entwicklung eines „sozialistischen Offizierskorps" im DDR-Militär. In: Hübner, Peter (Hrsg.): Eliten im Sozialismus. Beiträge zur Sozialgeschichte der DDR. Köln, Weimar, Wien: böhlau, S. 167-200

3. Frankreich

3.1 Politisches System

Frankreich beschreibt sich selbst in der Verfassung als „unteilbare, laizistische, demokratische und soziale Republik". Frankreich ist im Gegensatz zum föderalen Aufbau Deutschlands stark zentralistisch orientiert. Dies hat zur Folge, dass Macht- und Entscheidungsbefugnisse stark im Raum Paris konzentriert sind, andere Städte und Regionen eine nachgeordnete Bedeutung haben. Seit 1982 wurden Maßnahmen eingeleitet, die eine stärkere Dezentralisierung bewirken sollten, jedoch blieb die große Bedeutung des Machtzentrums Paris weitgehend erhalten. Das in Frankreich bei fast allen Wahlen angewandte Mehrheitswahlsystem führt zu einer gewissen Parteienzersplitterung, aber auch zu Mehrheitsbildungen, die durch die meist erforderlichen zweiten Wahlgänge (wenn im ersten Wahlgang keine absolute Mehrheit erreicht wurde) gefördert werden (vgl. Wildenmann, 1992: 17). Die Bedeutung der Parteien ist auch aus diesem Grund relativ klein; Parteien haben somit auch keine große Wirkung bei politischen Karrieren. Eine ganz besondere Stellung nimmt der Staatspräsident ein (aus diesem Grund wird das französische Regierungssystem häufig auch als „semipräsidentielles" bezeichnet): Dies wird schon daran deutlich, dass er in der Verfassung vor allen anderen Staatsorganen genannt wird (vgl. Haensch/Tümmers, 1998: 103). Er wird für jeweils fünf Jahre direkt vom Volk gewählt und ist beliebig oft wieder wählbar. Nach den häufigen Koalitionskrisen und Kabinettswechseln in der III. und IV. Republik versuchte Charles de Gaulles das Amt des Staatspräsidenten als überparteilichen und interessenneutralen Staatschef zu etablieren, der die unteilbare Autorität des Staates verkörpern und als Stabilitätsgarant dienen sollte. Das Amt des Staatspräsidenten ist aus diesem Grund mit einer Menge von Kompetenzen ausgestattet. Wichtige politische Entscheidungen werden also vom Staatspräsidenten gefällt, die Rolle des Kabinetts und Premierministers ist untergeordnet, das Parlament ist vergleichsweise schwach (vgl. Kempf, 1997: 285). Eine schwierige Situation ergibt sich immer dann, wenn der

Staatspräsident und der Premierminister unterschiedlichen Parteien und politischen Richtungen angehören. Diese Konstellation wird Cohabitation genannt und erfordert besondere Regeln, die sich erst im Laufe der Zeit herauskristallisierten: Der Bereich der Innen-, Sozial- und Wirtschaftspolitik wurde vor allem vom Premierminister und seiner Regierung gestaltet, während das Feld des Staatspräsidenten vor allem die Außen- und Sicherheitspolitik war (vgl. Kempf, 1997: 285). Die Situation der Cohabitation trat 1986 zum ersten Mal ein, als ein sozialistischer Präsident einer Mehrheit der Rechtsparteien gegenüberstand, die Exekutive war parteipolitisch gespalten. Die befürchtete Staats- und Verfassungskrise trat nicht ein, vielmehr erfolgte die oben erläuterte klare Abgrenzung der jeweiligen Aufgaben der Exekutive (vgl. Große/Lüger, 1989: 41/42). Insgesamt erwies sich die Cohabitation als wichtiges Instrument der Integration der politischen Elite. Selbst über die Links-Rechts-Spaltung (in Frankreich eine sehr bedeutsame Konfliktlinie) hinweg war eine konstruktive Zusammenarbeit möglich.

Im Vergleich zu anderen politischen Systemen haben die Parteien in Frankreich eine eher schwache Stellung. Charles de Gaulles, der „Schöpfer" der V. Republik, versuchte – erfolgreich – den Einfluss der Parteien zu begrenzen. Hinzu kommt ein zunehmender Bedeutungsverlust seit den 60er Jahren. Die französische Parteienlandschaft zeichnet sich durch eine enorme Vielfalt und Zersplitterung innerhalb einer bipolaren Struktur aus. Neu- und Umgruppierungen sind ebenso häufig wie Namensänderungen. Hiervon geht eine nicht unbedeutende Gefahr für die Mehrheitsverhältnisse im Parlament aus (vgl. Haensch/Tümmers, 1998: 162). Die geringe Finanzausstattung der Parteien (bis in die 80er Jahre gab es keine staatliche Parteienfinanzierung) führte nicht nur dazu, dass sie meist organisatorisch unterentwickelt sind, sondern auch zu einer erhöhten „Anfälligkeit für illegale Finanzzuwendungen" (Kempf, 1997: 303). Die Organisationsstrukturen der Parteien sind aber auch deshalb so unterentwickelt, weil die Bereitschaft der Bürger, sich in Parteien zu engagieren sehr gering ist, die Mitgliederzahlen vergleichsweise sehr niedrig sind. Dies ist vor allem auf die zentralistische Struktur Frankreichs zurückzuführen, regionale Parteiorganisationen spielen eine untergeordnete Rolle und motivieren die Bürger nur wenig, sich zu engagieren. Die Abneigung, sich in politische Organisationen einzuordnen, ist aber auch in der politischen Elite zu verzeichnen. Die Fraktionsdisziplin wird von den Abgeordneten nicht oder nur ungern eingehalten; die

Instabilität und häufigen Veränderungen der Parteistrukturen fanden darin ihren Ausdruck (vgl. Schild, 1997: 29).

Auch das Mehrheitswahlsystem schwächt die Parteien, weil es zu einer starken Personenorientierung bei der Wahl führt und die Kandidaten somit von ihrer Partei unabhängiger sind als in Verhältniswahlsystemen. Schild fasst die Probleme des französischen politischen Systems folgendermaßen zusammen: „Der zentralistische Staatsaufbau, die Machtballung in Händen des Staatspräsidenten, die radikal beschnittene Rolle des Parlaments, die verzerrte Repräsentation der Wählerstimmen durch das Mehrheitswahlrecht und auch die soziale Homogenität der politischen und Verwaltungseliten führen zu einem Demokratiedefizit und einem Effizienzproblem der V. Republik." (Schild, 1997: 112)

3.2 Politische Kultur

Frankreichs Parteiensystem hat eine bipolare Struktur und dies scheint den Links-Rechts-Gegensatz der Bevölkerung zu widerspiegeln. Eine andere, die politische Kultur noch immer stark prägende Konfliktlinie ist der Kirche-Staat-Konflikt: 1801 wurde die Trennung zwischen Kirche und Staat herbeigeführt, dies entschärfte den seit der Revolution virulenten Konflikt zwischen Kirche und Staat. Da die Kirche mit der Revolution alle Privilegien und ihren Besitz verloren hatte, lehnte sie natürlich die republikanische Staatsform, das Prinzip der Volkssouveränität und die Erklärung der Menschenrechte ab (vgl. Haensch/-Tümmers, 1998: 272). Beigelegt ist dieser Konflikt damit jedoch beileibe nicht, er spielt auch in der aktuellen Politik noch eine entscheidende Rolle, wie sie beispielsweise am Streit um die Stellung der katholischen Privatschulen im französischen Schulsystem immer wieder zeigt (vgl. Schild, 2000: 62). Dennoch hat diese Konfliktlinie in den letzten Jahren ebenso an Bedeutung eingebüßt wie die soziale Position oder Klassenlage; für das Wahlverhalten sind inzwischen andere Faktoren von größerer Bestimmungskraft (vgl. Schild, 2000: 64). Vor allem sind die regionalen Unterschiede im Wahlverhalten gewachsen: Während die ländlichen Gebiete eher den konservativen Parteien zuneigen, zeigen die städtischen Ballungsgebiete eher eine Neigung zu linken Parteien. Die Stadt-Land-Konfliktlinie hat zudem eine kulturelle und sprachliche Dimension.

Schließlich ist auch von einer postindustriellen Konfliktlinie auszugehen, die sich in der Trennung zwischen einer autoritären, teils rassistischen und extremen Rechten und einer liberal-toleranten gemäßigten Rechten und Mitte sowie einer libertären Linken manifestiert (vgl. Schild, 2000: 69). Bestätigung fand die These der postindustriellen Konfliktlinie im ersten Wahlgang zur Präsidentenwahl im Jahr 2002: Als die Rivalen um die Wählergunst erwiesen sich nicht – wie nach der Links-Rechts-Spaltungsthese zu erwarten – der Sozialist Jospin und der Konservative Chirac, sondern der Rechte LePen und Chirac.

Schild nennt vier Hauptmerkmale der politischen Kultur Frankreichs: Bezeichnend ist das Misstrauen der Bürger gegenüber dem „als anonym und allzu mächtig empfundenen Staat" (Kempf, 1997: 312) verbunden mit dem Glauben an eine umfassende Zuständigkeit des Staates für alle sozialen und politischen Probleme. Die Kluft zwischen den Bürgern und dem Staat, insbesondere den politischen Eliten ist groß, eine integrierende Wirkung kommt vor allem der Nation als „Identitäts- und Einheitsstifter" zu. Die Meinungsvielfalt in Frankreich ist sehr hoch, Konflikte werden in sehr intensiver Weise ausgetragen (vgl. Schild, 1997: 20). Die Franzosen empfinden ihre (politischen) Eliten als abgehoben und selbstbezogen, die den Problemen der Bevölkerung zuwenig Aufmerksamkeit schenken. Zurückzuführen ist diese fehlende Rückkopplung zwischen Herrschenden und Beherrschten sicher auch auf die besondere Form der Elitenbildung in Frankreich, bei der das Bildungssystem eine herausragende Rolle spielt.

3.3 Bildungssystem

Die französische Revolution richtete sich in erster Linie gegen die Privilegien und das Machtmonopol des Adels. Macht und Einfluss sollte nicht mehr aufgrund angeborener Merkmale verliehen werden, sondern aufgrund von Leistung und Verdienst. Diese Leistung wird in Frankreich durch Bildung gemessen. Formale Bildung ist also der Gradmesser für Leistung. Ulrich Wickert formuliert dies folgendermaßen: „In Frankreich gehört zur Elite, wer hervorragend ausgebildet ist und Macht besitzt. Und daß, wer über Macht verfügt, hervorragend ist, versteht sich in

Paris von allein. Denn an die Macht kommt nur, wer hervorragend ist. Macht steht im Wappenzeichen des Erfolgs" (Wickert, 1989: 40).

Um also das Elitemuster Frankreichs verstehen zu können, ist es unumgänglich, zunächst das französische Bildungssystem, das von der Tradition der Jesuitenkollegs geprägt ist (vgl. Grosse/Lüger, 1987: 189), zu betrachten: Der französische Bildungsweg beginnt meist mit der Vorschule, der „école maternelle", die weitgehend dem Kindergarten entspricht und in Frankreich als Teil des Schulsystems gilt. Die Schulpflicht beginnt mit 6 Jahren, die Grundschulausbildung ist einheitlich und in staatlicher Hand. In der Sekundarstufe hat der Schüler (bzw. seine Eltern) die Wahl zwischen öffentlichen und privaten Schulen. Öffentliche, staatliche Schulen (écoles publiques) sind kostenlos, Privatschulen (écoles privées) sind meist katholisch geprägt, fordern hohe Schulgelder und genießen ein wesentlich höheres Ansehen als die staatlichen Schulen. Nur zwei staatliche Gymnasien haben einen sehr guten, ja elitären, Ruf: das Lycée Louis-le-Grand und das Lycée Henri IV in Paris.

Ebenso wie die Sekundarstufe ist auch Hochschulstruktur zweigeteilt: Die (staatlichen) Universitäten sind stark überlaufen und chronisch unterfinanziert. Die Universitätsausbildung ist deshalb auf einem eher niedrigen Niveau. Ein sehr hohes Niveau bieten dagegen die grandes écoles. Aufgenommen wird hier nur, wer neben dem Abitur auch eine bestandene Aufnahmeprüfung vorweisen kann. Diese Auswahlverfahren sind umso schwieriger, je angesehener die jeweilige Schule ist (vgl. Haensch/Tümmers, 1998: 289). Deshalb ist es notwendig, vor diesem concours einen Vorbereitungskurs (classes préparatoires) zu besuchen. Neben dem concours zeichnen die grandes ecoles ihre besonderen Ausbildungsmethoden und die Pflege eines starken Solidaritätsprinzips aus. Dieses wird gefördert durch ein starkes Zusammengehörigkeitsgefühl, dem „Esprit de corps".

Eine herausragende Stellung bei den grandes écoles nimmt die ENA (Ecole national d'administration) ein: Die Absolventen dieser Schule sind nicht nur in allen Führungspositionen präsent, sondern beherrschen insbesondere die Toppositionen des Staates. Völlig unabhängig von der parteipolitischen Ausrichtung einer Regierung wird Frankreich immer von ENA-Absolventen regiert. Hier tritt der „republikanischen Elitismus" offen zu Tage; zwar beruft man sich auf rein meritokratische Elitenselektionsmechanismen, dennoch reproduzieren sich die Eliten im wesentlichen selbst, denn die meisten Studenten der ENA kommen aus Elternhäuser des gehobenen Bürgertums und ihre

Eltern sind nicht selten ebenfalls ENA-Absolventen (vgl. Haensch/
Tümmers, 1998: 292/293).

Social background analysis der Enarchen unter Berücksichtigung
der sozio-professionellen Verteilung der erwerbstätigen Bevölkerung

sozio-professionelle Sparte	Erwerbs- tätige 1968	ENA 1963-69	Erwerbs- tätige 1975	ENA 1970-75	Erwerbs- tätige 1982	ENA 1978-82
Arbeiter	41	2,8	39	5,6	33	2,7
Angestellte	15	10,7	17	9,7	27	3
Mittlere Angest.	10	20,6	14	19,7	17	15,5
Hohe Angest.	5	33,8	6	37,2	7	53,9
Landwirte	12	5,6	8	3,6	6	2,6
Handwerker und Ladenbesitzer	10	6,4	9	5,9	7	9,7
Industrielle	1	7	1	6,8	1	1,2
Freiberufler	1	13,2	1	11,3	1	11,2

Quelle: Kesler, 1985: 222

Die soziale Schließung dieser Bildungseinrichtungen wird dabei nicht
– wie beispielsweise in Großbritannien – durch hohe Schulgebühren
erreicht. Auf den ersten Blick erscheint das System der Auslese nach
Leistungskriterien Chancengleichheit zu gewähren. Dennoch sprechen
die Merkmale der sozialen Herkunft der Studenten eine andere Sprache. Die Gründe liegen in den hohen Investitionen, die geleistet werden müssen, um die einzelnen Selektionsbarrieren zu überschreiten.
Die entsprechenden Prüfungen können nur mit entsprechender Vorbe-
reitung bestanden werden, ein hoher zeitlicher und finanzieller Aufwand ist hierfür notwendig (vgl. Hartmann, 1996: 159/160). Der Effekt dieser rigiden Selektionsmechanismen ist eine „Zwei-Klassen-
gesellschaft" bezüglich der Bildung: die einen haben „Bildung", die
anderen eine „Ausbildung" genossen. Gebildete (also Absolventen der
grandes ecoles) haben eine große Allgemeinbildung, sind eher als Ge-
neralisten zu bezeichnen, während die anderen eher Fachspezialisten
aus zweitrangigen Universitäten sind, die kaum Aussichten auf eine
Eliteposition haben. Bourdieu und Passeron bezeichnen diesen Unterschied als die „große" bzw. die „kleine Tür" (vgl. Bourdieu/Passeron,
1971: 217). Bourdieus Studien über den sozialen Background der
Schüler der Grandes ecoles aus den 60er Jahren scheinen auch in heu-
tiger Zeit noch Gültigkeit zu haben: Nach wie vor haben Kinder pri-

vilegierter Elternhäuser überproportional größere Chancen, eine dieser Elitebildungsstätten zu besuchen als andere.

3.4 Gewicht einzelner Gesellschaftssektoren

Eine eindeutige Dominanz ist den drei Sektoren Politik, Verwaltung und Wirtschaft zu attestieren, die sich zudem durch eine sehr enge Verflechtung auszeichnen. Diese vor allem personelle Verflechtung ist auf die sogenannte Pantouflage zurückzuführen. Das heißt, dass häufig Elitemitglieder von einem dieser Sektoren in andere wechseln und dort wiederum Elitepositionen einnehmen. Dies führt auch zu einer sehr hohen Kohäsion zwischen den Eliten dieser drei Funktionsbereiche. Die Verwaltungseliten bestehen in erster Linie aus den Mitgliedern der „Grands Corps". Dies sind Einrichtungen, die jeweils einen besonderen administrativen oder technischen Zuständigkeitsbereich außerhalb der regulären Verwaltungshierarchie innehaben. Die hier tätigen Beamten gelten als Elitebeamte. Die Grands Corps stellen deshalb auch das Personalreservoir für Spitzenpositionen in Politik, Ministerialverwaltung und Wirtschaft dar. Eine Rückkehr nach einem „Ausflug" in eine dieser Institutionen wird ermöglicht. Zu den Grands Corps zählen folgende (in der Reihenfolge ihrer inoffiziellen Hierarchie):

- Inspection général des finances (Generalinspektion der Finanzen): entspricht in der Funktion einem Rechnungshof, d.h. diese Einrichtung hat weitreichende Kontrollmöglichkeiten im Hinblick auf die staatlichen Finanzen
- Conseil d'Etat (Staatsrat): Seine Aufgabe besteht in der Beratung der Regierung im Gesetzgebungsprozess. Auch diese Expertenmacht gewährt hohen Einfluss.
- Cour des comptes (Rechnungshof): Seine Aufgabe besteht in der Beratung der Regierung in Budget- und Finanzfragen.
- Corps diplomatique (Diplomatischer Dienst): Die Aufgabe der Diplomaten besteht darin, aus dem Ausland zu berichten und die Regierung entsprechend zu unterrichten und andererseits die französische Politik im Ausland zu vertreten.
- Corps préfectoral (Präfekturcorps): Ihre Aufgabe besteht darin, die Berichterstattung über die Regierungspolitik zu leisten.

Der Grad der Verflechtung zwischen Verwaltungs- und Wirtschaftse-liten ist sehr hoch und es ergaben sich kaum Veränderungen in den letzten Jahren.

Eine besondere, wenn auch nicht mit expliziten Macht- und Ein-flusschancen verbundene Rolle spielt in Frankreich auch die „Intelli-genz". Diese ist in Frankreich vor allem links orientiert; rechtes Ge-dankengut war nach dem Vichy-Regime diskreditiert. Dominante Fi-guren in der Nachkriegszeit waren vor allem Sartre, Foucault und Lévi-Strauss. Später folgten Touraine und Bourdieu. Die herausgehobe-ne Stellung der Intelligenz hat sich mehr und mehr verringert. Die Grün-de hierfür liegen in der Bildungsexpansion, die Medialisierung (die Lite-ratur zugunsten des Fernsehens verdrängt hatte) und die Aufspaltung der Intelligenzelite in verschiedene soziale und politische Gruppen (vgl. Ross, 1991: 229-233).

3.5 Sozialstrukturelle und sozio-ökonomische Faktoren

Auch für Frankreich gilt, dass nach dem Zweiten Weltkrieg ein sehr langanhaltender wirtschaftlicher Aufschwung zu verzeichnen war, ähnlich dem deutschen „Wirtschaftswunder". Die sozioökonomische Entwicklung erfuhr eine erhebliche Beschleunigung, wobei Frank-reich im Vergleich zu anderen europäischen Staaten einen gewissen Rückstand in der Industrialisierung nachzuholen hatte. Diese Nach-hol-Entwicklung wurde weitgehend von staatlicher Seite geplant; durchaus in der bisherigen Tradition französischer Wirtschaftspolitik (vgl. Schild, 2000: 64). Dabei ließ man sich von den Prinzipien des Colbertismus[1] und der Planification[2] leiten. Diese wirtschaftspoliti-schen Prinzipien und die relativ hohe Zahl staatlicher Unternehmen führten zu einer engen Verbindung zwischen politischer, Verwal-

---

1 Also eine Politik, die auf die Stärkung der eigenen Wirtschaftskraft und Macht abzielt, vor allem durch protektionistische Maßnahmen und Verbesse-rung der produktiven Strukturen des Landes. Wichtigstes Merkmal ist das Tätigwerden als Unternehmer des Staates selbst (vgl. Uterwedde, 1997: 129).

2 Grundsätzlich ist dies ein Intrument dirigistischer Wirtschaftslenkung; im modernen Frankreich ist damit aber vor allem eine Rahmenplanung für die wirtschaftliche Entwicklung gemeint (vgl. Haensch/Tümmers, 1998: 355).

tungs- und Wirtschaftselite (vgl. Uterwedde, 1997: 131). Ausgerechnet unter der Präsidentschaft des Sozialisten Mitterand wurden einige Veränderung durchgeführt; der staatliche Dirigismus wurde durch marktwirtschaftliche Steuerung ersetzt.

Was die Vermögens- und Einkommensverteilung betrifft, ist in Frankreich eine Kluft zu verzeichnen. Trotz der Steigerung des Lebensstandards und der Einkommen nach dem Zweiten Weltkrieg hat sich eine Ungleichverteilung erhalten; die oberen Einkommensklassen haben erheblich mehr von dieser Entwicklung profitiert als die unteren. Auch verschiedene politische Maßnahmen brachten kaum Verbesserungen in dieser erheblichen Einkommensungleichheit (vgl. Grosse/Lüger, 1987: 150). Die reale Lohnquote sank, während die Unternehmensgewinne real anstiegen, was mit einem Kaufkraftverlust der Löhne einherging, wobei auch die Schere zwischen Niedriglöhnen und Spitzenverdiensten weiter wurde (vgl. Uterwedde, 1997: 233). Die Armutsrate ist angestiegen. Die ungerechte Einkommens- und Vermögensverteilung ist auch im internationalen Vergleich herausragend (vgl. Uterwedde, 1997: 234). Die Ursachen hierfür liegen vor allem in der stärkeren Hierarchisierung der innerbetrieblichen Arbeitsorganisation und im Entlohnungssystem: Führungskräfte werden im europäischen Vergleich besser, Arbeiter schlechter bezahlt, weil es sich häufig um ungelernte Arbeiter handelt (vgl. Uterwedde, 1997: 236). Der Ausgleich durch sozialpolitische Maßnahmen bleibt unzureichend (vgl. Grosse/Lüger, 1987: 151f.)

3.6 Profil französischer Eliten

Die französischen Eliten zeichnen sich durch eine recht hohe Homogenität aus. Gemeinsame institutionalisierte Bildungs- und Karrierewege und der gleich soziale Background lassen ähnliche Denk- und Arbeitsweisen entstehen und sorgen für ein „Wir-Gefühl". Dies hat auch zur Folge, dass in dieser Gruppe hohe (horizontale) Mobilität vorzufinden ist: Der Wechsel zwischen politischen Ämtern, Verwaltungspositionen und Tätigkeiten in der Wirtschaft ist an der Tagesordnung. Dadurch bleibt sogar bei politischen Richtungswechseln eine hohe Elitenkontinuität der Elitenbildung gewahrt. Aus diesem Grund werden in Frankreich auch die Inhaber von Spitzenpositionen in Politik, Wirtschaft und Verwaltung unterschiedslos die „herrschende

Klasse" bezeichnet. Für die Wirtschaftseliten gelten auch dieselben Rekrutierungsbedingungen wie für die politischen und Verwaltungseliten (vgl. Hartmann, 1996: 153). Auch die Kohäsion innerhalb der Elite ist sehr hoch, weil im Laufe der gemeinsamen Karrierewege ein „ésprit de corps" entwickelt wird und die Kommunikationsnetzwerke sehr eng geknüpft sind, zudem sind informelle Kontakte jederzeit möglich, weil man sich ja meist persönlich kennt. Weiterhin zeichnen sich französische Eliten durch eine relativ hohe Selbstrekrutierungsrate (Tendenz der Oligarchisierung) und Abschottungstendenzen aus, der Zugang zur Elite ist also recht exklusiv. Dieses Profil der Elitenrekrutierung erweist sich insgesamt als sehr stabil.

Wichtige Rolle in der nicht-regierenden Elite in Frankreich spielen auch Schriftsteller, Künstler, Theater- und Literaturschaffende. Sie sind es, die die öffentliche Meinung und den öffentlichen Diskurs in Frankreich entscheidend mitbestimmen (vgl. Grémion, 1998). Als wichtigste Aufgabe der nicht-regierenden Elite wird deshalb auch die Kritik gesehen; sie sollten sozusagen das Korrektiv für die regierende Elite darstellen.

Literatur

Birnbaum, Pierre (1976): Les sommets de l'Etat. Essai sur l'élite du pouvouír en France. Paris: Le Seuil.

Birnbaum, Pierre/Barucq, Charles/Bellaiche, Michel/Marie, Alain, (1978): La classe dirigeante française. Paris: PUF.

Bourdieu, Pierre (1989): La noblesse d'état. Grandes écoles et esprit de corps. Paris: Edition de Minuit.

Bourdieu, Pierre (1992): Die verborgenen Mechanismen der Macht. Hamburg: VSA-Verlag

Bourdieu, Pierre (1994): Praktische Vernunft. Zur Theorie des Handelns. Frankfurt: Suhrkamp

Bourdieu, Pierre/Passeron, Jean-Claude (1971): Die Illusion der Chancengleichheit. Untersuchungen zur Soziologie des Bildungswesens am Beispiel Frankreichs. Stuttgart: Klett

Dorandeu, Renaud (1994): Le cercle magique, quelques remarques sur les élites de la République, in: Pouvoirs 68, S. 111-123

Grémion, Pierre (1998): Schriftsteller und Intellektuelle in Paris. In: Hatschikjan, Magarditsch A./Altmann, Franz-Lothar (Hrsg.): Eliten im Wandel. Politische Führung, wirtschaftliche Macht und Meinungsbildung im neuen Osteuropa. Paderborn, München, Wien, Zürich: Ferdinand Schoningh, S. 33-60

Grosse, Ernst Ulrich/Lüger, Heinz-Helmut (1987): Frankreich verstehen. Eine Einführung mit Vergleichen zur Bundesrepublik. Darmstadt: Wissenschaftliche Buchgesellschaft

Haensch, Günther/Tümmers, Hans J. (1998): Frankreich. Politik, Gesellschaft, Wirtschaft. München: C. H. Beck

Kempf, Udo (1989): Frankreichs Parteiensystem im Wandel, in: Der Bürger im Staat 39, S. 102-113.

Kempf, Udo (1997): Das politische System Frankreichs. In: Ismayr, Wolfgang (Hrsg.): Die politischen Systeme Westeuropas. Opladen: Leske + Budrich, S. 283-321

Kempf, Udo (1997): Von de Gaulle bis Chirac. Das politische System Frankreichs. Opladen: Westdeutscher Verlag

Kesler, Jean-François (1985): L'E.N.A, la société, l'Etat. Paris: Berger-Levrault

Kimmel, Adolf (1991): Innenpolitische Entwicklungen und Probleme in Frankreich, in: APuZ, B. 47-48, S. 3-15

Kimmel, Adolf (1991): Parteienstaat und Antiparteieneffekt in Frankreich, in: Jahrbuch für Politik 1(2), S. 319-340

Kreuzer, Marcus/Stephan, Ina (1999): Frankreich: Zwischen Wahlkreishonoratioren und nationalen Technokraten. In: Borchert, Jens (Hrsg.): Politik als Beruf. Die politische Klasse in westlichen Demokratien. Opladen: Leske + Budrich, S. 161-185

Ross, George (1991): Where Have All the Sartres Gone? The French Intelligentsia Born Again. In: Hollifield, James F./Ross, George (Hrsg.): Searching for the New France. New York, London: Routledge, S. 221-249

Schild, Joachim (1997): Politik. In: Lasserre, René/Schild, Joachim/Uterwedde, Henrik (Hrsg.): Frankreich – Politik, Wirtschaft, Gesellschaft. Opladen: Leske + Budrich, S. 17-113

Schild, Joachim (2000): Wählerverhalten und Parteienwettbewerb. In: Ruß, Sabine/Schild, Joachim/Schmidt, Jochen/Stephan, Ina (Hrsg.): Parteien in Frankreich. Kontinuität und Wandel in der V. Republik. Opladen: Leske + Budrich, S. 57-76

Schmitt, Karl (1991): Die politischen Eliten der V. Republik: Beharrung und Wandel, in: APuZ B 47-48/91, S. 26-36

Schmitter, Klaus-Werner (1986): Das Regime Mitterand-Regierungsstruktur und Haute Administration im Wandel, Berlin: QUORUM.

Suleiman, Ezra N. (1974): Politics, Power, and Bureaucracy in France. The Administrative Elite. Princetown

Tenzer, Nicolas (1990): Les élites françaises: Essai d'ethnographie, in: Esprit 9. Paris, S. 116-122

Tenzer, Nicolas/Delacroix, Rodolphe (1992): Les élites et la fin de la démocratie française. Paris: Presses Universitaires de France

Uterwedde, Henrik (1997): Wirtschaft. In: Lasserre, René/Schild, Joachim/ Uterwedde, Henrik (Hrsg.): Frankreich – Politik, Wirtschaft, Gesellschaft. Opladen: Leske + Budrich, S. 115-186

Wickham, Alexandre/Coignard, Sophie (1986): La nomenclatura française. Pouvoirs et privilèges des élites. Paris: Pierre Belfond

Wildenmann, Rudolf (1992): Wahlforschung. Mannheim, Leipzig, Wien, Zürich: B. I.-Taschenbuchverlag

4. Großbritannien

4.1 Politisches System

Großbritannien ist eine konstitutionelle Monarchie, dies bedeutet, dass das formale Staatsoberhaupt der König/die Königin ist. Es handelt sich um ein Zwei-Kammern-System, wobei das Unterhaus aus (nach dem Mehrheitswahlsystem) gewählten Abgeordneten besteht, das Oberhaus setzt sich zusammen aus Mitgliedern, die ihre Zugehörigkeit der Vererbung (ca. zwei Drittel) oder Ernennung verdanken.

Das Unterhaus kann als Zwei-Parteien-Parlament bezeichnet werden, obwohl diese Bezeichnung nicht ganz der Wirklichkeit gerecht wird: Meist sind mehr Parteien im Parlament vertreten, es ist lediglich so, dass sich die beiden großen Parteien (Conservative und Labour) sich in der Ausübung der Regierungsgewalt abwechseln. Somit sind für die Betrachtung von politischen Eliten vor allem diese beiden Parteien von Interesse, nachdem alle anderen Parteien bisher keine Möglichkeit hatten (und wohl auch in absehbarer Zeit kaum haben werden), an die Regierung zu gelangen. Diese Konstellation wird häufig als „Westminster-Modell" bezeichnet und kann in Europa als Besonderheit gelten. Es beruht darauf, dass jeweils eine Partei die ungeteilte Regierungsverantwortung und die Opposition die Funktion der „alternativen Regierung" übernimmt. Sind also die Bürger mit den Leistungen der momentanen Regierung unzufrieden, gibt es eine deutliche Alternative. Dieses Modell beruht auf dem Mehrheitswahlsystem, das dritte, kleinere Parteien extrem benachteiligt. Solange diese dritten Parteien nur marginale Interessen bzw. Wählergruppen repräsentieren, ist die Legitimationsbasis des politischen Systems nicht gefährdet, wenn jedoch – wie in den 80er Jahren die Liberal Democrats (vgl. Smith, 1996: 163) – diese dritte Partei einen erheblichen Anteil der Stimmen auf sich vereinigen kann, wird diese Legitimität brüchig. Die britischen Parteien sind vor allem Fraktionsparteien; die Fraktion hat also in den meisten Fällen absolutes Übergewicht gegenüber der außerparlamentarischen Parteiorganisation.

Die Besonderheiten des Westminster-Modells werden von der Bevölkerung akzeptiert und „die strukturellen Besonderheiten Großbritanniens bis heute – ungeachtet der wachsenden Kritik von Minderheiten mit abweichender Einstellung – von dem insularen kulturellen Sonderbewußtsein der großen Mehrheit getragen." (Döring, 1999: 164)

Das britische Oberhaus hat die Funktion einer zweiten Kammer und übernimmt vor allem beratende Aufgaben. Oberhausmitglieder haben ihre Mitgliedschaft zu zwei Dritteln geerbt, viele Mitglieder sind auf Lebenszeit ernannt. Die Mitwirkungsmöglichkeiten des Oberhauses am Gesetzgebungsprozess wurden im Laufe der Zeit immer mehr reduziert und die politische Aktivität der meisten Mitglieder ist ohnehin nicht sehr hoch und auf bestimmte Felder begrenzt: „Engagement beweist das Oberhaus u.a. dort, wo die Eigeninteressen seiner Mitglieder berührt sind, wobei aber allein das Interesse an Jagd und Landwirtschaft auf spezielle Vorlieben und wirtschaftliche Pfründe der adligen Großgrundbesitzer hinweist. Das Engagement der Lords auf anderen Gebieten, wie dem Bewahren tradierter Verfassungsverfahren, dem Minderheiten- und dem Konsumentenschutz, entspringt in erster Linie der Sorge um die Bewahrung des Konsenses im britischen Gemeinwesen, während die Beschäftigung der Lords mit Problemen der Behinderten und des Alterns sich unschwer der persönlichen Betroffenheit vieler Mitglieder des Hauses zuordnen läßt." (Sturm, 1999: 207)

4.2 Politische Kultur

Häufig wird von Großbritannien behauptet, dass es nur eine einzige Spannungslinie gäbe: den Klassengegensatz. Die Frage, ob der Klassengegensatz noch immer bestimmend ist für die politische Kultur oder für das Wahlverhalten der Briten, wird in Großbritannien häufig diskutiert. Die wissenschaftliche Debatte darüber ist bisher noch nicht abgeschlossen (vgl. Webb, 2000: 53-56). Nach der Einschätzung von Döring birgt der Klassengegensatz jedoch kein akutes Konfliktpotential: „Mit relativem Gleichmut wird dieser Klassengegensatz von der großen Mehrheit der Bevölkerung ertragen, weil die Oberklasse ihre Privilegien unaufdringlich und mit diskretem Charme ausübt. Während noch in den sechziger Jahren im Rundfunk die *received pronounciation* des gebildeten Englisch obligatorisch war, zeichnen Rundfunk und Fernsehen sich heute durch eine multikulturelle Vielfalt von Hautfarben und sprachlichen Akzenten aus. Die *lower class* akzeptiert die für unfair gehaltene Klassengesellschaft in gleichsam negativer Integration mit einem latenten Geist zur Rebellion, der in Krawallen und zivilem Ungehorsam periodisch immer wieder aufbricht. Außerdem werden die Klassenvorteile, die im plutokratisch-meritokratischen Privatschulsystem nicht allein auf Geld, sondern auf Intelligenz und Leistung begründet sind, durch Stipendien punktuell auch minderbemittelten begabten Studenten zugänglich" (Döring, 1999: 167). Zudem gibt es nach Marwick keine absoluten Klassenschranken: „Historisch gesehen war der Zugang zur britischen Oberschicht, in der insbesondere der städtische Landbesitz, das Finanz- und Industriekapital und die Angehörigen akademischer Berufe eine enge Verbindung eingingen, relativ offen. Es war lediglich eine über einige Generationen hinwegreichende Sozialisation durch die entsprechenden elitären Erziehungsinstitutionen erforderlich – vorausgesetzt, die finanziellen Ressourcen waren vorhanden." (Marwick, 1999: 121/122).

Es gibt gute Gründe von mehreren Konfliktlinien (cleavages) auszugehen. Zum Beispiel ist der Gegensatz zwischen dem Norden und dem Süden des Landes ebenfalls eine politisch bedeutsame Linie: Zwei Drittel aller im Who-is-Who genannten Personen leben in einem Umkreis von 75 Meilen rund um London (vgl. Döring, 1999: 164). Wahlforscher stellten fest, dass dieses cleavage seinen Höhepunkt in den 80er Jahren hatte und in den 90er Jahren begann, wieder an Bedeutung zu verlieren. Drei Gründe werden für diese Spaltung und dem damit einhergehenden unterschiedlichem Wahlverhalten angegeben:

1. Der Süden ist bevorzugtes Wohngebiet der Mittelklasse, die vor allem konservativ wählen.
2. Dies förderte eine gegenseitige Anpassung der Wähler: Arbeiter, die in Mittelklassewohngegenden wohnen, passten sich – das Wahlverhalten betreffend – ihren Nachbarn an.
3. Schließlich gab es den „third-party-effect". Das bedeutet, dass dritte Parteien (vor allem die Liberals) jeweils auf Kosten der schwächeren Partei Erfolge verbuchen konnten, also den Konservativen im Norden und Labour im Süden Wählerstimmen abnehmen konnten (vgl. Webb, 2000: 60/61).

Es zeigt sich also, dass der Nord-Süd-Gegensatz eigentlich nur eine Verstärkung der grundlegenden Klassenkonfliktlinie ist.

Die Spannungslinie, die in vielen europäischen Gesellschaften zur Gründung grüner, postmaterialistischer Parteien führte, die Spaltung zwischen Materialisten und Postmaterialisten, konnte in Großbritannien keinen Niederschlag finden. Das Mehrheitswahlsystem räumt kleinen, neuen Parteien kaum Chancen ein und so konnten sich keine entsprechenden Parteien etablieren. Webb geht aber davon aus, dass der Wahlerfolg der „New Labour" ein „Ersatz" hierfür ist (vgl. Webb, 2000: 65). Er sieht eine andere neuentstehende Konfliktlinie, die jedoch von den beiden großen Parteien repräsentiert wird, die Spaltung zwischen Pro-Europa und Contra-Europa (vgl. Webb, 2000: 66).

Die politische Elite zeichnet sich vor allem durch ihren ausgeprägten Hang zur Geheimhaltung aus (vgl. von Ziegesar, 1991: 136ff). Sie schottet sich vor der Nicht-Elite dadurch ab, dass sie einen großen Teil ihres Handelns geheimhält und definiert dadurch auch ihr Selbstverständnis als überlegene Macher. Die Nicht-Elite wird eben als inkompetent erachtet, bestimmte Informationen überhaupt zu verstehen, man enthält sie ihr deshalb vor. Diese Geheimhaltung ermöglich natürlich auch die Manipulation der Nicht-Elite. Dies prägt das Selbstverständnis und die politische Kultur der Nicht-Elite: Briten bezeichnen sich selbst selten als „citizens" (Bürger); der gängige Begriff ist vielmehr „british subject" (Untertan) (vgl. von Ziegesar, 1991: 154). Entsprechend groß ist auch – trotz aller Skandale – die Popularität des Königshauses. Andererseits genießt die politische Elite kein besonderes Ansehen, lediglich Journalisten, Autoverkäufer und Immobilienmakler sind noch weniger angesehen (vgl. Marwick, 1999: 135).

4.3 Bildungssystem

Das britische Schulsystem ist stark von Dualismus zwischen privaten und öffentlichen Einrichtungen geprägt. Dieses Dualismus impliziert auch soziale Ungleichheit und Privilegien. Im Bereich der staatlichen Schulen ist ein Nebeneinander von verschiedenen Schulformen zu verzeichnen. Die größte Bedeutung kommt dabei der *comprehensive school* zu, daneben gibt es die *secondary modern schools* und die *technical schools*. Der Bereich der privaten Schulbildung wird von den *public schools* dominiert. Die ca. 500 anerkanntesten dieser *public schools* erhielten lange Zeit staatliche Zuschüsse, sind aber inzwischen vom Staat unabhängig und erheben deshalb zum Teil sehr beträchtliche Schulgebühren. Zu den elitärsten *public schools* zählen Eton, St. Paul's, Winchester, Shrewsbury, Westminster, Rugby, Harrow und Charterhouse. Sie wurden von Lord Clarendon als Great Schools bezeichnet und sind deshalb auch als *Clarendon Schools* bekannt. Die Kennzeichen dieser Schulen sind Selektivität und soziale Exklusivität; die hohe Qualität der Ausbildung wird gewährleistet durch ausgezeichnete Lehrer und kleine Klassen. Neben humanistischer Bildung und körperlicher Ertüchtigung steht die Charakterbildung nach dem Vorbild des Gentlemen im Vordergrund. Nur sechs Prozent der britischen Sekundarschüler besuchen eine public school. Dies macht den Klassentrennungseffekt, der auch durch die hohen Schulgebühren zustande kommt, deutlich.

Auch das Hochschulsystem ist ähnlich strukturiert. Oxford und Cambridge (sowie einige andere traditionelle Universitäten[1]) funktionieren nach dem sogenannten College-System: „Jede Universität stellt eine föderative Vereinigung von unabhängigen Colleges dar, d.h. Studienhäusern, in denen das akademische Zusammenleben von Dozenten und Studenten gepflegt wird. Die Wissensvermittlung erfolgt in *tutorials*, an denen höchstens drei bis vier Studenten teilnehmen." (Ahrens, 1999: 535) Die übrigen Universitäten sind dem Typen *Civic Universities* (gegründet im 19. Jahrhundert vor allem in den großen Industriestädten), bzw. *New Universities* (Campus-Universitäten, die im Zuge der Bildungsexpansion in den 60er Jahren geschaffen wurden) und *‚New' New Universities* (die Polytechnics, die durch das Hochschulgesetz von 1992 in Universitäten umgewandelt wurden) zuzuordnen.

Deutlich zeigt sich die überdurchschnittliche Repräsentanz von public school-Absolventen in den beiden Universitäten Cambridge und Oxford. Sie machen nur 6% aller Sekundarschüler aus, nehmen aber über 50% der Studienplätze in Cambridge und Oxford ein.

---

1   z.B. in Schottland St. Andrews, Glasgow und Aberdeen

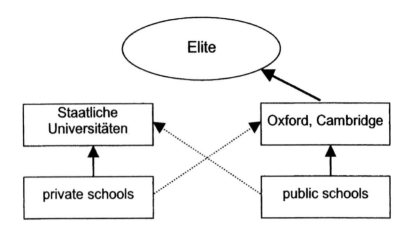

4.4 Gewicht einzelner Gesellschaftssektoren

Ein eindeutiges „Übergewicht" eines bestimmten Sektors ist in der britischen Gesellschaft nicht zu verzeichnen. Jedoch genießen die Eliten bestimmter gesellschaftlicher Teilbereiche ein sehr hohes Ansehen, wie z.b. die die Justiz[2] oder das „Establishment". Eine zentrale Rolle nimmt neben der politischen Elite die Verwaltungselite ein. Sie verfügen über beträchtliche Machtbefugnisse (vgl. Sturm, 1999: 211). Gerade in den Verwaltungseliten zeigt sich auch die extreme Dominanz von Absolventen der Universitäten Oxford und Cambridge. Sie stellen regelmäßig 75 bis 85% des Nachwuchses der Spitzenbeamten. In den 70er Jahren bemühte man sich um eine Öffnung des Civil Service; der Anteil der Oxbridge-Absolventen fiel daraufhin kurzfristig auf 50%. Anfang der 80er Jahre war alles wieder beim alten (vgl. Sturm 1997: 224). Auch die Gewerkschaften spielen traditionell aufgrund der Klassenstruktur eine relativ wichtige Rolle in der britischen Gesellschaft. Der gewerkschaftliche Organisationsgrad ist recht hoch. Im Bereich der wirtschaftlichen Elite sind Unterschiede hinsichtlich

---

2   „Recht und Gerichtsbarkeit genießen einen guten Ruf, sie gelten weithin als von höchster Qualität, wenn nicht gar als die besten der Welt. Das Wort der ‚Rolls-Royce-Justiz' ist immer wieder zu hören, und man stellt allenfalls – durchaus im Bild bleibend – in Frage, ob man sie sich überhaupt noch leisten könne und ob sie jedem Bürger zugänglich sei." (Weber, 1999: 178)

der Branchen zu verzeichnen. Berufe in der Industrie und Technik haben ein wesentlich geringeres Ansehen als Finanz-, Handels- und Dienstleistungsberufe: „In einer Studie über das britische Management mit dem Titel *British Corporate Leaders* von 1981 läßt sich nachlesen, daß noch immer über 60% der führenden Direktoren ihren Universitätsabschluß in einem fachfremden, geisteswissenschaftlichen Fach erworben haben und daß nur 3% des höheren britischen Managements im Produktionsbereich gute Möglichkeiten zu Verdienst und Aufstieg sehen, wohingegen mehr als 50% die Finanz- und Handelswelt als besten Weg zur Karriere erachtet." (von Ziegesar, 1991: 30)

4.5 Sozialstrukturelle und sozio-ökonomische Faktoren

Die im Zusammenhang mit der politischen Kultur diskutierte These über die Klassenspaltung der britischen Gesellschaft erhält Evidenz, wenn man die Sozialstruktur, insbesondere die Vermögens- und Einkommensverteilung, Großbritanniens betrachtet. Die Disparitäten diesbezüglich waren schon immer relativ hoch und wurden durch die Politik Margret Thatchers in den 80er Jahren noch verstärkt: „Tatsächlich spricht alles dafür, daß die Reichen seit 1979 reicher geworden sind und die Armen ärmer und daß dieser Trend sich unter der Regierung Major fortsetzte." (Marwick, 1999: 123) Die Einkommensverteilung ist auch regional unterschiedlich: Der Norden ist wesentlich ärmer als der Süden, stärker von Arbeitslosigkeit und strukturellen Krisen betroffen. Als besonders reich im Süden gelten die sogenannten „Home Counties" im Südosten Englands. Hier finden auch alle wichtigen Ereignisse, die sich als „Elitetreffpunkte" bezeichnen lassen, statt: das Galopprennen in Ascot, das Tennisturnier in Wimbleton, die Ruderregatta in Henley-on-Thames. Dieses Gebiet ist das wohlhabenste in ganz Großbritannien, hier ist die höchste Konzentration an Großverdienern und Multimillionären zu verzeichnen (vgl. von Ziegesar, 1991: 34). Selbstverständlich sind im Süden auch die prestigeträchtigsten Public Schools zu finden, ebenso wie Oxford und Cambridge in dieser Gegend liegen. „Wie stark England von dem ‚way of life' der ‚Home Counties' geprägt und wie tiefgreifend die englische Psyche von dem Macht- und Entscheidungszentrum im Südosten

169

Englands beeinflußt ist, beweist schließlich die Tatsache, daß die meisten staatlichen Institutionen und Symbole der Nation in dieser Region angesiedelt sind. Hierzu zählt die Monarchie mit ihren beiden größten Residenzen Buckingham Palace und Windsor Castle und mit den königlichen Feiern wie Geburten, Hochzeiten, Thronjubiläen, Geburtstage usw., die wie die eigentlichen Staatszeremonien, wie z.b. die Eröffnung des Parlaments, als solche zelebriert werden. Dazu zählen weiterhin das im königlichen Westminster Palace untergebrachte Parlament, der hohe Adel, die Staatskirche mit der Königin als weltlichem und dem Erzbischof von Canterbury als geistlichem Oberhaupt und schließlich die wichtigsten Gerichtsstätten des ,High Court' in London." (von Ziegesar, 1991: 38, vgl. ebenso: Scott, 1991: 109)

4.6 Profil britischer Eliten

Besonders bemerkenswert sind in Großbritannien die dichten Kommunikationsnetzwerke zwischen den Elitemitgliedern. Diese werden schon in den public schools aufgebaut: Hier wird besonderer Wert auf den Zusammenhalt zwischen den Schülern gelegt und auf das Erlernen der richtigen Manieren, des richtigen Umgangs miteinander. Für die einstigen Schüler bestimmter public schools ist dies später ein wichtiges (Wieder-) Erkennungszeichen. Hartley beschreibt dies folgendermaßen: „Eine gemeinsame Art zu sprechen, eine gemeinsame Art zu denken, eine gemeinsame Fähigkeit, unerwünschte Leute auszuschließen oder die für das System tauglichen aufzunehmen, eine gemeinsame Auffassung von Verhaltensweisen, die es überflüssig macht, gewisse Dinge in Worte zu fassen..." (Hartley, 1965: 15) Diese Zusammengehörigkeit wird jedoch auch gepflegt. Man wohnt vorzugsweise in bestimmen Wohngegenden, z.B. im Londoner Westend oder auf dem Land in Südengland. Man trifft sich auch zu ganz bestimmten Anlässen und Aktivitäten, z B. Pferderennen, Regatten und königlichen Gartenparties. Auch die Ausbildung ist sehr ähnlich, weil die englische Aristokratie eine Vorliebe für humanistische Bildung hegt; die Grundannahme besteht darin, dass eine solide humanistische Bildung einen dazu befähigt, sich mit allen anstehenden Problemen angemessen auseinander zusetzen. Naturwissenschaftler finden sich aus diesem Grund in den britischen Eliten eher selten. Eine besondere

170

Einrichtung, in der die Elitemitglieder ihre Kontakte und Netzwerke pflegen können, sind die englischen Clubs. Sie wahren Abgeschiedenheit und Intimität und geben den Mitgliedern nicht nur Prestige und Ehrgefühl, sondern auch die Sicherheit, unter sich zu sein (vgl. Scott, 1991: 110). Sie ermöglichen somit auch den kommunikativen Austausch und die Pflege der Netzwerke innerhalb der Gesamtelite, nicht nur innerhalb der Eliten einzelner Sektoren. Diese Clubs haben strenge Zulassungsregeln und fordern hohe Aufnahmegebühren (vgl. Ahrens, 1987: 72). Es liegt in diesem Bereich also eine regulierte Form der Kooptation vor.

Kooptation spielt auch sonst eine zentrale Rolle, so wird z.B. die Erhebung in den Adelsstand (und der damit häufig verbundene Sitz im Oberhaus) als wichtiges Mittel genutzt, um politische Willfährigkeit zu belohnen oder auch um einen Konkurrenten „wegzuloben" (vgl. von Ziegesar, 1991: 114-116). Ähnlich ist es mit dem Amt des Lord Lieutenants (die Stellvertreter des Monarchen in den verschiedenen Counties). Sie werden von der Königin ausgewählt, die für diese Ämter natürlich ihr genehme Kandidaten auswählt (vgl. Paxman, 1990: 62ff.)

Besondere Aufmerksamkeit verdient das oben bereits genannte „Establishment". Scott weist diesem einen hohen Stellenwert zu, insbesondere im späten 18. und frühem 19. Jahrhundert konnte dieser upper circle alle wichtigen Entscheidungen im staatlichen Apparat kontrollieren. Sie wussten das enge Elitennetzwerk für sich zu nutzen, um Schlüsselpositionen im Staat zu besetzen (vgl. Scott, 1991: 125). Scott stellt fest, dass sich dieses Muster auch nach dem Zweiten Weltkrieg weitgehend erhalten hat (vgl. Scott, 1991: 136). Die Frage ‚Who Rules Britain?' muss seiner Meinung nach folgendermaßen beantwortet werden: Großbritannien wird regiert von einer kapitalistischen Klasse, deren wirtschaftliche Dominanz durch staatliche Aktivitäten aufrechterhalten wird, weil die Mitglieder dieser Klasse überproportional in der Machtelite vertreten sind, die über den Staatsapparat verfügt. Er konstatiert demzufolge die Existenz einer herrschenden Klasse in Großbritannien (vgl. Scott, 1991: 151/152).

Die hohe Kohäsion der britischen Elite kann also mit der ausgeprägten Institutionalisierung ihrer Sozialisation und der Netzwerkpflege erklärt werden. Moran dagegen kommt aufgrund seiner Studien zu einem anderen Bild. Er stellt bereits in den 80er Jahren eine deutlich gewachsene Offenheit der britischen politischen Eliten fest. Nicht nur die Herkunftsklasse, auch der Bildungshintergrund (Eliteschulen und -

171

hochschulen) schien nach seiner Analyse an Bedeutung zu verlieren; zugeschriebene Merkmale verloren für Spitzenkarrieren an Bedeutung und wurden durch Leistung erworbene Merkmale ersetzt. Er zeigt an vier „Clustern" von Elitemitgliedern, dass sich die Rekrutierungswege diversifiziert haben und eine „monistische" Elitenbildung nicht mehr vorliegt:

	Cluster 1 Self-made men	Cluster 2 Lower-class meritocrats	Cluster 3 Middle-class functionaries	Cluster 4 Patricians
Beispiele	Gewerkschafts- führer, höhere Offiziere, höhere Polizeibeamte, größere Bauun- ternehmer	höhere Beamte, Labour Minister, Labour Abge- ordnete	Botschafter, Richter, Konser- vative Abgeord- nete, Generäle	Bänker, konver- vative Minister, Vorstände der großen Indus- trieunternehmen
Klassenher- kunft	Arbeiterklasse/ untere Mittel- klasse	Arbeiterklasse/ untere Mittel- klasse	Obere Mittelklas- se/Mittelklasse	Obere Mittel- klasse/Adel
Bildung	Sekundärschul- bildung an nicht- gebührenpflichti- gen Schulen	Sekundärschul- bildung an nicht- gebührenpflichti- gen Schulen, Universitätsab- schluss	Mittlere Privat- schule, Ox- bridge-Abschluss	Elite- Privatschule, Oxbridge- Abschluss
Selektions- kriterium	Leistung, aber auch Zuschrei- bung, weil in den Gewerkschaften Männer mit Ar- beiterklassen- herkunft bevor- zugt werden	Leistung, auch Zuschreibung, weil in der La- bour Party Män- ner mit Arbeiter- klassenherkunft bevorzugt wer- den, im Civil Service wird eher die obere Mittelklasse be- vorzugt	Gemischt: Leis- tung/Zuschrei- bung	Weitgehend Zu- schreibung

Quelle: nach Moran, 1989: 173

Insgesamt kann also festgehalten werden, dass sich die britischen Eliten durch relativ hohe Homogenität (Gentlemenideal, Lebens- und Füh- rungsstil), hohe Kohäsion, hohe Selbstrekrutierungstendenz und Ab- schottungstendenzen auszeichnet. Die Gründe hierfür liegen vor allem im gemeinsamen sozialen Hintergrund und im Bildungs- und Ausbildungssystem (public schools und Oxbridge). Diese führen zu engen kommunikativen Netzwerken (old boys network) und zu vielen informellen Kontakten. Dies begünstigt die Tendenzen zu Kooptation, Nepotismus und Oligarchisierung. In den letzten Jahren wandelt sich das Muster der Elitenrekrutierung zunehmend von der traditionellen zu einer eher meritokratischen Form.

Literatur

Ahrens, Helmut (1987): London. Pracht, Macht und Alltag. Braunschweig: Westermann Verlag

Ahrens, Rüdiger (1999): Zwischen Tradition und Erneuerung: Bildungssystem und berufliche Ausbildung. In: Kastendiek, Hans/Rohe, Karl/Volle, Angelika (Hrsg.): Großbritannien. Geschichte · Politik · Wirtschaft · Gesellschaft. Frankfurt/New York: Campus, S. 523-542

Burch, Martin/Moran, Michael (1987): The Changing Political Elite. In: Burch, Martin/Moran, Michael (Hrsg.): British Politics. A Reader. Manchester: Manchester University Press, S. 131-143

Dahrendorf, Ralf (1982): On Britain. London: BBC

Döring, Herbert (1999): Bürger und Politik – die »Civic Culture« im Wandel. In: Kastendiek, Hans/Rohe, Karl/Volle, Angelika (Hrsg.): Großbritannien. Geschichte · Politik · Wirtschaft · Gesellschaft. Frankfurt/New York: Campus, S. 163-177

Field, Lowell G./Higley, John (1984): National Elites and Political Stability, in: Moore, Gwen (Ed.): Research in Politics and Society, Vol.1: Studies of the Structure of National Elite Groups. Greenwich (Conn.): JAJ Press

Gardner, Brian (1973): The Public Schools. An Historical Survey. London: Hamish Hamilton

Giddens, Anthony (1990): Elites in the British Class Structure, in: Scott, John (Hrsg.): The Sociology of Elites – Volume 1. Aldershot: Elgar, S. 1-30

Guttsmann, W. L: (1991): The Changing Stucture of the British Political Elite, in: Scott, John (Hrsg.): Who Rules Britain? Cambridge: Polity Press, S. 209-222

Harvie, Christopher (1999): Kultur und Gesellschaft. In: Kastendiek, Hans/Rohe, Karl/Volle, Angelika (Hrsg.): Großbritannien. Geschichte · Politik · Wirtschaft · Gesellschaft. Frankfurt/New York: Campus, S. 562-587

Jun, Uwe (1999): Großbritannien. Der unaufhaltsame Aufstieg des Karrierepolitikers. In: Borchert, Jens (Hrsg.): Politik als Beruf. Die politische Klasse in westlichen Demokratien. Opladen: Leske + Budrich, S. 186-212

Kaiser, André (1991): Das britische Parteiensystem. In: Der Bürger im Staat 41, S. 221-227

173

Kastendiek, Hans u.a. (Hrsg.) (1998): Länderbericht Großbritannien. Geschichte, Politik, Wirtschaft, Gesellschaft. Bonn: Bundeszentrale für politische Bildung

King, Anthony (1987): The Rise of the Career Politican, in: Burch, Martin/Moran, Michael (Hrsg.): British Politics – A Reader. Manchester: Manchester University Press, S. 145-156

Leach, Robert (1987): What is Thatcherism? in: Burch, Martin/Moran, Michael (Hrsg.): British Politics – A Reader. Manchester: Manchester University Press, S. 157-165

Marwick, Arthur (1999): Mentalitätsstrukturen und soziokulturelle Verhaltensmuster. In: Kastendiek, Hans/Rohe, Karl/Volle, Angelika (Hrsg.): Großbritannien. Geschichte · Politik · Wirtschaft · Gesellschaft. Frankfurt/New York: Campus, S. 116-145

Mintzel, Alf/Wasner, Barbara (2000): Zur Theorie und Empirie der Elitenforschung. Lehrmaterialien. Passau (Lehrstuhl für Soziologie)

Moran, Michael (1989): Politics and Society in Britain. An Introduction. London: Macmillian

Nairn, T. (1990): The British Political Elite, in: Scott, John (Hrsg.): Who Rules Britain? Cambridge: Polity Press, S. 265-275

Paxman, Jeremy (1990): Friends in High Places. Who Runs Britain? London: Penguin

Smith, Gordon (1996) Politikverdrossenheit, die Verfassung und das Parteiensystem: der Fall Großbritannien. In: Schmitz, Mathias (Hrsg.): Politikversagen? Parteienverschleiß? Bürgerverdruß? Streß in den Demokratien Europas. Regensburg: Universitätsverlag, S. 159-167

Sturm, Roland (1997): Das politische System Großbritanniens. In: Ismayr, Wolfgang (Hrsg.): Die politischen Systeme Westeuropas. Opladen: Leske + Budrich, S. 213-247

Sturm, Roland (1999): Staatsordnung und politisches System. In: Kastendiek, Hans/Rohe, Karl/Volle, Angelika (Hrsg.): Großbritannien. Geschichte · Politik · Wirtschaft · Gesellschaft. Frankfurt/New York: Campus, S. 194-223

von Ziegesar, Detlef (1991): Wie demokratisch ist England? Die Wahrheit über einen Mythos. Köln: Verlag Wissenschaft und Politik

Webb, Paul (2000): The Modern British Party System. London, Thousand Oaks, New Delhi: Sage

Weber, Helmut (1999): Recht und Gerichtsbarkeit. In: Kastendiek, Hans/Rohe, Karl/Volle, Angelika (Hrsg.): Großbritannien. Geschichte · Politik · Wirtschaft · Gesellschaft. Frankfurt/New York: Campus, S. 178-193

5. Italien

5.1 Politisches System

Das politische System Italiens zeichnet sich durch erhebliche Instabilität aus. Seit dem Zweiten Weltkrieg waren über 50 Koalitionsregierungen im Amt, die meist nur kurze Zeit eine Mehrheit fanden. Diese Regierungen waren bis zu ihrer Auflösung von der *Democrazia Cristiana* dominiert, mit jeweils wechselnden Koalitionspartnern. Die Sozialisten wurden dabei mit allen Mitteln von der Regierung ferngehalten; die Möglichkeit eines tatsächlichen Regierungswechsels war damit völlig ausgeschlossen. Häufig wurde Italien deshalb auch als „blockierte Demokratie" bezeichnet. Diese Konstellation hatte nicht nur bedeutende Auswirkungen auf die politische Elite, sondern auch auf andere Eliten: Es existierte immer ein System der staatlichen Postenverteilung nach dem Parteienproporz (sog. *lottizzazione*).

Der entscheidende Umbruch fand 1992 statt, der Übergang zur sogenannten ‚zweiten Republik'. Hiervon waren zunächst vor allem die Parteien betroffen: Die früheren Parteien (allen voran die *Democrazia Cristiana*) verschwanden entweder ganz oder benannten sich wenigstens um und eine Vielzahl neuer Parteien entstand (vgl. Trautmann, 1997: 509). Auch das Wahlsystem wurde grundlegend umgestaltet, um die Fragmentierung und Polarisierung des Parteiensystems zu überwinden.

Italien hat ein Zwei-Kammern-Parlament, das aus dem Abgeordnetenhaus und dem Senat besteht. Die italienische Besonderheit besteht darin, dass beide Kammern über gleiche Kompetenzen verfügen und die Gesetzgebung gemeinsam bestreiten. Problematisch ist dieses System deshalb, weil es keine Schlichtungsinstanz im Falle einer Uneinigkeit gibt und somit Gesetzesvorhaben häufig verzögert und verschleppt werden können (vgl. Trautmann, 1997: 513/514). So ist auch das öffentliche Ansehen der beiden Kammern sehr gering, weil das Parlament sich kaum gegen die zentralen Parteiapparate durchsetzen kann und häufig von der Regierung „entmachtet" wird, indem sie die Gesetzgebungskompetenz des Parlaments durch Verordnungen umgeht. Bis zu Beginn der 90er Jahre spricht Trautmann von einer „Konkordanzdemokratie durch Elitenkompromisse", in der sich die regierenden Christdemokraten mit den oppositionellen Kommunisten häufig auf Gesetzgebungskompromisse einigten und eine effektive Regierungskontrolle deshalb nicht gegeben war (vgl. Trautmann, 1997: 515).

Insgesamt ist also festzustellen, dass das italienische Parlament weniger mächtig ist als die vergleichbaren Institutionen in anderen europäischen Ländern. Jedoch auch den Regierungen fehlt es – wie die häufigen Regierungswechsel zeigen – an Machtfülle. Die eigentliche politische Macht war in Italien immer den Parteien (d.h. jahrzehntelang nur der *Democrazia Cristiana*) zuzuschreiben.

Bis 1993 galt ein reines Verhältniswahlsystem, das einen großen Teil zur politischen Instabilität in Italien beitrug und das System des Klientelismus unterstützte. Mit dem politischen Umbruch Anfang der 90er Jahre wurde auch ein neues Wahlsystem eingeführt. Für das Abgeordnetenhaus gilt, dass 75% der Mandate in einem Wahlgang nach dem relativen Mehrheitsprinzip in Einer-Wahlkreisen vergeben werden. Dabei findet eine Sperrklausel von 4% Anwendung, die die bisherige Stimmenzersplitterung und Fragmentierung verhindern soll. Die verbleibenden 25% werden auf regionaler Ebene nach Parteilisten vergeben. Die Chancen kleinerer Parteien bzw. von Wahlbündnissen sollen dadurch erhöht werden (vgl. Trautmann, 1997: 522). Bei den Senatswahlen werden die Sitze nach dem selben Verfahren vergeben. Die Hoffnung, mit dieser Wahlrechtsreform deutliche parlamentarische Mehrheiten, eine Konzentration der Parteienlandschaft und klare Links-Rechts-Alternativen zu schaffen, wurde jedoch weitgehend enttäuscht.

Stärkste Partei der Nachkriegsjahre bis zur Umstrukturierung Anfang der 90er Jahre war die *Democrazia Christiana* (DC), die sich ein beispielloses Machtmonopol aufbauen konnte, das vor allem auf geschickte Koalitionspolitik gegründet war. Sie konnte somit die zweitstärkste Partei, die Partito Socialista Italiano dauerhaft von der Regierung fernhalten. Die DC war nach den Skandalen in den 90er Jahren völlig verschwunden, sie ist in zahlreichen kleineren Parteien aufgegangen, die PCI orientierte sich eher sozialdemokratisch und benannte sich in PDS (*Partito Democratico de Sinistra*) um (vgl. della Porta, 1995: 98).

5.2 Politische Kultur

Ginsborg beschreibt die italiensche politische Kultur mit zwei Schlüsselelementen: Familialsmus und Klientelismus. Unter Familialismus ist eine besondere Verbindung zwischen Familie, Zivilgesellschaft und dem Staat zu verstehen. Dabei werden die familialen Werte als wesentlich wichtiger erachtet als andere soziale Beziehungen. Familienverbindungen werden für öffentliche Geschäfte oder Postenzuweisungen genutzt, öffentliche Ressourcen dienen dem persönlichen oder familiären Vorteil (vgl. Ginsborg, 1995: 5/6). Ähnlich funktioniert auch der Klientelismus, in diesem Fall stehen nicht familiäre Beziehungen im Vordergrund, sondern persönliche Beziehungen und Abhängigkeitsverhältnisse unterschiedlichster Art, die LaPalombara polemisch folgendermaßen beschreibt: „Der Italiener, der in dieser kafkaesken Welt tatsächlich Hilfe braucht, wendet sich in der Regel an seinen „Patron", d.h. an eine Person, Gewerkschaft, Partei oder kirchliche Gruppe, die ‚Bescheid weiß' und echten Druck auf die Vertreter des Staates ausüben kann. Im Unterschied zu andernorts üblichen Verfahrensweisen geht man hier indirekt vor, wobei man der Einsicht Rechnung trägt, daß – wie es in westlichen Demokratien nicht unüblich ist – manche Bürger eben doch mehr zählen als andere. In Italien sind diejenigen, die das nicht kapiert haben und sich so aufführen, als behandelten die Behörden jedermann gleich, in der Minderheit. Sie gelten ebenfalls als Dummköpfe, als *fessi*." (LaPalombara, 1988: 111).

Italien wird noch immer eine fehlende nationale Identität attestiert, der Prozess der Nationenbildung kann also in Italien nach wie vor (eineinhalb Jahrhunderte nach der nationalen Einigung) nicht als abgeschlossen betrachtet werden (vgl. Cento Bull, 2001: 35). Es lassen sich drei relativ unabhängige – oder sich von einander unabhängig wähnenden – „Italiens" voneinander unterscheiden: der Nordwesten, der sich durch Großindustrie und hohe Tertiarisierung auszeichnet, der Nordosten und Zentrum, dominiert von kleineren Industrien, mit einer noch immer hohen Bedeutung von sozialen Netzwerken und dem Süden, der trotz massiver staatlicher Interventionen nach wie vor wirtschaftlich unterentwickelt ist. Diese drei Teile unterscheiden sich vor allem auch erheblich in ihren politischen Kulturen. Während der Nordwesten eine pluralistisch und individualistisch orientierte Kultur aufweist, entspricht das Gebiet des Nordostens und Zentrums noch den traditionalen Subkulturen und der Süden befindet sich noch immer im Stand der klientelistischen Patronagekultur (vgl. Cento Bull, 2001: 57). Diese (vor allem für den Nordosten und das Zentrum gültigen) Subkulturen sind die katholische, die linke (oder marxistische) und die laizistische (oder säkulare) (vgl. LaPalombara, 1988: 47). Der Zentrum-Peripherie-Konflikt wurde durch die Lega-Bewegung (Gründung der Lega Nord) in den 80er Jahren neu belebt (vgl. Petersen, 1995: 168-170). Im Norden ist vor allem auch die Spaltung zwischen Katholiken und Sozialisten von Bedeutung. Der Katholizismus wurde lange Zeit vertreten von der *Democrazia Cristiana*. Sie setzte vatikanische Interessen (vor allem in familienpolitischer Hinsicht) in der Gesetzgebung um. Das Ende dieser Partei bedeutete nicht nur das Ende des anti-sozialistischen Kompromisses, sondern vor allem auch einen Einflussverlust der katholischen Kirche (vgl. Allum, 2001: 111). Zum allmählichen Verschwinden dieser Spannungslinie trug auch das italienische Wirtschaftswunder bei, das neben dem Anstieg des allgemeinen Lebensstandards auch zu einer verstärkten Säkularisierung führte (vgl. Cento Bull, 2001: 55). Mit dem Ende des Kalten Krieges, dem Fall der Mauer, wurden auch in Italien „die Karten neu gemischt". Die alte anti-sozialistische bzw. antikommunistische Front hatte ausgedient, die *Democrazia Christiana* damit ihre Funktion verloren. Auch die *mani-pulite*-Bewegung zeigte nun ihre Folgen: Neue Parteien entstanden, das politische System wurde neu gestaltet. Gleichzeitig zeigte sich auch, dass offenbar die alten Konfliktlinien nicht verschwunden waren, sie lebten wieder auf, wie sich am Neuentstehen regionalistischer und separatistischer Parteien und dem neuen Erfolg der früheren sozialistischen Partei im Po-Gebiet zeigt (vgl. Cento Bull, 2001: 58).

Besonders bemerkenswert in Italien ist das tiefgreifende Misstrauen der Gesellschaft gegenüber ihren (politischen) Eliten. Die politische Kulturforschung arbeitet mit dem Konzept der sogenannten *political allegiance*. Dieses Konzept bezieht sich auf die Einstellungen über die Machtverteilung in der Gesellschaft. Man überprüft dabei, welche Einstellungen Bürger gegenüber den politischen Eliten haben und wie sie ihre eigene Rolle im politischen Leben bewerten. Bürger, die eine positive Einstellung gegenüber der politischen Elite haben und glauben, auch selbst (in einem bestimmten Umfang) in das politische Geschehen eingreifen zu können, werden als *allegiant* bezeichnet. Bürger dagegen, die eine negative Einstellung gegenüber politischen Eliten haben, diese für korrupt und auf ihren eigenen Vorteil bedacht halten, und ihre eigenen Chancen, in politische Entscheidungen einzugreifen, für gering erachten, gelten als *alienated*. Almond und Verba führten anhand dieses Konzepts im Jahr 1963 eine Untersuchung über die politische Kultur verschiedener Staaten durch. Sie bezogen die USA, Großbritannien, die Bundesrepublik, Mexiko und Italien in diese Studie ein. Italien zeigte sich dabei im Vergleich zu den anderen Staaten am stärksten durch *alienation* geprägt. Man stellte bei der Wiederholung der Untersuchung im Jahre 1980 z.b. in der Bundesrepublik, aber auch in den anderen Staaten, fest, dass sich das Vertrauen der Bürger in ihr politisches System gestärkt hat. Eine Ausnahme bilden hier wiederum die Italiener: Ihr Vertrauen war weiter geschwunden. Die ständigen italienischen Regierungskrisen sind ein zusätzlicher Beleg dafür, dass das politische System auch aufgrund des Misstrauens in die Eliten sehr instabil ist. Wegen der ständigen Regierungskrisen fällt der Verwaltung die Aufgabe zu, Stabilität und Kontinuität zu gewährleisten und hieraus erwächst eine beträchtliche Machtposition und eine bedeutungsvolle Rolle der Verwaltungselite.

Nach Cotta kann Italien (nach Higleys Typologie) als Paradebeispiel der *disunified elites* gelten (vgl. Cotta, 1992: 146). Diese Elitenspaltung hat eine lange Tradition, in wechselnden Konstellationen lässt sie sich bis ins 19. Jahrhundert zurück verfolgen. Auch nach dem zweiten Weltkrieg konnte eine Einigung nur für kurze Zeit erreicht werden. Lange Zeit war damit das Bild der italienischen politischen Eliten geprägt, das Bild der „stabilen Instabilität". Diese bestand aus instabilen Regierungen in einer politischen Landschaft, die von der *Democrazia Christiana* dominiert wurde, die jederzeit fähig war, die für Regierungsbildungen notwendige Allianzen zu bilden und dabei die stärkste Oppositionspartei, die Sozialisten, von der Regierung fernhalten konnte (vgl. Cotta, 1992: 166).

Ein wichtiger Ausgangs- und Kulminationspunkt der politischen Kultur Italiens ist die Umbruchphase im Jahre 1992. Ausgelöst wurde der Zusammenbruch des Parteiensystems durch *„tangentopoli"*, also das Offenbarwerden der Korruptionsfälle in fast allen Parteien und die Aufdeckung der illegalen Parteienfinanzierung. Es zeigte sich, dass dieses Bestechungssystem fester Bestandteil der christdemokratischen Politik war (vgl. Trautmann, 1997: 324/325). Die folgenden Veränderungen in der Parteienlandschaft führten jedoch zu keinem strukturellen Wandel im Parteiensystem; das Verschwinden der DC, die Namensänderungen, Neugründungen und Abspaltungen der verschiede-

nen Parteien führten zwar zu kurzfristiger Bewegung in der Parteienlandschaft, einige Jahre später präsentierte sich das Parteiensystem
ebenso fragmentiert und polarisiert wie in den Jahrzehnten zuvor.
Früher sorgte das „Monopol" der DC für eine gewisse Stabilität; nach
ihrem Zerbrechen entstanden eine Fülle von neuen Parteien, die kaum
zur Zusammenarbeit bereit und fähig sind und dazu beitragen, dass
Italien nach wie vor schwer regierbar ist.

Die politische Kommunikation ist in Italien sehr stark vom Fernsehen gesteuert, die Presse spielt eine wesentlich geringere Rolle. Eine
unabhängige, pluralistische Fernsehlandschaft und –berichterstattung
wäre insofern für Italien von besonderer Bedeutung. Hier bestehen
aber seit Anbeginn Defizite: Zunächst war staatliche Sender RAI fest
in Parteienhand; die DC, PSI und PCI besetzten die wichtigsten Führungspositionen der Anstalt, wobei die DC den größten Einfluss hatte.
Nach der Öffnung des Fernsehmarktes konnte Berlusconi eine Quasi-
Monopolstellung errichten.

5.3 Bildungssystem

Das italienische Schulsystem ist stark egalitär geprägt, eine frühe Differenzierung wie in Deutschland kennt dieses System nicht. Die Differenzierung beginnt erst mit dem Ende der allgemeinen Schulpflicht
(diese endet mit 14 Jahren). Dann stehen den Schülern eine Auswahl
von verschiedenen Oberschultypen zur Auswahl; diese führen zur
Hochschulreife (vgl. Arnold/Große, 1997: 207). Der angesehenste unter
diesen Schultypen ist das *liceo classico*. Er gilt das die Schule der obersten Gesellschaftsschicht, ist vorwiegend humanistisch ausgerichtet (vgl.
Arnold/Große, 1997: 215) und kann begrenzt als eliteträchtig gelten.

Die Universitäten in Italien sind unter anderem auch wegen der hohen Jugendarbeitslosigkeit überfüllt. Ausgewiesene Eliteuniversitäten,
wie es sie in Frankreich oder Großbritannien gibt, existieren in Italien
eigentlich nicht. Es gibt aber einige sehr angesehene Universitäten wie
die private Wirtschaftsuniversität ,*Luigi Bocconi*' in Mailand und die
der Universität Pisa angeschlossene *Scola Normale Superiore* (vgl.
Arnold/Große, 1997: 232). Diese Einrichtungen haben jedoch vor allem großes Ansehen, ihre Absolventen sind aber nicht automatisch
„auf dem Weg in die Elite".

5.4 Gewicht einzelner Gesellschaftssektoren

Die Dominanz der politischen Elite kommt durch die sogenannten „lottizzazione" zustande. Das System „der Verteilung sehr begehrter Posten in Industrie, Medien, Banken, Universitäten und anderswo, die Kirche vielleicht ausgenommen, ist einzig und allein Sache der Parteien. Sie sind die Filter, durch die die wichtigsten Vertreter der ‚politischen Klasse' ausgesondert und auf die begehrtesten Positionen verteilt werden, sie sind die ‚Türhüter', die den Zugang zu jenen Dingen des Lebens bewachen, um die die Menschen wetteifern." (LaPalombara, 1988: 162)

Ward geht aus diesem Grund davon aus, dass Italiens Intellektuelle deswegen eine wichtige Rolle spielen, weil sie von diesem System weitgehend unabhängig sind. Da das Vertrauen in die politische Elite so gering ist, mussten die Intellektuellen die Rolle von Sinnstiftern und Agenten des sozialen Wandels übernehmen (vgl. Ward, 2001: 81). Nicht nur für die politische Klasse, sondern auch für die Intellektuellen spielen die Medien eine wichtige Rolle: Nur diejenigen Intellektuellen, die die neuen Medien (insbesondere das Fernsehen) für sich zu nutzen wissen, haben größere Einflusschancen (vgl. Ward, 2001: 93).

Sehr enge Verflechtungen sind zwischen der politischen und der wirtschaftlichen Elite zu verzeichnen, was unter anderem an dem ausgedehnten Staatssektor liegt. Friedman bezeichnet die enge Beziehung als geradezu inzestuös (Friedman, 1996: 263). Sehr deutlich trat dies mit Berlusconis Aufstieg zu Tage: Seine Zugehörigkeit zur wirtschaftlichen Elite steht außer Frage (sein Unternehmen Fininvest, ein Medien- und Finanzimperium, beschäftigte über 40 000 Menschen und machte Millionenumsätze; vgl. Friedman, 1996: 264). Er konnte diese wirtschaftliche Stellung und sein Fernsehmonopol für seine politisch Karriere nutzen.

Aufgrund der ständigen politischen Instabilität wuchs den Verwaltungseliten eine zentrale Rolle zu. Zudem ist ihre Verflechtung mit den politischen Elite recht hoch, Übergänge von hohen Verwaltungsbeamten in politische Spitzenpositionen sind nicht selten. In der italienischen Verwaltung gibt es einen genau vorgegebenen Aufstiegsweg, verschiedene Ebenen müssen erklommen werden, um auf die nächste Ebene zu gelangen. Die Anzahl der Stellen auf jeder dieser Ebenen ist gesetzlich geregelt, man kann also nur dann um eine Ebene aufsteigen, wenn auf dieser Ebene eine Stelle verfügbar ist. Dies führt einerseits zu Unflexibilität und Immobilität, war andererseits aber auch der Grund für die – gesetzlich gesteuerte – überproportionale Ausdehnung der italienischen *dirigenzia* ist (vgl. Righettini, 1997: 199). Es gab immer wieder Versuche, die Ausdehnung der *dirigenza* etwas zu begrenzen. Zu Beginn der 90er Jahre waren dabei gewisse Erfolge zu verzeichnen. Aufgrund dieser festgelegten Aufstiegswege gilt die italienische Verwaltung (und damit einhergehend die Verwaltungselite, die als männer- und juristendominiert zu bezeichnen ist; vgl. Righettini, 1997: 196/197) als wenig professionell und unflexibel. Ende der 80er und Anfang der 90er Jahre wurden deshalb Reformen durchgeführt, die dies ändern sollten, diese erbrachten jedoch nicht den erwarteten Erfolg (vgl. Righettini, 1997: 207).

Gerade das Ende des 20. Jahrhunderts ist in Italien durch den Übergang zu einer „Telekratie" gekennzeichnet. Der politische Diskurs wurde von den Fernsehanstalten praktisch völlig monopolisiert. Dabei war die Rundfunklandschaft bis Mitte der 70er Jahre sehr vielschichtig; zu dieser Zeit gab es in Italien über 350 private Sender. 10 Jahre später gab es nur noch drei maßgebende, alle in Berlusconis Hand (vgl. Ferrari, 1998: 33). Besonders brisant an dieser Entwicklung war die enge Verquickung zwischen Medien und Politik. Als dann der Medienmagnat Berlusconi 1994 zum Ministerpräsidenten gewählt wurde, schien der Übergang von einer Demokratie zur Telekratie (vgl. Wallisch, 1997) endgültig vollzogen. Entscheidend dabei ist, dass die Medienelite aus dieser Entwicklung keinen Einflusszuwachs schlagen konnte, sondern dass die politische Elite durch ihren Einfluss auf die Medien einen Machtzuwachs verschaffen konnte.

5.5 Sozialstrukturelle und sozio-ökonomische Faktoren

Die soziale Ungleichheit manifestiert sich in Italien vor allem als eine regionale Ungleichheit. Die Nord-Süd-Spaltung macht sich hier in besonderer Weise bemerkbar. Das Pro-Kopf-Einkommen im Norden (insbesondere in den Regionen *Piemont, Lombardei* und der *Emilia Romagna*) ist um einiges höher als im Süden. Vergleichbar sind diese sozialen Unterschiede mit denen in der EU: Die Wirtschaftskraft des

Nordens entspricht in etwa der der wirtschaftlich erfolgreichsten Regionen der EU, während der Süden mit strukturschwachen Regionen Spaniens, Portugals oder Griechenlands zu vergleichen ist (vgl. Schioppa-Kostoris, 1996: 289). Problematisch ist vor allem die überaus hohe Staatsquote Italiens. Die Anzahl von Unternehmen, die in Staatsbesitz sind, ist beträchtlich. Eine ebenfalls große Bedeutung haben einige wenige Familien, in deren Besitz sich Banken, Medien und andere Unternehmen befinden. Sie können aufgrund dieser außergewöhnlich guten ökonomischen Situation auch politische Macht entfalten. Diese großen Unternehmen zeigen aber strukturelle Schwächen und sinkende Chancen auf dem Weltmarkt. Kleinere und mittlere Unternehmen dagegen haben nicht nur großes Wachstumspotential, sie sind insgesamt wirtschaftlich erfolgreicher, was vor allem auf ihre höhere Flexibilität zurückzuführen ist. Die großen (Staats-)Unternehmen dagegen erweisen sich als unflexibel und starr. Zudem spielt in Italien die Schattenwirtschaft eine bedeutende Rolle, hier wird ein nicht zu unterschätzender Teil des Einkommens erwirtschaftet. Es liegt demnach auch eine Spaltung und damit ein Ungleichheitsverhältnis zwischen Beschäftigten in den großen (staatlichen) Betrieben und den Angestellten der kleineren und mittleren Betriebe vor[1].

Die „Scala mobile", die automatische Lohnanpassung, führte in den 70er Jahren dazu, dass in manchen Bereichen die Löhne schneller stiegen als die Inflationsrate und dies zu einem gefährlichen Teufelskreis immer höherer Inflation führte. Bei den Lohnerhöhungen wurden niedrige Löhne stärker angehoben als höhere. Dadurch verringerten sich die Lohn- und Einkommensdifferenzen in den 70er und 80er Jahren erheblich (vgl. LaPalombara, 1988: 169).

Italiens Wirtschaft ist überdies gekennzeichnet von einer chronisch sehr hohen Staatsverschuldung. Diese führt zu einer erheblichen Steuerbelastung für die Bürger, die in den 80er Jahren noch weiter angestiegen ist (vgl. Schioppa Kostoris, 1996: 288). Einkommensschwache haben hier noch zusätzliche Belastungen. Einer der Hauptgründe für die hohe Staatsverschuldung ist das großzügige soziale Sicherungssys-

---

1 Auch die Beamten und Angestellten im öffentlichen Dienst sind als privilegiert zu betrachten; da sie immer ein wichtiges Wählerpotential der DC waren, wurden sie von dieser mit recht hohen Bezügen ausgestattet (vgl. Carrieri, 1996: 295).

tem (vgl. Petersen, 1995: 134). So großzügig dieses System auch sein mag, gleicht es soziale Ungleichheitsverhältnisse dennoch kaum aus.

Soziale Ungleichheit ist in Italien also vor allem durch zwei Bestimmungsgründe strukturiert: durch die regionalen Disparitäten und die Unterschiede zwischen kleinen und mittleren Unternehmen einerseits und den großen staatlichen Betrieben andererseits.

5.6 Profil italienischer Eliten

In Italien wird ganz selbstverständlich Moscas Begriff der „herrschenden Klasse" (*classe dirigente*) benutzt. Zu dieser herrschenden Klasse werden nicht nur Politiker gerechnet, sondern auch die Eliten anderer gesellschaftlicher Bereiche (vgl. LaPalombara, 1988: 153), wie z.B. auch Manager von Sportvereinen (die in Deutschland nicht in die Elite einbezogen werden; siehe oben). Die politische Elite, also die Inhaber von Toppositionen in Parteien, Parlamenten, Regierung usw., wird als *classe politica* bezeichnet. Das Misstrauen der Bevölkerung ihren Eliten gegenüber ist sehr groß und wie es scheint, ist dieses Misstrauen nicht ungerechtfertigt. Die Verflechtung ist sehr groß und die Aufdeckung der Korruptionsfälle hatte das Ausmaß der gegenseitigen Nutzenbeziehungen gezeigt. Zu diesen Korruptionsfällen kommt immer auch noch der Verdacht der Nähe zur Mafia hinzu. In diesem Klima konnte sich vor allem eine Elite besonderes Vertrauen und Legitimität erwerben: die Justizelite. Durch ihren beispiellosen Einsatz bei der Aufdeckung des „Korruptionssumpfs", der zum Teil unter Einsatz des Lebens geführt wurde, wurde das Ansehen der Justiz erheblich gestärkt, die Justizelite profitierte hiervon erheblich. Die politische, administrative und wirtschaftliche Elite ging aus den Veränderungen der 90er Jahre nicht gestärkt hervor: Der Wunsch nach Erneuerung hatte sich zwar erfüllt, die Legitimationsbasis der Eliten bleibt weiterhin schmal.

Italiens Eliten sind durch extreme Instabilität und hohe Zirkulationsraten gekennzeichnet. Mehrere Systembrüche führten zu Austauschprozessen. Besonders hervorzuheben sind zwei Ereignisse: der Umbruch nach der faschistischen Mussolini-Diktatur und der Übergang zur zweiten Republik in den 90er Jahren. Mit diesem Umbruch wurde die jahrzehntewährende Hegemonie der DC gebrochen und schuf Platz für eine neue Elite und für neue Formen der Elitenrekrutierung.

Literatur

Allum, Percy (2001): Catholicism. In: Barański, Zygmunt/West Rebecca J. (Hrsg.): The Cambrigde Companion to Modern Italian Culture. Cambrigde: University Press; S. 97-112

Arnold, Ernst/Große, Ulrich (1997): Das Bildungswesen: Traditionen und Innovationen. In: Große, Ernst Ulrich/Trautmann, Günter (Hrsg.): Italien verstehen. Darmstadt: Wissenschaftliche Buchgesellschaft, S. 199-238

Braun, Michael (1994): Italiens politische Zukunft. Frankfurt: Fischer Taschenbuch Verlag

Cento-Bull, Anna (2001): Social and Political Cultures in Italy from 1860 to the Present Day. In: Barański, Zygmunt/West Rebecca J. (Hrsg.): The Cambrigde Companion to Modern Italian Culture. Cambrigde: University Press; S. 35-61

Cingolani, Stefano (1990): La grandi famiglie del capitalismo italiano. Roma/Bari: Laterza.

Cotta, Maurizio (1992): Elite Unification and Democratic Consolidation in Italy: A Historical Overview. In: Higley, John/Gunther, Richard (Hrsg.): Elites and Democratic Consolidation in Latin America and Southern Europe. Cambridge: Cambridge University Press, S. 146-177

della Porta, Donatella (1995): Political Parties and Corruption: Reflections on the Italian Case. In: Modern Italy 1, (1), S. 97-114

Domboroski, Robert S. (2001): Socialism, Communism and other ‚isms‘. In: Barański, Zygmunt/West Rebecca J. (Hrsg.): The Cambrigde Companion to Modern Italian Culture. Cambrigde: University Press; S. 113-130

Drüke, Helmut (2000): Italien-Grundwissen, Länderkunde, Wirtschaft, Gesellschaft, Politik. Opladen: Leske + Budrich

Ferrari, Claudia-Francesca (1998): Wahlkampf, Medien und Demokratie. Der Fall Berlusconi. Stuttgart: ibidem-Verlag

Fraenkel, Gioachino (1991): Die italienische Wirtschaftspolitik zwischen Politik und Wirtschaft. Berlin: Duncker & Humblot

Friedman, Alan (1988): Agnelli and the Network of Power. London: Harrop

Friedman, Alan (1996): The Economic Elites and the Political System. In: Gundle, Stephen/Parker, Simon (Hrsg.): The New Italian Republic. From the Fall of the Berlin Wall to Berlusconi. London/New York: Routledge, S. 263-272

Fritzsche, Peter (1987): Die politische Kultur Italiens. Frankfurt am Main/New York.: Campus

Ginsborg, Paul (1995): Italian Political Culture in Historical Perspective. In: Modern Italy 1, (1), S. 3-17

Gundle, Stephen/Parker, Simon (1996): The New Italian Republic. From the Fall of the Berlin Wall to Berlusconi. London, New York (Routledge)

LaPalombara, Joseph (1988): Die Italiener oder Demokratie als Lebenskunst. Wien, Darmstadt: Paul Zsolnay Verlag

Petersen, Jens (1995): Quo vadis, Italia? Ein Staat in der Krise. München: C. H. Beck

Putnam, Robert D. (1973): The Beliefs of Politicians. Ideology, Conflict and Democracy in Britain and Italy. New Haven, London: Yale University Press

Recchi, Ettore/Verzichelli, Luca (1999): Italien: Kontinuität und Diskontinuität politischer Professionalisierung. In: Borchert, Jens (Hrsg.): Politik als Beruf. Die politische Klasse in westlichen Demokratien. Opladen: Leske + Budrich, S. 255-282

Righettini, Stella (1997): Les dirigeants de la haute fonction publique de l'Ètat italien. Une élite modeste? in: Suleiman, Ezra/Mendras, Henri (Hrsg.): Le recrutement des élites en Èurope. Paris: Éditions La Découverte, S. 192-210

Trautmann, Günter (1997): Das politische System Italiens. In: Ismayr, Wolfgang (Hrsg.): Die politischen Systeme Westeuropas. Opladen. Leske + Budrich, S. 509-547

Wallisch, Stefan (1997): Aufstieg und Fall der Telekratie. Silvio Berlusconi, Romano Prodi und die Politik im Fernsehzeitalter. Wien: böhlau

Ward, David (2001): Intellectuals, Culture and Power in Modern Italy. In: Barański, Zygmunt/West Rebecca J. (Hrsg.): The Cambrigde Companion to Modern Italian Culture. Cambrigde: University Press; S. 81-96

6. Spanien

6.1 Politisches System

Spanien ist eine parlamentarische Monarchie, laut Verfassung ein „sozialer und demokratischer Rechtsstaat". Die Funktionen des Monarchen beschränken sich auf repräsentative[1] und notarielle[2] Aufgaben. In der Verfassung wird auch die künftige Thronfolge bestimmt, nur Nachfolger des momentanen Königs Juan Carlos I de Borbón sind hierzu berechtigt (vgl. Barrios, 1997: 551/552). Die verfassungsmäßigen Funktionen des spanischen Königs sind also begrenzt, es zeigte sich jedoch, dass Juan Carlos eine sehr wichtige Rolle in der *transición*, beim Übergang von der Diktatur zur Demokratie spielte. Er war es auch, der sich im Jahre 1981 den rechtsgerichteten Putschisten in den Weg stellte.

Das spanische Parlament, *Cortes Generales*, ist ein Zweikammern-Parlament; es besteht aus dem *Congreso de los Diputados* (Abgeordnetenhaus) und dem *Senado* (Senat), wobei dem Senat eine eher untergeordnete Rolle zukommt. Die Regierung ist nur dem *Congreso* verpflichtet, sie kann von ihm eingesetzt und abgelöst werden. Die Abgeordneten des *Congreso* werden nach dem Verhältniswahlsystem für vier Jahre gewählt. Der Fraktionsdisziplin kommt im spanischen Abgeordnetenhaus eine hohe Bedeutung zu, entsprechend groß ist die Macht der Fraktionsvorsitzenden. Beschlussfassungen im Parlament sind nur dann geheim, wenn dies ein Fünftel der Abgeordneten oder zwei Fraktionen beantragen.

---

1   In internationaler Beziehung und vor allem gegenüber den Nationen der historischen hispanischen Gemeinschaft. Nominell hat der König auch den Oberbefehl über die Streitkräfte. (vgl. Barrios, 1997: 552)

2   Dies sind „Ausfertigung und Verkündung der vom Parlament beschlossenen Gesetze, die Auflösung des Parlaments auf Ersuchen des Regierungschefs sowie die formelle Ansetzung von Parlamentswahlen und Referenden" (Barrios, 1997: 552) Die Kabinettssitzungen kann er leiten, wenn er vom Regierungschef dazu gebeten wird.

Der *Senado* ist ähnlich dem Bundesrat eine Vertretung der territorialen Einheiten Spaniens; im Senat sind die Vertreter der Provinzen. Diese Vertretung wird inzwischen nicht mehr als angemessen empfunden, weil diese Provinzen der Einteilung des früheren Zentralstaates entspricht. Heutzutage wird die Einteilung in Autonome Gemeinschaften als angemessener betrachtet. Inzwischen gibt es inzwischen eine Mischform: Jede Provinz entsendet vier Senatoren und die Autonomen Gemeinschaften entsenden je einen Senator. Dennoch wird die momentane Regelung noch immer als unbefriedend empfunden (vgl. Barrios, 1997: 557).

Eine Besonderheit im politischen System Spaniens ist der *Defensor del Pueblo*, der Volksanwalt nach dem Vorbild des schwedischen Ombudsmans. Er hat eine unabhängige Stellung inne und wird mit drei Fünftel der Stimmen beider Kammern für eine Amtszeit von fünf Jahren gewählt; seine Aufgabe besteht darin, Eingaben von Bürgern zu bearbeiten und dem Parlament jährlich Bericht zu erstatten (vgl. Barrios, 1997: 557).

Dem deutschen Beispiel folgend, kann das Parlament der Regierung das Vertrauen nur über ein konstruktives Misstrauensvotum entziehen und dieser Misstrauensantrag kann nur mit der absoluten Mehrheit durchgesetzt werden. Mit dieser Regelung soll der Regierung Stabilität verliehen werden, was auch gelang (vgl. Barrios, 1997: 559). Gewählt wird vom Parlament allein der Regierungschef und sein Programm, nicht aber die gesamte Regierungsmannschaft, seine Minister. Er hat deshalb auch eine sehr machtvolle Position, die sich vor allem auf die autonome Auswahl der Kabinettsmitglieder erstreckt. Diese werden auf seinen Vorschlag hin vom König ernannt. Darüber hinaus hat der Ministerpräsident Richtlinienkompetenz und Verantwortung für das Regierungsprogramm und vertritt die Regierung im In- und Ausland (vgl. Barrios, 1997: 560-562). Der Ministerpräsident hat vor allem (gemeinsam mit den Fraktions- und Ausschussvorsitzenden) großen Spielraum im Agendasetting. Dies führte unter den PSOE-Ministerpräsidenten González und Guerra zu einem ausschließlich von ihnen bestimmten Gesetzgebungsprogramm (vgl. Gibbons, 1999: 104).

Die Abgeordneten werden in 52 Wahlkreisen, die den Provinzen entsprechen, gewählt. Die Zahl der Abgeordneten pro Provinz richtet sich nach der Bevölkerungszahl. Gewählt wird nach dem Verhältniswahlsystem mit starren Kandidatenlisten. Es existiert eine 3%-Sperrklausel (vgl. Barrios, 1997: 568/569). Die Wahlbeteiligung in Spanien ist (im europäischen Vergleich) meist relativ gering.

In den 80er Jahren war die politische Entwicklung Spaniens von zwei Faktoren geprägt, von der Stabilisierung des politischen Systems (vor allem durch den Aufbau eigener Verwaltungsstrukturen in den autonomen Regionen (vgl. Gibbons, 1999: 94)) und der Instabilität des Parteiensystems (vgl. Gunther, 1987: 39). Gibbons geht davon aus, dass die Zivilgesellschaft in Spanien nur gering entwickelt ist und deshalb von Interessenverbänden nur wenig Druck auf politische Entscheidungen ausgeübt werden. Dies ist auch mitverantwortlich für die Schwäche der Parteien. Vor allem aber unterlag das Parteiensystem seit dem Ende der Diktatur verschiedenen Wandlungsprozessen, die nach und nach zu einer eher bipolaren Parteienstruktur führte und erst 1989 vorerst abgeschlossen waren (vgl. Barrios, 1997: 572). Zudem ist das spanische Parteiensystem durch die große Bedeutung regionaler Subsysteme gekennzeichnet; vor allem das Baskenland und Katalonien weisen eine eigenständige Parteistruktur auf (vgl. Barrios, 1997: 571).

Insgesamt kann das politische System Spaniens inzwischen als demokratisch konsolidiert gelten. Die politische Elite ist als eine Konsenselite zu bezeichnen, die sich durch eine recht pragmatische Orientierung auszeichnet (vgl. Gunther, 1992).

6.2 Politische Kultur

Spanien weist eine sehr komplexe Cleavagestruktur auf. Von zentraler Bedeutung sind die Spannungslinien Monarchie – Republik, Kirche – Staat, Zentrum – Peripherie und der Klassenkonflikt.

Monarchie – Republik: Spanien wechselte in seiner Geschichte vier mal zwischen monarchischen und republikanischen Staatsformen; insbesondere das 19. Jahrhundert war geprägt von der Auseinandersetzung um die Monarchie. Seit dem Ende des Franco-Regimes ist dieser Konflikt kaum mehr virulent, die konstitutionelle Monarchie ist als Staatsform von den meisten Spaniern anerkannt, der König genießt hohes Ansehen. Dieses Cleavage hat offenbar Konfliktpotential verloren und bestimmt aktuelle politische Auseinandersetzungen kaum noch (vgl. Barrios, 1997: 570/571).

Kirche – Staat: Vor der Etablierung des Franco-Regimes war in Spanien die weitgehende Trennung von Kirche und Staat verwirklicht. Von General Franco wurde der Katholizismus jedoch in den Dienst seiner Ideologie und seines Herrschaftsanspruches gestellt und genoss deshalb eine privilegierte Stellung. Dennoch unterstützte die katholische Kirche den Demokratisierungsprozess in der nachfranquistischen Zeit (vgl. Payne, 1991). Im Gegensatz zum Monarchie-Cleavage birgt der Kirche-Staat-Konflikt trotz der zunehmenden Säkularisierung noch immer Sprengkraft. Zum einen wird diese Konfliktlinie in vielen aktuellen Streitfragen wieder aktualisiert (gesetzliche Regelung der Scheidung, der Abtreibung und des Schulsystems). Noch immer scheint die spanische Bevölkerung in ihrer Einstellung zur Rolle der Kirche polarisiert zu sein. Dies schlägt sich auch im Parteiensystem nieder: Die linken Parteien nehmen eine eher (bisweilen auch dezidiert) laizistische Position ein, während die rechten Parteien der katholischen Kirche einen größeren Stellenwert in der Politik zubilligen (vgl. Gunther, 1987: 45ff.).

Zentrum – Peripherie: War Spanien früher zentralistisch(er) organisiert, hat sich dies mit der Etablierung der autonomen Provinzen verändert, dennoch zeigt sich, dass die administrative Elite der Madrider Zentrale noch immer bedeutende Machtbefugnisse innehat (vgl. Barrios, 1997: 562). Daraus erwächst der Konflikt zwischen den zunehmend selbstbewusster werdenden nördlichen Industrieregionen und Madrid. Regionalparteien entstanden, die nicht nur die politischen und wirtschaftlichen Interessen dieser Regionen vertreten, sondern auch kulturelle (in bezug auf Sprache und Literatur). Diese Konfliktlinie ist in Spanien noch immer sehr bedeutend (vgl. Rehrmann, 1991: 368) und verschafft sich nicht selten sogar gewaltsam Ausdruck. Die baskische ETA spielt gerade bei den gewaltsamen Auseinandersetzungen mit ihren Terrorakten eine zentrale Rolle.

Klassenkonflikt: Die Auseinandersetzung zwischen Arbeit und Kapital scheint in Spanien an sozialer Sprengkraft verloren zu haben. Die nachfranquistischen Jahre waren von hoher Arbeitslosigkeit und hoher Inflation geprägt. Die Regierung stand vor der Situation, eine kompromissfähige Wirtschaftspolitik zu betreiben, die von allen Parteien mitgetragen werden konnte. Insofern war es einzelnen Parteien nur begrenzt möglich, den Klassenkonflikt für ihr politisches Programm „auszuschlachten" (vgl. Gunther, 1987: 53) und näherten sich in ihren wirtschaftspolitischen Grundpositionen erheblich an (vgl. Barrios, 1997: 571).

In Spaniens politischer Kultur lässt sich eine Tendenz zu Klientelismus und Nepotismus erkennen. Diesen Tendenzen sollte vor allem durch eine besondere Reglementierung der Verwaltung entgegen gewirkt werden: Das Leistungs- und Qualifikationsprinzips als zentrales Rekrutierungskriterium sollte der Vetternwirtschaft den Boden entziehen. Dennoch hat sich in Spanien die Ansicht erhalten, dass öffentliche Ämter die Basis zur persönlichen Profitmaximierung darstellen (vgl. Barrios, 1997: 562/563).

Die politische Kultur in der Nach-Franco-Zeit war im wesentlichen dadurch geprägt, dass die politischen Eliten Stabilität garantieren wollten. Sie erreichten dies durch Konsens- und Kompromissfindung zwischen den verschiedensten Parteien (vgl. Gunther, 1987). Die Akzeptanz, die das politische System und auch die politische Elite bei der Bevölkerung findet, ist dadurch gestärkt worden.

6.3 Bildungssystem

Die Schulpflicht gilt für Kinder zwischen 6 und 14 Jahren und umfasst die sogenannte allgemeine Grundausbildung (*Education General Basica*). Daran schließen sich noch mindestens zwei Pflichtschuljahre an. Zur Wahl steht dabei eine berufsbezogene Ausbildung oder die Sekundarstufe II. Die berufsbezogene Ausbildung ist in zwei Einheiten gegliedert, wovon nur die erste verbindlich ist (damit ist die Pflichtschulzeit erfüllt). Die zweite Einheit (Berufsbildung 2. Grades) führt zu einem mittleren Abschluss. Die Sekundarstufe II umfasst drei Schuljahre und diesen schließt sich ein Studienvorbereitungsjahr an.

Das spanische Schulsystem ist also sehr egalitär angelegt, eine Differenzierung nach Leistung erfolgt erst recht spät, nach dem Abschluss der allgemeinen Grundbildung (vgl. Miclescu, 1991: 268). Der Besuch der Sekundarstufe II und des Studienvorbereitungsjahrs berechtigt noch nicht automatisch zum Hochschulzugang, hierfür muss noch eine Aufnahmeprüfung abgelegt werden.

Die Hochschulen stehen sehr oft im Zentrum bildungspolitischer Reformen, weil sie mit großen Problemen konfrontiert sind. So sind spanische Universitäten in den meisten Fällen Massenuniversitäten, die hohe ‚Dropout-Raten' zu verzeichnen haben, die Relation zwischen Lehrenden und Studierenden sehr unbefriedigend ist und die Absolventen schließlich auf dem Arbeitsmarkt keine allzu großen

Chancen haben (vgl. Miclescu, 1991: 279). Der Grund für diese Missstände ist unter anderem auch darin zu sehen, dass die Aufnahmeprüfungen in die Universitäten nicht sehr selektiv sind, ca. 90% aller Bewerber schaffen diese Prüfung (vgl. Miclescu, 1991: 280).

In Spanien sind auch keine Eliteuniversitäten zu finden. Es gibt also keine Hochschule, die besser ausgestattet wäre als der allgemeine Typ der Massenuniversität und es gibt keine, die ihre Absolventen für Elitepositionen prädestinieren würde. Somit erweist sich nicht nur das spanische Schulsystem, sondern auch das Hochschulsystem als recht egalitär ausgerichtet.

6.4 Gewicht einzelner Gesellschaftssektoren

Als besonders einflussreich werden neben den politischen Eliten Teile der Wirtschaftselite erachtet. Vor allem die Arbeitgeberverbände und die Banken können einige Macht entfalten, insbesondere dann, wenn sie enge Kontakte zur politischen Elite unterhalten. So wurde Felipe González als von den Bänkern ‚gekidnapped' bezeichnet, weil er deren Interessen zu sehr berücksichtigte. Die Verbindung zwischen den politischen und den Wirtschaftseliten war in Spanien erstaunlicherweise gerade unter der Regierungszeit des Sozialisten González relativ eng, was wiederum ein Anzeichen für die wirtschaftspolitische „Ideologiefreiheit" der spanischen Parteien und Regierungen ist (vgl. Gibbon, 1999: 89/90).

Hervorzuheben ist die spanische Verwaltungselite. Sie blieb zunächst vom Demokratisierungsprozess relativ unberührt. Sie konnte ihre Arbeits- und Beförderungsbedingungen weitgehend selbst bestimmen, ihre „Seilschaften" ausbilden, sich Privilegien sichern und ihre Entlohnung auf hohem Niveau halten (vgl. Gibbon, 1999: 99). Dieser Verwaltungsapparat erwies sich im Laufe der Zeit als sehr ineffizient, was auch darauf zurückzuführen ist, dass Beförderungen nicht auf Leistung beruhten, sondern auf Dienstalter. Zudem war die Zusammenarbeit zwischen den verschiedenen Teilbereichen der Verwaltung unzulänglich; es hatte sich eine Konkurrenz zwischen den verschiedenen Bereichen entwickelt, die nicht selten kontraproduktiv wirkte (vgl. Gibbon, 1999: 100). In den 80er und 90er Jahren wurden deshalb verschiedene Verwaltungsreformen durchgeführt, die darauf abzielten, moderne Managementformen einzuführen. Hinzu kam in dieser Zeit eine starke Ausweitung des Verwaltungsapparates. Die damalige PSOE-Regierung nutzte diese Veränderungen im Verwaltungsapparat dazu, ihn vor allem mit Parteimitgliedern oder -sympathisanten zu füllen (vgl. Gibbon, 1999: 101). Die enge Verflechtung zwischen politischen, administrativen und wirtschaftlichen Eliten ist auf das Erbe der Franco-Ära zurückzuführen, in der viele Staatsbetriebe und Großbanken entstanden (vgl. Barrios, 1997: 563). Obwohl die Ähnlichkeit zu Frankreich hier erheblich ist, muss festgestellt werden, dass die Macht der administrativen Elite in Spanien nicht so ausgeprägt ist wie in Frankreich (vgl. Gibbons, 1999: 97).

Die militärische Elite hat am stärksten an Bedeutung eingebüßt. Dem Militär wurde im Laufe des Demokratisierungsprozesses Einfluss entzogen. Aus dem Scheitern des Staatsstreichs vom 23. Februar 1981 ging die Regierung gestärkt hervor und konnte das Militär modernisieren (vgl. Agüero, 1991: 168). Im Zuge dieses Modernisierungsprozesses verlor das Militär seine frühere Rolle als „Staat im Staate" und wurde endgültig ziviler Kontrolle unterstellt (vgl. Barrios, 1997: 563).

6.5 Sozialstrukturelle und sozio-ökonomische Faktoren

Im Demokratisierungsprozess war die Verunsicherung der Wirtschaft und der einzelnen Unternehmen sehr groß; Invesitionen unterblieben aus diesem Grund und die Arbeitslosigkeit stieg erheblich an[3] (vgl. Lang, 1991: 193/194). Auch die Zahl der Streiks und anderen Arbeitskonflikten war in dieser Zeit sehr hoch (vgl. Lang, 1991: 196). Aufgrund dieser Entwicklung stiegen die Lohnstückkosten und damit auch die Inflationsrate erheblich an. Zwischen 1960 und 1974 war ein konstantes Wirtschaftswachstum zu verzeichnen, von dem alle Einkommenskategorien profitieren konnten, dennoch veränderten sich die Einkommens- und Vermögensverhältnisse kaum; die Lohn- und Einkommensdifferenzierung blieb hoch, die soziale Ungleichheit blieb in

---

3   Die Probleme in dieser Zeit werden z. T. auch darauf zurückgeführt, dass die Wirtschaftspolitik Spanien zu sehr darauf ausgerichtet war, sich dem internationalen Wettbewerb anzupassen (vgl. Gibbon, 1999: 88).

der seit Jahrhunderten bestehenden Form erhalten (vgl. López-Casero, 1991: 299). Bis heute konnten diese Unterschiede nicht ausgeglichen werden. Erhebliche Einkommensunterschiede sind auch in regionaler Hinsicht zu verzeichnen. So können bestimmte Regionen in bezug auf die erzielten Einkommen als sehr reich gelten (z.b. Balearen, Madrid, Katalonien, Aragón, also eher die spanische „Peripherie"), während die spanische Mitte (Castilla-La Mancha, Andalusien und die Estremadura) im Vergleich dazu arm ist (vgl. López-Casero, 1991: 306). Wurden in den 70er und 80er Jahren viele Wirtschaftsbetriebe verstaatlicht (meist, um Bankrotts zu vermeiden), war in den 90er Jahren eine Gegenbewegung zu verzeichnen: In dieser Zeit wurden viele ehemalige Staatsbetriebe privatisiert.

Die soziale Ungleichheit in Spanien ist also relativ ausgeprägt, vor allem auch in regionaler Hinsicht. Die Armutsrate ist im europäischen Vergleich hoch, verursacht durch die über lange Jahre hohe Arbeitslosigkeit. Das System der sozialen Sicherung kann diese Probleme nur in sehr geringem Umfang ausgleichen, weil es bisher noch „unterentwickelt" ist. Die soziale Sicherung wurde im Zuge der Transición neu aufgebaut, konnte aber wegen der wirtschaftlichen Engpässe und anderer wirtschaftspolitischer Prioritäten nicht im erforderlichen Ausmaß ausgebaut werden. Das soziale Sicherungssystem ist deshalb eher als „institutionalisiertes Versprechen" zu sehen als ein wirkungsvolles Instrument zum Ausgleich sozialer Problemlagen.

6.6 Profil spanischer Eliten

Die politischen Eliten im Franco-Regime zeichneten sich durch eine hohe Verflechtung mit dem Militär aus: Ihr Anteil im Ministerrat war am Anfang sehr hoch und nahm erst spät ab. Dieser zeichnete sich darüber hinaus dadurch aus, dass er ausschließlich männlich und recht alt war (vgl. Botella, 1997: 184). Die politische Elite im Franco-Regime bestand vor allem aus Beamten aus der traditionellen Madrider Mittelschicht, die kaum Kontakte mit der Wirtschaft pflegten, und sich sehr traditionellen Werten verpflichtet fühlten (vgl. Botella, 1997: 185).

Mit dem Ende des frankistischen Regimes ging mit dem Übergang zur Demokratie auch ein Elitenwechsel einher. Botella beschreibt diesen Vorgang in vier Perioden:

- Periode I (Juli 1976-Juni 1977, erste Regierung Suárez): Es existierte noch keine demokratische Regierung, aber die Demokratisierung wurde in Gang gesetzt und freie Wahlen vorbereitet.
- Periode II (1977-1981, „demokratische Regierungszeit" Suárez): Nach den ersten freien Wahlen konnte Suárez die Regierung bilden. Er musste mit wechselnden Mehrheiten regieren und unterschiedliche politische Strömungen integrieren.
- Periode III (Februar 1981-Oktober 1982): Diese Periode war von hoher Instabilität geprägt. Sie begann mit dem Putsch und endete mit den Neuwahlen im Oktober 1982.
- Periode IV: Bei diesen Wahlen gewann die PSOE, Gonzáles wurde Ministerpräsident und die Stabilität des spanischen politischen Systems wurde wieder gestärkt.

In diesen vier Perioden begann sich die Zusammensetzung der politischen Eliten allmählich zu verändern. Der Frauenanteil stieg auf sehr niedrigem Niveau an und die Elitemitglieder wurden etwas jünger (vgl. Botella, 1997: 186). Dieser Trend setzte sich später fort: Es zeigte sich zwar, dass Frauen noch immer erheblich unterrepräsentiert sind, sich aber ein allmähliches Vordringen in die Elite abzeichnet. Kreis stellt fest, dass der Anteil von Frauen in eliteträchtigen Positionen (also z.B. als Parlamentsmitglieder) im internationalen Vergleich sehr gering ist (der Frauenanteil der Abgeordneten hält sich konstant bei etwa 6%); bei Ministerämtern haben Frauen noch geringere Chancen (vgl. Kreis, 1991: 337-339).

Betrachtet man die politische Elite hinsichtlich generativer Variablen (v. a. Scheidungs- und Kinderzahlen), macht sich wohl die nachgeholte Modernisierung Spaniens bemerkbar. Die Veränderungen in der Elite spiegelt hier die Veränderungen in der Gesellschaft wider: Scheidungsraten steigen und Kinderzahlen sinken. Dabei scheinen Elitemitglieder „Vorreiter" dieser gesellschaftlichen Entwicklungen zu sein: In den Eliten sind beide Trends jeweils einige Jahre früher als in der Gesamtgesellschaft zu bemerken.

Bei der Altersstruktur der politischen Elite ist die Entwicklung gegenläufig: Während die spanische Bevölkerung aufgrund der enorm sinkenden Geburtenrate zu altern beginnt, werden die Elitezugehörigen jünger. Veränderungen ergaben sich in diesen vier Perioden auch hinsichtlich der Karrierewege und Rekrutierungsorte: Die Bedeutung des Militärs nimmt immer weiter ab, ebenso die Privilegierung der

Beamten beim Zugang in die politische Elite. Dagegen stieg die Chance von Nicht-Beamten in den Jahren 1976-1994 erheblich, eine politische Topposition zu erreichen (vgl. Botella, 1997: 188).

Die Transición und der EU-Beitritt hat zusätzliche Veränderungen in den Eliten mit sich gebracht. Das Wirtschaftswachstum und die Investitionen aus dem Ausland haben vor allem die Beschäftigten im Börsen- und Immobiliensektor begünstigt, die innerhalb kurzer Zeit größere Vermögen aufbauen konnten. Diese *gente de éxito* wurden aufgrund ihres Reichtums und ihres Bekanntheitsgrades zu einer Prestigeelite. Zu dieser Prestigeelite werden auch die *gente guapa* gezählt, vor allem Angehörige der liberal-progressiven Intelligenz, die sich im Widerstand gegen den Franquismus profilierten und nach der Regierungsübernahme durch den PSOE politische Toppositionen übernahmen. Diese neue Prestigeelite verdrängt mehr und mehr die alte Wirtschaftselite, die aus einigen wenigen sehr wohlhabenden Familien bestand (vgl. Lopez-Casero, 1991: 311).

Besonders bemerkenswert erscheint an den spanischen Eliten, dass sie sehr fortschrittlich eingestellt und neuen Ideen gegenüber recht aufgeschlossen sind, insbesondere auch was die europäische Integration angeht: EU-Vorschläge werden aufgegriffen und umgesetzt, häufig auch angestoßen, wahrscheinlich aufgrund der positiven (wirtschaftlichen) Auswirkungen, die der EU-Beitritt für Spanien hatte (vgl. Gibbons, 1999: 93). Ebenso zeigte sich die politische Elite feministischen Forderungen gegenüber relativ aufgeschlossen, und dies, obwohl die feministische Bewegung in Spanien nicht sehr stark ist (vgl. Gibbons, 1999: 94). Zu erklären ist dies wohl damit, dass die spanischen Eliten die Vorreiter und vor allem die Profiteure der Modernisierungswelle waren, die durch die *Transición* ausgelöst wurde. Ihre Aufgeschlossenheit für Neuerungen und Wandlungsprozesse brachte sie in die Top-Positionen, die sie innehaben. Insofern kann man Spaniens Eliten als Motor des gesellschaftlichen Wandels betrachten.

Literatur

Agüero, Felipe (1991): Regierung und Streitkräfte in Spanien nach Franco. In: Bernecker, Walther L./Oehrlein, Josef (Hrsg.): Spanien heute. Politik · Wirtschaft · Kultur. Frankfurt/Main: Vervuert Verlag, S. 167-188

Gunther, Richard (1992): Spain: The Very Model of the Modern Elite Settlement. In: Higley, John/Gunther, Richard (Hrsg.): Elites and Democratic

Consolidation in Latin America and Southern Europe. Cambridge: Cambridge University Press, S. 38-80

Barrios, Harald (1997): Das politische System Spaniens. In: Ismayr, Wolfgang (Hrsg.): Die politischen Systeme Westeuropas. Opladen: Leske + Budrich, S. 549-587

Botella, Juan (1997): L'Elite Gouvernementale Espagnole. In: Suleiman, Ezra/Mendras, Henri (Hrsg.): Le recrutement des élites en Europe. Paris: Éditions La Découverte, S. 181-191

Gibbons, John (1999): Spanish Politics Today. Manchester, New York: Manchester University Press

Gunther, Richard (1987): Democratization and Party Building. The Role of Party Elites in the Spanish Transition. In: Clark, Robert P./Haltzel, Michael H. (Hrsg.): Spain in the 1980s. The Democratic Transition and a New International Role. Cambrigde, Mass.: Ballinger Publishing Company, S. 35-65

Kreis, Karl-Wilhelm (1991): Zur Entwicklung der Situation der Frau in Spanien nach dem Ende der Franco-Ära. In: Bernecker, Walther L./Oehrlein, Josef (Hrsg.): Spanien heute. Politik · Wirtschaft · Kultur. Frankfurt/Main: Vervuert Verlag, S. 313-346

Lang, Werner (1991): Die wirtschaftliche Entwicklung Spaniens seit dem Übergang zur Demokratie: Von der Depression zur ökonomischen Revitalisierung. In: Bernecker, Walther L./Oehrlein, Josef (Hrsg.): Spanien heute. Politik · Wirtschaft · Kultur. Frankfurt/Main: Vervuert Verlag, S. 189-223

López-Casero, Francisco (1991): Die soziale Problematik des spanischen Entwicklungsprozesses. In: Bernecker, Walther L./Oehrlein, Josef (Hrsg.): Spanien heute. Politik · Wirtschaft · Kultur. Frankfurt/Main: Vervuert Verlag, S. 287-312

Luz Moran, María (1999): Spanien: Übergang zur Demokratie und politische Professionalisierung. In: Borchert, Jens (Hrsg.): Politik als Beruf. Die politische Klasse in westlichen Demokratien. Opladen: Leske + Budrich, S. 439-455

Miclescu, Maria (1991): Das Bildungswesen in Spanien. In: Bernecker, Walther L./Oehrlein, Josef (Hrsg.): Spanien heute. Politik · Wirtschaft · Kultur. Frankfurt/Main: Vervuert Verlag, S. 165-285

Payne, Stanley G. (1991): Die Kirche und der Übergangsprozeß. In: Bernecker, Walther L./Oehrlein, Josef (Hrsg.): Spanien heute. Politik · Wirtschaft · Kultur. Frankfurt/Main: Vervuert Verlag, S. 105-120

Rehrmann, Norbert (1991): Ist Spanien noch anders? Historisch-kulturelle Überlegungen zur Genealogie eines Mythos. In: Bernecker, Walther L./Oehrlein, Josef (Hrsg.): Spanien heute. Politik · Wirtschaft · Kultur. Frankfurt/Main: Vervuert Verlag, S. 347-386

7. Postsozialistische Gesellschaften

Die Revolutionen in den ehemals sozialistischen Staaten erfreuen sich zwar regen Forscherinteresses, insbesondere im Hinblick auf die Elitenzirkulationsprozesse, dennoch ist die Forschungslage höchst unterschiedlich in den einzelnen Gesellschaften (vgl. hierzu auch: Hatschikjan, 1998: 255). So liegen für Ungarn, Polen und Tschechien eine Reihe von Studien vor, in anderen Gesellschaften jedoch gibt es weniger aussagekräftige Ergebnisse. Aus diesem Grund werden in den folgenden Ausführungen vor allem diese drei Gesellschaften im Vordergrund stehen.

7.1. Ausgangssituation

Die Staaten des ehemaligen Ostblocks orientierten sich in ihrem Staatsaufbau und ihrer Gesellschaftspolitik am Vorbild der UdSSR und der marxistisch-leninistischen Doktrin. Dieser Doktrin zu Folge wurden Eliten als Phänomen bürgerlicher Gesellschaften betrachtet, das einem kommunistischen Staat unangemessen sei. Dennoch bestand natürlich ein Bedarf an Personen, die bestimmte leitende Funktionen in der Politik, Wirtschaft und Verwaltung übernehmen konnten. Die Ausbildung und Rekrutierung der Anwärter auf solche Positionen wurde von der kommunistischen (Einheits-)Partei übernommen. Diese Parteien waren nicht so offen, wie man dies erwarten könnte, sie trugen höchst elitäre Züge: z.B. umfasste die kommunistische Partei der Sowjetunion nur 4,5% der Gesamtbevölkerung. Die Eintrittsbedingungen waren relativ schwierig zu erfüllen, man konnte nicht einfach auf eigenen Wunsch eintreten[1]. Darüber hinaus hatte je-

---

1 Das Procedere verlief ungefähr folgendermaßen: Eintrittswillige mussten zunächst bei der Parteigruppe der Arbeitsstelle ihren Wunsch anmelden, dazu eine handgeschriebene politische Erklärung und den Lebenslauf einreichen.

des Parteimitglied anspruchsvolle Pflichten zu erfüllen und hohe Mitgliedsbeiträge zu entrichten. Die soziale Zusammensetzung der Parteimitglieder und der Gesamtbevölkerung unterschied sich erheblich, was zeigt, dass die Partei keineswegs ein Spiegelbild der Bevölkerung war, sondern einer gehobenen Schicht vorbehalten war.

Die Parteimitgliedschaft und die Bewährung in der Partei war Grundlage für einen weiteren Aufstieg. Der Aufstieg in Toppositionen war durch die sogenannte Kadernomenklatura reglementiert. Dabei handelte es sich um ein System, das für alle wichtigen Positionen eine Liste von fachlich geeigneten und linientreuen Kandidaten zusammenstellte; war man nicht auf dieser Liste, war ein Aufstieg in die entsprechenden Positionen nicht möglich. Die Karrierewege führten also in jedem Fall durch die Partei.

Die Spitze stellte das Parteipräsidium dar. Das Parteipräsidium besteht nur aus wenigen Parteiführern, es entschied nicht nur über die wichtigsten Fragen der Partei, sondern auch der Staatsführung, der Wirtschaft usw. Über die Arbeit und die Entscheidungsfindung in diesem Gremium drangen sehr lange Zeit überhaupt keine Informationen nach außen. Es handelte sich um eine Elite mit sehr engen Kommunikationsbeziehungen und hoher Geheimhaltung. Diese Parteielite entsprach weitgehend auch der politischen Elite des Staates, weil eine klare Unterscheidung zwischen Parteiämtern und Staatsämtern gab es nicht.

Eine völlig einheitliche Strukturierung der Ostblockstaaten gab es auch während des Kalten Krieges nicht. Die Staatsstrukturen lassen sich anhand dreier Typen erfassen, diese Typologie ermöglicht auch, die späteren Probleme in der Transformationsphase zu erfassen (vgl. Grotz, 2000: 49):

1. Patrimonialer Kommunismus: In diesen Ländern (Bulgarien, Rumänien, Serbien, Russland, Ukraine, Belarus) waren Hierarchien und persönliche Abhängigkeiten von größter Bedeutung, deshalb waren die politischen Institutionen auch stark personalisiert. Oppositionelle wurden gewaltsam unterdrückt oder kooptiert. Modernisierungstendenzen wurden in einem gewissen Rahmen zugelassen, somit musste nach der Wende nicht mehr soviel „nachgeholt" wer-

---

Zudem waren Empfehlungen von mehreren Parteimitgliedern, die der Partei schon länger angehören, gefordert. Wurde dem Beitrittsgesuch dann stattgegeben, war noch ein Jahr „Probezeit" vorgesehen. Erst dann war man Parteimitglied (vgl. Leonhard, 1965: 59).

den. Die politischen Institutionen, die nach der Wende entstanden, waren wiederum stark personalisiert. Die politische Elite war also eher populistisch orientiert.

2. bürokratisch-autoritärer Kommunismus: In diesen Staaten (Tschechoslowakei, DDR) war die Bürokratisierung extrem hoch; die Interessenartikulation wurde unterbunden oder stark eingeschränkt. Dies hatte zur Folge, dass die politische Führung Krisensymptome nicht erkennen und nicht auf sie reagieren konnte. Dieser bürokratischen Tradition entsprechend wurden nach der Wende eher depersonalisierte Institutionen geschaffen. Die politische Elite war in diesen Systemen eher bürokratisch-technokratisch orientiert.

3. Nationalkommunismus: In diesen Staaten (Polen, Ungarn, Slowenien, Kroatien und im Baltikum) entstanden schon früh Möglichkeiten zur Interessenartikulation. So gab es bei der Wende bereits Gegeneliten, die mit den alten Machthabern in Verhandlungen treten konnten. Die politischen Institutionen die im Zuge der Demokratisierung entstanden, sind somit Mischtypen (personalisiert/depersonalisiert).

Schon zu Zeiten des „real existierenden Sozialismus" war das System der Elitenbildung nicht unproblematisch: Die Elite war zwar ideologisch geeint (was zum einen durch die Kaderpolitik, andererseits durch die systematische Unterdrückung möglicherweise entstehender Gegeneliten erreicht wurde), es entstand aber eine Konkurrenz zwischen den ideologisch stärker geprägten Machteliten und den eher technokratisch orientierten Funktionseliten; dies erwies sich zudem als ein „Generationenkonflikt", weil die Machteliten meist aus den „alten Männern" der Parteiführung, die Funktionseliten aber aus jüngeren Fachmännern bestand (vgl. Sterbling, 1999: 259). Nicht umsonst wurden die politischen Systeme des ehemaligen Ostblocks häufig als „Gerontokratien" (vgl. hierzu für die DDR: Schneider, 1994: 34/35) bezeichnet. Die Dominanz der Machtelite führte zudem dazu, dass sich kaum funktionsspezifische Eliten ausbildeten; gesellschaftliche Teilsysteme wie Wirtschaft, Wissenschaft, Kultur usw. blieben so stark politisch-ideologisch bevormundet, dass man kaum davon sprechen kann, dass sich hier eigenständige Eliten ausgebildet hätten. Dies prägt die Eliten auch nach dem Transformationsprozess noch. Wie Sterbling feststellt, wird dem politischen Sektor noch immer eine überragende Bedeutung zugemessen, während andere Funktionseliten erst allmählich institutionenspezifische Kompetenzen und Einfluss-mechanismen entwickeln (vgl. Sterbling, 1999: 260/261). Auch in dieser Hinsicht gibt es bestimmte Ausnahmen. So wurde den Ungarn von ihrer Regierung schon frühzeitig größere Freiheiten eingeräumt; zwar wurden zunächst die tragenden Prinzipien des Sozialismus (demokratischer Zentralismus und Staatseigentum an den Produktionsmitteln) noch nicht zur Disposition gestellt, aber die totalitäre Kontrolle der Kultursphäre durch die Staatspartei wurde aufgegeben und später wurden der Bevölkerung auch wirtschaftliche Freiräume geschaffen, wodurch sich eine „zweite Ökonomie" herausbilden konnte, also eine marktwirtschaftliche (Schatten-)Wirtschaft, in der Kleinunternehmer und Privatleute tätig werden konnten (vgl. Grotz, 2000: 200). Insofern gab es Gruppen, die in den Bereichen der Kultur und der Wirtschaft notwendige Erfahrungen sammeln konnten, die ihnen später den Weg in die Spitzenpositionen dieser Bereiche ebneten.

7.2. Wende

Die bisherige Elitenrekrutierungspolitik stellte eines der größten Probleme nach der Wende dar. Um nur zwei Bereiche zu nennen: Es mussten politische Eliten hervorgebracht werden, ohne bisherige Erfahrungen in demokratischen Verfahren; ebenso mussten Wirtschaftseliten entstehen, wo Erfahrungen mit Marktwirtschaft und eigenständigem Wirtschaften völlig fehlten (vgl. Imbusch, 1999: 282). So erklärt sich wohl auch eine erstaunliche Kontinuität in der Besetzung der Elitepositionen beispielsweise in ehemaligen Sowjetunion: Bis zu 80% der heutigen Elitemitglieder stammen aus der sowjetischen Nomenklatur, selbst bei den Parteien und in der Wirtschaft gilt dies zu 60% (vgl. Imbusch, 1999: 281). Problematisch an diesen „neuen" Eliten ist vor allem ihre mangelnde gesellschaftliche Integration, wie dies Sonja Margolina[2] beschreibt: „Die Forschung belegt die starke Kontinuität der Führungskader auf allen Entscheidungsebenen, in Wirtschaft und Bildung. Sie zeigt indes nicht, was ihre Bezeichnung als Elite rechtfertigen könnte. Jedenfalls verfügen sie weder über be-

---

2   Offenbar auf der Grundlage eines sehr normativen Elitebegriffs; es handelt sich dabei allerdings um einen journalistischen Text.

sondere Fähigkeiten noch über ein spezifisches Verantwortungsgefühl gegenüber der Gesellschaft. Ihre Leistungen zeugen eher von ihren Sonderinteressen auf Kosten der Gesellschaft als von einer Orientierung am Gemeinwohl. Auch wenn es einzelne fähige und verantwortungsvolle Personen in Politik und Wirtschaft gibt, so stellen sie doch nur die berühmten Ausnahmen von der Regel dar, deren Wirkungsmöglichkeiten gering sind." (Margolina, zit. nach Imbusch, 1999: 281)

Fehr schreibt deshalb den Gegeneliten im Transformationsprozess eine wichtige Aufgabe zu: Sie haben den Mobilisierungsprozess, der dann zu den Massendemonstrationen führte, angestoßen. Er verortet diese Gegeneliten vor allem in der kulturellen Intelligenz (vgl. Fehr, 1998: 69). Die Ausgangsbedingungen für die Bildung solcher Gegeneliten waren aber nicht in allen postsozialistischen Gesellschaften die gleichen. Zum Beispiel in Ungarn und Polen ging dem Zusammenbruch des sozialistischen Systems eine längere Phase der allmählichen Liberalisierung voraus. In dieser Phase konnten sich bereits Gruppen bilden und formieren, die in der Wende dann schon so organisiert waren, dass sie in Verhandlungen mit dem Regime treten konnten; sie stellten bereits eine gewisse Gegenelite dar. In anderen Regimen (z.B. Tschechoslowakei) wurden alle Versuche der Formation einer Gegenelite erfolgreich unterdrückt. Die Situation in der Wende stellte sich hier wesentlich offener dar, weil es zunächst praktisch keine politischen Akteure gab; die bisherigen Eliten waren diskreditiert, und eine Gegenelite hatte sich noch nicht formieren können. Die politischen Auseinandersetzungen waren somit in Polen und Ungarn schon frühzeitig vorstrukturiert, in der Tschechoslowakei in einer Übergangszeit sehr offen und fluide (vgl. Grotz, 2000: 446).

Nach der Wende, in den Phasen der Demokratisierung stellte sich in den postsozialistischen Gesellschaften jenes Problem der Elitenzirkulation, das in solchen Phasen immer auftritt: Die alten diskreditierten Eliten sollen aus ihren Ämtern verbannt werden. Diese „Vertreibung" der alten Eliten ist natürlich auch immer eine Frage aktueller politischer Auseinandersetzungen. In der Tschechischen Republik beispielsweise wurde der Kampf gegen das „Überleben" der alten Eliten mit Hilfe der sogenannten Lustrationspolitik geführt: Seit 1990 wurden die Mitglieder des neuen Parlaments und neuer politischer Gruppierungen auf eine ungesetzliche „Kaderpolitik" hin untersucht. Dies führte vor allem zu einem Selbstreinigungsprozess, weil die einzelnen Parteien ihre Kandidaten durchleuchteten, um der Öffentlichkeit zu demonstrieren, dass sie „kommunistischen Altlasten" keine Karriere ermöglichen (vgl. Fehr, 1998: 69). Später wurde dieses – zunächst noch nicht gesetzlich geregelte – Vorgehen auf legale Beine, dem sogenannten „Lustrationsgesetz", gestellt. Dieses nun gesetzliche Instrument erwies sich jedoch vor allem als Mittel der neuen politischen Elite, ihre Konkurrenzkämpfe auszutragen.

7.3. Politische Systeme

Obwohl es in einigen Staaten nach der Wende Überlegungen zur Wiederbelebung der Monarchie gab (und einige der ehemaligen Herrscherhäuser auch ihre Bereitschaft zur Amtsübernahme signalisierten) blieben alle Republiken. Die Präsidenten dieser Republiken verfügen z. T. über eine große Machtfülle (vgl. Crampton, 1999: 200ff.). Die Abgeordneten der Parlamente werden ganz oder teilweise nach dem Verhältniswahlsystem gewählt; lediglich in Serbien und Makedonien wurde das Mehrheitswahlsystem übernommen (vgl. Crampton, 1999: 202). So entstand auch eine Parteienlandschaft, die sich zunächst als noch nicht sehr stabil erwies, aber eine relativ geringe Fragmentierung, keine übermäßige Polarisierung aufwies und recht rasch institutionellen Charakter ausgebildet hat. Exemplarisch lässt sich dies an Polen, Ungarn, Tschechien und der Slowakei zeigen.

	Polen	Ungarn	Tschechien	Slowakei
Fragmentierung [Zahl der parl. Parteien (Mandate der 4 stärksten Parteien)]	6 (98,3%)	6 (91,6%)	5 (90,5%)	6 (82,0%)
Polarisierung	Ideologisch-strukturell (Transformations-konflikt)	kompetitiv-situativ	kompetitiv-situativ	ideologisch-strukturell (Demokratie vs. Diktatur)
Institutionalisierung	stabile, jedoch programm. und org. heterogene Lagerbildung	hochgradige programm. und organisatorische Differenzierung	hochgradige programm. und organisatorische Differenzierung	programm. und organisatorisch heterogene Parteienallianzen

Quelle: Grotz, 2000: 438

Es entstanden also relativ rasch politische Institutionen und Strukturen, die nicht allzu sehr von denen anderer europäischer Gesellschaften abweichen. Bislang können die entstandenen Institutionen in den
meisten Staaten auch als stabil gelten.

7.4 Politische Kulturen

Man kann wohl annehmen, dass die präkommunistischen politischen
Kulturen und Konfliktstrukturen kaum mehr die politische Landschaft
prägen (außer durch symbolhaften Bezug), weil die lange kommunistische Erfahrung und die neu entstandenen politischen Probleme und
Handlungsbedarfe diese überlagern. Eben aus diesem Grunde konnten
auch die alten Parteienstrukturen (sofern jemals vorhanden) nicht re-
vitalisiert werden. (vgl. Matejko, 1991: 75).

Zu Beginn der neuen Demokratien liegen also noch kaum[3] aktuelle
Konfliktstrukturen vor, die das Verhalten der Wähler und politischen
Eliten geprägt hätten (vgl. Grotz, 2000: 45/46). Klassische Cleavages
wie Kapital – Arbeit oder Staat – Kirche waren in diesen Gesellschaften zunächst nicht vorhanden, weil diese durch die kommunistische Herrschaft „aufgelöst" oder ausgelöscht worden waren. Neue
Konfliktlinien entstanden aber recht rasch, allen voran der Gegensatz
zwischen kommunistischen und demokratischen Positionen. In gewisser Weise geht mit dieser Spaltung ein anderes Cleavage einher, das
Modernisierungscleavage, das sich vor allem auf das Elitenhandeln
bezieht. Auf der einen Seite stehen jene, die Modernisierungstendenzen durch die Hinwendung zum Westen zu verstärken versuchen. Diese Hinwendung besteht vor allem darin, das westliche Vorbild in
Form von demokratischen, marktwirtschaftlichen, rechtsstaatlichen
und pluralistischen Strukturen zu übernehmen. Die Gegenseite warnt
vor „Ausverkauf" der sozialistischen Werte, vor Verfremdungsgefah-
ren, pocht auf autochtone Werte, national-kulturelle Traditionen und

---

3   Das Beispiel der Tschechoslowakei zeigt, dass es dem sozialistischen Regime
nicht gelungen ist, alles „einzuebnen". Bei der Trennung der beiden Staaten
stellte sich bald heraus, dass in der Slowakei wesentlich mehr Konfliktlinien
sichtbar wurden als in Tschechien. Die ethnisch heterogenere Bevölkerungs-
struktur und eine stark nationalistisch-autoritäre Tradition sind hierfür als Ursachen anzuführen (vgl. Grotz, 2000: 447).

nationale Mythen und ist vor allem bestrebt, einen eigenen Weg in die Moderne zu finden (vgl. Sterbling, 2001: 49/50).

Diese Spaltungen sind auch bedeutsam für die Akzeptanz der Bürger in bezug auf das politische System und der politischen Eliten. Der Übergang zu Demokratie und Marktwirtschaft bedeutete für auch persönliche Einbußen. Vor allem die teilweise hohe Arbeitslosigkeit erwies sich als problematisch. Die Akzeptanz des politischen Systems und der politischen Eliten scheint stark beeinflusst vom Verhalten der politischen Eliten: Erwecken diese den Eindruck, vor allem ihre eigene Machtbasis stärken zu wollen ohne Rücksicht auf das Gemeinwohl, führt dies augenscheinlich zu einer geringen Systemakzeptanz der Bürger.

7.5 Bildungssysteme

Die Bildungssysteme waren nach der Wende selbstverständlich auch Gegenstand von Reformbemühungen. Abgeschafft wurden zunächst die marxistischen Erziehungsziele und Bildungsinhalte in den allgemeinbildenden Unterrichtsfächern. Die kommunistisch ausgerichtete „Staatsbürgerliche Erziehung" wurde abgelöst von Fächern wie „Gesellschaftskunde" oder „Sozialkunde" und zum Teil wurde das Fach Religion in den Stundenplan aufgenommen. Russisch verlor seinen Stellenwert als erste Fremdsprache und wurde meist von Englisch ersetzt. Zudem wurden auch nichtstaatliche Schulen und Hochschulen zugelassen, wobei diese aber bisher keine größere Bedeutung haben; in den meisten postsozialistischen Gesellschaften besuchen über 99% der Schüler staatliche Schulen (vgl. www.eurydice.org).

In vielen Gesellschaften wurde die Pflichtschulzeit verlängert. Erhalten blieb die eher egalitäre Ausrichtung des Schulsystems, d.h. die frühe Differenzierung in verschiedene Leistungsstufen ist eher unüblich. Die allgemeine Grundausbildung dauert meist bis in das Alter von 14-16 Jahren an; daran schließt sich eine Sekundärausbildung (Gymnasium oder berufsbildende Ausbildung) an.

Die tertiäre Bildung ist meist zweigliedrig: einerseits die Universitäten und andererseits nicht-universitäre Einrichtungen wie Akademien, Colleges, zum Teil auch relativ spezialisiert wie Lehrerbildungsanstalten, Technikerausbildungsstätten und ähnliches. Elitehochschulen konnten sich bisher noch nicht ausbilden, die Universitätslandschaft befindet sich zum Teil noch immer im Umbruch.

7.6 Gewicht einzelner Gesellschaftssektoren

In den Gesellschaften des ‚realexistierenden Sozialismus' hatte der politische Sektor das absolute Übergewicht. Man kann sogar soweit gehen zu sagen, dass eine Ausdifferenzierung verschiedener gesellschaftlicher Subsysteme oder Sektoren sich überhaupt nicht vollzogen hat, weil durch die marxistisch-leninistische Doktrin eine solche Modernisierungsentwicklung unterbunden wurde[4]. Viele Beobachter gehen davon aus, dass die früher dominante Stellung der Politik nun vom Sektor Wirtschaft übernommen wurde. Sicherlich wurde die allumfassende Zuständigkeit des Staates beschnitten. Die Rolle der Wirtschaft, so meint Hatschikjan, wird von Beobachtern häufig überschätzt, da die Manager der privatisierten (und vor allem der noch nicht privatisierten) Unternehmen in Abhängigkeit vom staatlichen Sektor stehen (vgl. Hatschikjan, 1998: 263/264). Dies ist darauf zurückzuführen, dass die Austauschrate in der Wirtschaftselite meist relativ gering blieb. Die alten Nomenklatureliten konnten sich trotz Privatisierung auf ihren Positionen halten; häufig haben sie selbst – zum Teil mit der Unterstützung der Belegschaft – die Betriebe nach der Privatisierung übernommen (vgl. v. Beyme, 1994: 190/191).

Die politische Elite – auch wenn sie nach wie vor zum Teil aus denselben Personen bestand – machte eine tiefgreifende Metamorphose durch. Den größten Erfolg und damit den meisten Einfluss konnten solche Gruppen erringen, die nicht mit Sachpolitik oder wirtschaftlichen Fragen „langweilen", sondern auf bestimmte „soziokulturelle Überzeugungssysteme" rekurrieren, also populistisch nationalistische, ethnische, religiöse und andere Gefühle ansprechen (vgl. Sterbling, 2001: 49). Zudem führen gerade die sehr engen Beziehungen zu den Wirtschaftseliten, die sich von diesen Beziehungen Vorteile versprechen auch zu einer nicht geringen Korruptionsanfälligkeit der politischen Elite (vgl. Müller, 1998: 207). Die Verquickung von Wirtschaft und Politik, die in den sozialistischen Systemen gegeben war, wirkt

---

4   Eine Ausnahme bildete hier lediglich Ungarn, wo die Elite um einen „Versöhnungskurs" mit der Bevölkerung bemüht war. Diese erhöhte Responsivität milderte die Dominanz der Politik und erlaubte eine mäßige funktionale Differenzierung (vgl. Pállinger, 1997: 277). Andere gesellschaftliche Sektoren konnten somit bereits früher eine gewisse Eigenständigkeit entwickeln.

weiter in einer engen Verflechtung der politischen und wirtschaftlichen Eliten.

An Bedeutung gewonnen hat die kulturelle Elite, vor allem durch die Liberalisierung und Ausweitung der Medien. Diejenigen, die die Möglichkeiten der neuentstandenen Medien zu nutzen wussten, waren dabei die größten Gewinner; als Verlierer erwiesen sich die früheren systemoppositionellen Intellektuellen, aber auch die systemkonforme Intelligenzia (vgl. Hatschikjan, 1998: 264). Gerade im Bereich der Medien kam es am stärksten zu einer Konkurrenz zwischen alten und neuen Eliten. Hier konnten viele „Neulinge" deshalb aufsteigen, weil völlig neue Organisationen und Strukturen der Medienvermittlung entstanden.

Als recht stabil erwiesen sich die Eliten der Verwaltung und der Justiz. Die dafür erforderlichen juristischen Kenntnisse können eben nicht in kurzer Zeit erworben werden, deshalb können die entsprechenden Eliten auf ihre Fähigkeiten vertrauen und ihre Positionen beibehalten (vgl. v. Beyme, 1994: 190/191). Westliche „Entwicklungshilfe" verstärkte die Elitenstabilität tendenziell.

7.7 Sozialstrukturelle und sozio-ökonomische Faktoren

Nach den Revolutionen waren radikale Wandlungen in der gesellschaftlichen Sozialstruktur zu erwarten. Die „kommunistische Gleichmacherei" hatte ein Ende, soziale Ausdifferenzierungsprozesse, Auf- und Abstiege folgten. Problematisch war dabei, dass im Transformationsprozess bestimmte soziale Gruppen Vorteile bei der „Neuverteilung" des Besitzes geltend machen konnten. Vor allem diejenigen, die auch zu sozialistischen Zeiten schon privilegiert waren, konnten von ihrem Insiderwissen und ihrem früher illegal angehäuften Vermögen profitieren, indem sie diese Ressourcen zur Stabilisierung ihrer privilegierten Position einsetzten (vgl. Srubar, 1994: 201).

Andere konnten vom wirtschaftlichen Wandel nicht profitieren, in besonderer Weise waren folgende Gruppen vom sozialen Abstieg bedroht: Die Blue-collar-Arbeiter und „kleine Angestellte" im produktiven und administrativen Bereich mit geringer Qualifikation, deren Jobs durch Rationalisierungsmaßnahmen leicht eingespart werden konnten. Ebenso drohte denen der Verlust ihrer Arbeit, die in unproduktiven oder politisch nicht mehr erwünschten Branchen gearbeitet hatten (vgl. Srubar, 1994: 205). Für viele bedeutete der Verlust der Arbeit und der Einkommensquelle den Abstieg in die Armut. Aber auch diejenigen, die erwerbstätig sind, bleiben vor ihr nicht gefeit, weil die Entlohnung zum Teil so gering ist, dass die Bezieher dieser Einkommen trotz Arbeit als arm gelten müssen. So lebt z.b. ein Drittel der rumänischen Bevölkerung von einem Einkommen unterhalb der Armutsgrenze. Ähnliches lässt sich auch für Bulgarien, Albanien und das ehemalige Jugoslawien feststellen. Eine etwas geringere Armutsquote hat Ungarn, Polen und Tschechien. Diese hohen Armutsquoten sind nicht nur auf das niedrige Lohnniveau zurückzuführen, sondern auch auf die wenig entwickelten sozialen Sicherungssysteme (vgl. Sterbling, 2001: 136-138).

Anteil der Bevölkerung unterhalb der Armutsgrenze in Prozent

	Rußland	Ukraine	Polen	Tschechien	Ungarn	Bulgarien
1995	24,7 / 35	21,1	13	10,8	35	19,5

Quelle: Müller, 1998: 209

Gute Chancen für einen sozialen Aufstieg hatten dagegen diejenigen, die sich auf die neuen Regeln am Arbeitsmarkt einstellen konnten. Wer im Bereich der neuen Dienstleistungsanforderungen, wie Weiterbildung und ähnliches tätig wurde und zudem genügend Mobilität aufwies, hatte beträchtliche Chancen, sozial aufzusteigen (vgl. Srubar, 1994: 205). Aber auch jene, die jenseits der „normalen", legalen Wirtschaft tätig waren, konnten große Gewinne verbuchen. Wie teilweise schon in der sozialistischen Planwirtschaft, blühte nun die Schattenwirtschaft weiter auf und warf nun noch wesentlich größere Gewinne ab.

Anteile des informellen Sektors am Sozialprodukt in Prozent

	Rußland	Ukraine	Polen	Tschechien	Ungarn	Rumänien	Bulgarien
1994	40	46	15	18	29	17	29

Quelle: Müller, 1998: 209

Eine entscheidende Rolle für diese Auf- und Abstiegsprozesse spielte die Privatisierungspolitik, die jeweils verfolgt wurde. Während z.B. die deutsche Treuhand nur an kapitalkräftige Übernahmewillige verkauft hat, wurden in Tschechien verschiedene Formen der „people's capitalism' toleriert, um die Akzeptanz für die Privatisierung zu erhöhen. Die Arbeitsplatzverluste waren in diesem Fall nicht so hoch. Auch die Rückgabe der enteigneten Immobilien und Güter an ihre früheren Besitzer ist hierzu zu rechnen.

Es ergibt sich also in den meisten postsozialistischen Gesellschaften eine erhebliche soziale Ungleichheit, die zum Teil die unterschiedlichen Ausgangspositionen widerspiegelt: Jene, die auch schon zu sozialistischen Zeiten privilegierte Positionen innehatte, konnten diese in Vorteile im neuen System ummünzen. Benachteiligte blieben benachteiligt und die breite Masse hatte einige Einbußen zu verzeichnen.

7.8 Profil postsozialistischer Eliten

Srubar kommt zu der Einschätzung, dass die während der Zeit des real existierenden Sozialismus entstandenen Gegeneliten in der Wendezeit zunächst als Werteliten fungierten, weil sie als Symbole für die geistig-moralische Wende galten. Diese Ressource verbrauchte sich jedoch relativ schnell, weil ein funktionaler Wandel eintrat und sie es nicht schafften, sich jene Legitimation zu verschaffen, die sich auf Kompetenz und überzeugender politischer Arbeit begründet. Die Wendeeliten verharrten also zu lange auf ihrem Image als Wertelite und versäumten es aus diesem Grund sich zu professionalisieren (vgl. Srubar, 1994: 211). Die alten Eliten wurden in der Zeit des Umbruchs also gebraucht; zwar hatten auch sie keine Erfahrung im erforderlichen Krisenmanagement, wenigstens aber waren ihnen die Grundstrukturen der Verwaltung und Regierung vertraut. Von Beyme geht aus diesem Grund davon aus, dass die Verwaltung an der Vielzahl der neuen Herausforderungen, die mit dem Systemwechsel verbunden waren, gescheitert wäre, wenn sie nicht die Unterstützung durch die alten Eliten gehabt hätte. Somit waren die alten Eliten am Management des einsetzenden Modernisierungsprozesses auch aktiv beteiligt (vgl. v. Beyme, 1994: 176/177). In gewisser Weise war also die „Weiterbeschäftigung" der alten, eigentlich delegitimierten Elite notwendig. An dieser Tatsache scheiden sich natürlich die Geister. In den meisten postsozialistischen Gesellschaften zeigt sich, dass die politische Rechte eine übermäßige Reproduktion der alten sozialistischen Eliten bemängelt und Maßnahmen gegen diesen Zustand fordert, während die politische

Linke diese Kontinuität begrüßt, weil sie der Stabilität dienlich erscheint (vgl. Hatschikjan, 1998: 253). Eine eindeutige Identifizierung einzelner Personen als Angehörige der alten Eliten ist natürlich nicht immer leicht möglich, vor allem auch, weil die entsprechende Vergangenheit von vielen verschleiert wird. Deshalb wird meist nur auf die Mitgliedschaft in der KP Bezug genommen. Legt man dieses Kriterium zugrunde, stellt man erhebliche regionale und sektorale Unterschiede fest: In Russland konnten sich viele ehemalige KP-Mitglieder in ihren Elitepositionen halten, vor allem im Bereich des staatlichen Wirtschaftssektors. In Ungarn und Polen fällt die Elitenreproduktionsrate der früheren KP-Mitglieder wesentlich niedriger aus (vgl. Hatschikjan, 1998: 256).

Verbleib der alten (1988), Herkunft der neuen (1993) Eliten

a) Verbleib der alten Nomenklatur-Eliten (Angaben in Prozent)			
Position 1993	Rußland	Polen	Ungarn
Elite	64,2	38,2	20,0
Nicht-Elite mit Untergebenen	15,5	18,4	31,5
Nicht-Elite ohne Untergebene	10,6	16,6	15,7
Ruhestand	9,7	26,8	32,8
	(N = 854)	(N = 888)	(N = 662)
b) Herkunft der neuen Eliten (Angaben in Prozent)			
Position 1988	Rußland	Polen	Ungarn
Nomenklatur-Mitglied	51,0	40,7	32,7
Andere offizielle Position	33,4	37,9	47,5
Nicht-Elite	15,6	21,4	19,8
	(N = 958)	(N = 960)	(N = 783)

Quelle: Hatschikjan, 1998: 257

Matěju und Hanley kommen in ihrer Analyse politischer und ökonomischer Eliten zu der Schlussfolgerung, dass die Entwicklung der verschiedenen Eliten höchst unterschiedlich verlief. Im ökonomischen Sektor verlief die Elitenrekrutierung vor allem im Sinne einer „Revolution der Stellvertreter" (Matěju/Hanley, 1998: 168). Es stiegen also diejenigen, die mit hoher Wahrscheinlichkeit ohnehin später in Elitepositionen aufgestiegen wären, einfach nur deshalb früher auf, weil ihre Vorgesetzen der Elitenzirkulation im Transformationsprozess zum Opfer fielen. Es hat sich also nur der Aufstieg der ohnehin designierten Eliten beschleunigt, der Rekrutierungsmodus hat sich zunächst noch nicht verändert.

a) Verbleib der alten Wirtschaftseliten (Angaben in Prozent)			
Position 1993	Rußland	Polen	Ungarn
Elite	81,1	56,6	29,2
Nicht-Elite mit Untergebenen	13,2	12,6	18,3
Nicht-Elite ohne Untergebene	1,7	7,2	4,9
Ruhestand	3,3	23,6	47,6
	(N = 60)	(N = 263)	(N = 82)
b) Herkunft der neuen politischen Eliten (Angaben in Prozent)			
Position 1988	Rußland	Polen	Ungarn
Nomenklatur-Mitglied	52,6	50,7	34,9
Andere offizielle Position	33,4	38,8	54,7
Nicht-Elite	14,0	10,5	10,4
	(N = 565)	(N = 588)	(N = 489)

Quelle: Hatschikjan, 1998: 259

Anders dagegen in der politischen Elite: Hier veränderte sich der Rekrutierungsmodus derart, dass auch völlige Außenseiter, also solche Personen, die vor der Wende keinerlei politische oder administrative Ämter ausübten, in die politische Elite aufsteigen konnten. Insgesamt war die Zirkulationsrate in der politischen Elite höher als in der ökonomischen Elite. Dies gilt wiederum nur in eingeschränktem Maß für Russland: Hier konnten sich viele Elitemitglieder in ihren Positionen halten oder sie wurden von „Stellvertretern", also Nomenklaturisten aus der zweiten oder dritten Reihe ersetzt (vgl. Schneider, 1997: 5).

a) Verbleib der alten politischen Eliten (Angaben in Prozent)			
Position 1993	Rußland	Polen	Ungarn
Elite	67,7	27,5	21,9
Nicht-Elite mit Untergebenen	13,7	15,1	23,0
Nicht-Elite ohne Untergebene	7,6	29,3	23,9
Ruhestand	11,0	28,1	31,2
	(N = 582)	(N = 502)	(N = 426)
b) Herkunft der neuen politischen Eliten (Angaben in Prozent)			
Position 1988	Rußland	Polen	Ungarn
Nomenklatur-Mitglied	51,0	23,7	30,4
Andere offizielle Position	29,4	33,3	26,1
Nicht-Elite	19,6	43,0	43,5
	(N = 255)	(N = 282)	(N = 161)

Quelle: Hatschikjan, 1998: 258

Auch die kulturellen Eliten zeichnen sich durch eine relativ (aber unterschiedlich) hohe Reproduktion aus:

a) Verbleib der alten kulturellen Eliten (Angaben in Prozent)			
Position 1993	Rußland	Polen	Ungarn
Elite	49,4	43,9	9,0
Nicht-Elite mit Untergebenen	20,8	17,1	47,5
Nicht-Elite ohne Untergebene	21,8	10,5	14,3
Ruhestand	8,0	28,5	29,2
	(N = 212)	(N = 123)	(N = 154)
b) Herkunft der neuen kulturellen Eliten (Angaben in Prozent)			
Position 1988	Rußland	Polen	Ungarn
Nomenklatur-Mitglied	44,9	29,9	27,1
Andere offizielle Position	14,4	45,5	47,4
Nicht-Elite	14,4	24,4	25,5
	(N = 138)	(N = 90)	(N = 133)

Quelle: Hatschikjan, 1998: 259

Hatschikjan kommt hinsichtlich der Frage, ob Reproduktion oder Zirkulation die wichtigere Entwicklung war, zu dem Ergebnis, dass in Russland die Reproduktion überwog, während in den Gesellschaften Ostmitteleuropas eher eine Balance zwischen Kontinuität und Wandel zu beobachten ist. Zirkulationsprozesse waren am stärksten im Sektor Politik ausgeprägt, in anderen Sektoren weniger (vgl. Hatschikjan, 1998: 260).

Literatur

Baldersheim, Harald/Bodnárová, Beba/Horváth, Tamás M./Vajdová, Zdenka (1996): Functions of the Executive: Power, Leadership, and Management. In: Baldersheim, Harald/Illner, Michal/Offerdahl, Audun/Rose, Lawrence/Swianiewicz, Paweł (Hrsg.): Local Democracy and the Process of Transformation in East-Central Europe. Boulder: Westview Press, S. 197-224

Berglund, Sten/Dellenbrant, Jan Åke (1991): Prospects for the New Democracies in Eastern Europe. In: Berglund, Sten/Dellenbrant, Jan Åke (Hrsg.): The New Democracies in Eastern Europe. Party Systems and Political Cleavages. Aldershot: Elgar, S. 211-223

Beyme, Klaus von (1994): Systemwechsel in Osteuropa. Frankfurt: Suhrkamp

Crampton, Richard (1999): Politische Systeme. In: Hatschikjan, Magarditsch/Troebst, Stefan (Hrsg.): Südosteuropa. Gesellschaft, Politik, Wirtschaft, Kultur. Ein Handbuch. München: C. H. Beck, S. 199-222

Gabanyi, Anneli Ute/Sterbling, Anton (Hrsg.)(2000): Sozialstruktureller Wandel, soziale Probleme und soziale Sicherung in Südosteuropa. München: Südosteuropa-Gesellschaft

Hatschikjan, Magarditsch A. (1998): Zeitenwende und Elitenwandel in Osteuropa. In: Hatschikjan, Magarditsch A./Altmann, Franz-Lothar (Hrsg.): Eliten im Wandel. Politische Führung, wirtschaftliche Macht und Meinungsbildung im neuen Osteuropa. Paderborn et al.: Ferdinand Schöning, S. 251-269

Imbusch, Peter (1999): Politische und ökonomische Eliten in gesellschaftlichen Transitionsprozessen. Über den Erhalt, Verlust und die Transformation von Macht. In: Hornbostel, Stefan (Hrsg.): Sozialistische Eliten. Horizontale und vertikale Differenzierungsmuster in der DDR. Opladen: Leske + Budrich, S. 267-287

Juchler, Jakob (1994): Osteuropa im Umbruch. Politische, wirtschaftliche und gesellschaftliche Entwicklungen 1989-1993. Gesamtüberblick und Fallstudien. Zürich: Seismo Verlag

Machonin, Pavel/Tucek, Milan (2000): Czech Republic. New Elites and Social Change. In: Higley, John/Lengyel, György (Hrsg.): Elites After State Socialism. Theories and Analysis. Lanham et al.: Rowman & Littlefield Publishers, S. 25-45

Matejko, Alexander J. (1991): Civic Culture and Consumption in Eastern Europe. In: Sociologia Internationalis 29 (1), S. 75-102

Matějů, Petr/Hanley, Eric (1998): Die Herausbildung ökonomischer und politischer Eliten in Ostmitteleuropa. In: Hatschikjan, Magarditsch A./Altmann, Franz-Lothar (Hrsg.): Eliten im Wandel. Politische Führung, wirtschaftliche Macht und Meinungsbildung im neuen Osteuropa. Paderborn et al.: Ferdinand Schöning, S. 145-171

Matthews, Mervyn (1978): Privilege in the Sowjet Union. A Study of the Elite-Life-Styles under Communism. London: Allan & Unwin

Mucha, Ivan (1998): Neue tschechische Eliten im Kontext der Vergangenheitsbewältigung. In: Srubar, Ilja (Hrsg.): Eliten, politische Kultur und Privatisierung in Ostdeutschland, Tschechien und Mittelosteuropa. Konstanz: UVK, S. 247-255

Müller, Klaus (1998): Postsozialistische Krisen. In: Müller, Klaus (Hrsg.): Postsozialistische Krisen. Theoretische Ansätze und empirische Befunde. Opladen: Leske + Budrich

Neckel, Sighard (1998): Multiple Modernisierer im postsozialistischen Machtkampf. Eine ostdeutsche Konfliktgeschichte in lokalen Biographien. In: Srubar, Ilja (Hrsg.): Eliten, politische Kultur und Privatisierung in Ostdeutschland, Tschechien und Mittelosteuropa. Konstanz: UVK, S. 119-143

Offerdahl, Audun/Hanšpach, Dan/Kowalczyk, Andrezej/Patočka, Jiří (1996): The New Local Elites. In: Baldersheim, Harald/Illner, Michal/Offerdahl, Audun/Rose, Lawrence/Swianiewicz, Paweł (Hrsg.): Local Democracy and the Process of Transformation in East-Central Europe. Boulder: Westview Press, S. 105-141

Pállinger, Zoltán Tibor (1997): Die politische Elite Ungarns im Systemwechsel 1985-1995. Bern, Stuttgart, Wien: Verlag Paul Haupt

Schneider, Eberhard (1994): Die politische Funktionselite der DDR. Eine empirische Studie zur SED-Nomenklatura. Opladen: Westdeutscher Verlag

Schneider, Eberhard (1997): Die Formierung der neuen rußländischen politischen Elite. Köln: Bundesinstitut für ostwissenschaftliche und internationale Studien

Slama, Milan (1998): Lustrationsgesetz – Streit um Eliten oder Verarbeitung der Schuld? in: Srubar, Ilja (Hrsg.): Eliten, politische Kultur und Privatisierung in Ostdeutschland, Tschechien und Mittelosteuropa. Konstanz: UVK, S. 237-246

Srubar, Ilja (1994): Variants of the Transformation Process in Central Europe. A Comparative Assessment. In: Zeitschrift für Soziologie 23 (3), S. 198-221

Sterbling, Anton (1999): Elitenbildung und Elitenwandel in Südosteuropa und der ehemaligen DDR. In: Hornbostel, Stefan (Hrsg.): Sozialistische Eliten. Horizontale und vertikale Differenzierungsmuster in der DDR. Opladen: Leske + Budrich, S. 253-266

Sterbling, Anton (2001): Intellektuelle, Eliten, Institutionenwandel. Untersuchungen zu Rumänien und Südosteuropa. Hamburg: Krämer

Thaa, Winfried (1996): Die Wiedergeburt des Politischen. Zivilgesellschaft und Legitimitätskonflikt in den Revolutionen von 1989. Opladen: Leske + Budrich

215

8. Globale und supranationale Eliten?

Das Schlagwort der Globalisierung ist in aller Munde, Nationalstaaten scheinen immer weniger die Bezugspunkte gesellschaftlichen Wandels. Die Frage, die sich daraus im Hinblick auf die Eliten stellt, ist inwieweit sich globale bzw. supranationale Eliten entwickeln. Grundsätzlich gibt es zwei verschiedene Thesen in bezug auf diese Frage. Die erste geht davon aus, dass Institutionen jenseits nationaler Gesellschaften entstehen oder bereits existieren, die ihre eigenen Eliten hervorbringen, unabhängig von jeweils nationalen Rekrutierungsbedingungen. Globale oder supranationale Eliten wären damit eigenständige Phänomene. Die andere These geht davon aus, dass jeweils die nationalen Gesellschaften die „Brutstätten" dieser Eliten seien, weil Nationalstaaten diejenigen, die in solchen Institutionen tätig sind, entsenden. Damit sind die Inhaber der Toppositionen in internationalen oder supranationalen Institutionen durch die Elitenrekrutierungsmuster der jeweiligen Gesellschaften geprägt. Die Elitenkohäsion, -zusammenarbeit und -kommunikation ist aufgrund dessen stark beeinträchtigt, weil die sozialen Hintergründe, Rekrutierungsmuster und Karrierewege zu unterschiedlich (wie die einzelnen Länderberichte zeigten) seien. Globale oder supranationale Eliten könne es aus diesem Grund nicht geben, sondern lediglich eine funktionale Zusammenarbeit von Personen, die sich nicht als Gruppe begreifen, kein „Wir-Gefühl" entwickeln könnten.

Die These, dass Eliten stark von den nationalen Rekrutierungsmechanismen geprägt sind und deshalb auch dann, wenn sie in transnationalen Strukturen tätig sind von diesen geprägt sind und somit globale oder supranationale Eliten nicht zustande kommen vertreten z.B. Michel Bauer und Bénédicte Bertin-Mourot. Sie untersuchen die wirtschaftlichen Eliten in Frankreich, Deutschland und Großbritannien. Als Elitemitglieder betrachten sie die „200 tops", also diejenigen, die in den 200 größten Unternehmen des jeweiligen Landes die Stelle Nr. 1 einnehmen. Die 200 größten Unternehmen wurden nach ihrem Umsatz ausgewählt.

Die wichtigsten Gemeinsamkeiten dieser jeweiligen nationalen Eliten sind (vgl. Bauer/Bertin-Mourot, 1999: 16): Es gab nirgends Frauen (0% in allen drei Ländern) und sehr wenige Ausländer (7,5% in Deutschland, 5% in Frankreich und 4,5% in Großbritannien). Ansonsten überwiegen jedoch die Unterschiede zwischen den Eliten dieser 3 Länder. Bauer und Bertin-Mourot stellen dies fest anhand der Variablen

– Eintrittsalter in die Wirtschaft (in Frankreich mit 31 Jahren, in Großbritannien mit 22 und in Deutschland mit 26).
– Unterschiedliche Typen von Firmenleitern. Sie unterscheiden dabei zwischen *Heirs* (Erben, die die Führungsposition aufgrund familiärer Bindungen erreicht haben), *Founders* (Firmengründer, die es geschafft haben, mit ihrer neugegründeten Firma in die top 200 aufzusteigen), *In-House-Leaders* (stiegen innerhalb der Firma, der sie jetzt vorstehen auf) und *mobile leaders* (stiegen in einer oder mehreren anderen Firmen auf und übernahmen dann die top-Position, die sie jetzt innehaben; sie wurden also von außen geholt).
– Unterschiede im *Breeding Ground* (Elite-Nährboden): In Frankreich und GB sind bestimmte Schulen (Grandes écoles, ENA, École Polytechnique in Frankreich, public schools, Oxford, Cambrigde in GB) Nährboden für Eliten. In Deutschland gibt es keinen solchen breeding ground
– Unterschiede hinsichtlich des Karrieremusters: Sie gehen dabei von fünf verschiedenen Karrieremustern aus: *catapulted executive* (erreicht sofort mit einem Eintreten in die Wirtschaftswelt eine der Top 200-Positionen), *parachuted executive* (erreichte mit einem Eintreten in die Wirtschaftswelt auf der Führungsebene in einem der Top 200-Unternehmen), *helicoptered executive* (erreichte beim Eintreten in die Wirtschaftswelt eine Position, die nahe der obersten Führungsebene war), *mountain climber* (trat in die Wirtschaftswelt als anonymer Angestellter ein und arbeitete sich hoch) und *founder* (Gründer einer Firma, die in die Top 200 aufsteigen konnte).

Die Untersuchung dieser Karrieremuster in den drei untersuchten Gesellschaften ergibt unterschiedliche Verteilungen, die in der folgenden Tabelle verzeichnet sind:

	catapulted / parachuted	mountain climbers
Frankreich	61%	7%
Deutschland	47%	31%
Großbritannien	44%	30%

In Deutschland und Großbritannien wissen also die untersuchten Führer wesentlich mehr über die Firma, der sie vorstehen, als in Frankreich.

Bauer und Bertin-Mourot entwickeln in dieser Untersuchung BA-SE-Indikatoren (*Barrière d'Accès au Sommet des Entreprises*), um einschätzen zu können, welche Barrieren jeweils auf dem Weg zur Spitze eines Unternehmens überwunden werden müssen. Wiederum werden verschiedene Typen entworfen:

- *Family form of capitalism*: Hier sind die Erben oder Gründer zu verorten. Wer keine familiären Verbindungen aufweisen kann, hat keine Chance, in die Spitzenposition aufzusteigen. Für Nicht-Erben tun sich hier also Barrieren auf, die nur dadurch umgangen werden können, indem man selbst ein erfolgreiches Unternehmen gründet.
- *Managerial form of capitalism*: Hier ist der Anteil der Führungs-kräfte, die aufgrund ihrer beruflichen Erfolge im Unternehmen ent-deckt wurden, hoch. Dieser Anteil ist in Deutschland am höchsten, gefolgt von Großbritannien und Frankreich.
- *Logic of academic achievement*: Nur die Schul- bzw. Hochschul-ausbildung zählt; kann man keinen Abschluss von bestimmten Eliteschulen und -universitäten nachweisen, sind die Barrieren sehr hoch. Am stärksten ist dies in Großbritannien der Fall, dicht gefolgt von Frankreich, während dieses Phänomen in Deutschland kaum feststellbar ist (in Deutschland genügt ein Hochschulabschluss, egal wo).
- *State capitalistic logic*: Anteil der Führungskräfte, die zwischen Wirtschaftswelt und Staatsdienst wechseln und von einer hohen Staatsposition in wirtschaftliche Toppositionen gelangen. Dies ist vor allem in Frankreich sehr häufig, weit weniger in Deutschland und Großbritannien.

Als Resümee dieser Studie kann festgehalten werden, dass sich die drei untersuchten Gesellschaften erheblich in der Hervorbringung ihrer Wirtschaftseliten unterscheiden. Diese Elitemuster haben sich über längere Zeit als stabil erwiesen und selbst die wirtschaftliche

Einigung der EU hat dies nicht verändert. Die europäische Integration hat sich also noch nicht auf die Wirtschaftseliten (also auf die Träger dieser Integration) erstreckt. Fraglich ist auch, ob dies noch erfolgen wird.

Der Frage, ob im Zuge der Internationalisierung der Wirtschaft wenigstens die internationale Orientierung der Wirtschaftselite zugenommen hat, geht Michael Hartmann nach. Er untersucht die Topmanager der 100 größten Unternehmen in Deutschland, Frankreich, Großbritannien und der USA. Er geht von der explosionsartig angestiegenen Zahl von Firmenfusionen aus und erwartet aufgrund dessen eine verstärkte Internationalisierung der Wirtschaftseliten. Die Internationalität der Spitzenpositionen ist seinen Erkenntnissen nach noch nicht so groß wie erwartet: In allen vier Ländern ist die Quote der einheimischen Chefs über 90% (vgl. Hartmann, 1999: 118f.). Auch die Auslandserfahrungen dieser Chefs sind relativ beschränkt und beziehen sich meist auf einen ähnlichen Kulturkreis (z.B. US-Amerikaner in Großbritannien). Nur die wenigsten der Top-Manager haben eine international ausgerichtete Ausbildung; dies gilt auch für die jüngeren (nach 1940 geborenen). Einige von ihnen haben ihren nationalen Abschluss mit einem international ausgerichteten Aufbaustudium „veredelt", wobei dies aber offenbar keine größeren Karrierevorteile mit sich bringt. Auch Hartmann stellt die typischen Eliterekrutierungsmuster in den einzelnen Ländern fest. Er führt dies unter anderem darauf zurück, dass die internationalen Abschlüsse entsprechender Hochschulen (z.B. INSEAD in Fountainbleau) noch nicht genügend Anerkennung finden und sich deshalb nationale Elitenrekrutierungsmuster stabil halten (Oxford in Großbritannien, ENA in Frankreich als Voraussetzung für eine Spitzenkarriere). Hartmann macht auch die soziale Schließung der Wirtschaftseliten dafür verantwortlich: Die Hälfte der Chefs der 100 größten Unternehmen stammt aus den Reihen des Großbürgertums. In Frankreich, Großbritannien und den USA funktioniert diese soziale Schließung vor allem durch die hohen Anforderungen des Bildungssystems: Nur wenige können es sich leisten, ihre Kinder in den Elitebildungsanstalten ausbilden zu lassen. Die Kosten für diese Schulen und Universitäten sind so hoch, dass die Kinder der Mittelschicht sicher ausgegrenzt werden können. In Deutschland funktioniert die soziale Schließung vor allem durch das was Hartman in Anlehnung an Bourdieu den „klassenspezifischen Habitus" nennt: Bestimmte Umgangsformen und vor allem soziale Kontakte werden nur innerhalb des Großbürgertums gepflegt. Elitemitglieder tendieren also dazu, Personen ähnlicher Herkunft den Aufstieg in die Elite zu ermöglichen, weil sie aufgrund der gemeinsam geteilten Merkmale Vertrauen zueinander haben. Diese „gleiche Wellenlänge" ist wahrscheinlich auch der Grund, weshalb sich die nationalen Elitenmuster kaum verändern: Sie sind so unterschiedlich, dass sich eben kein Vertrauen aufbauen kann und sich deshalb die nationalen Eliten reproduzieren, ohne sich einander anzunähern.

Leslie Sklair geht in seiner Untersuchung *„Social Movements for Global Capitalism: The Transnational Capitalist Class in Action"* auf diese Fragestellung ein. Er geht davon aus, dass transnationales Handeln auf 3 Ebenen stattfindet: auf der politischen, auf der wirtschaftlichen und auf der kulturell-ideologischen. Er greift sich die wirtschaftliche Ebene heraus und untersucht ihre Eliten. Er definiert diese als *„the ruling class in a global system"*. Sie zeichnen sich durch drei Hauptcharakteristika aus (vgl. Sklair, 1997: 521-523):

1. Sie sind auswärts-, also international bzw. global orientiert, nationale Perspektiven sind für sie nachrangig. Häufig sind sie in den internationalen Wirtschaftsschulen (z.B. *American Graduate School of International Management* oder *London School of Economy*) ausgebildet.
2. Mitglieder dieser Elite betrachten sich mehr als Weltbürger denn als Deutsche, Amerikaner, Japaner usw. Feste Wohnsitze spielen für sie deshalb auch eine geringe Rolle, die meiste Zeit verbringen sie – überspitzt ausgedrückt – ohnehin auf Transkontinentalflügen.
3. Sie haben einen ähnlichen Lebensstil. Überall auf der Welt gibt es bestimmte Clubs, Restaurants usw., in denen man sich trifft. Insofern kann sich auch eine gewisse Kohäsion zwischen den Elitemitgliedern entwickeln.

Sklair unterscheidet vier Typen dieser transnationalen Wirtschaftselite:

Transnational capitalist executives: Sie kontrollieren ganze Teile der gobalen Wirtschaft als führende Manager großer weltweit agierender Unternehmen. Sie haben eine gemeinsame Kultur und sie teilen eine Ideologie nach kapitalistischen Grundsätzen. Häufig kann ein erheblicher Unterschied zwischen ihrer individuellen Lebensweise und der Kultur, in der sie leben, verzeichnet werden. Ihre Wirkung besteht in der Einflussnahme sogenannter *front organiza-*

tions (in denen sie tätig sind) auf nationale Regierungen (vgl. Sklair, 1997: 525-527).

Globalizing bureaucrats: Diese Gruppe ist häufig verantwortlich für die Außenwirtschaftsbeziehungen (sie sind z.b. bei der Weltbank, dem IWF oder ähnlichen Organisationen tätig). In ihr vereinigen sich also jene Vertreter der Wirtschaft und des Staates, deren Ziel es ist, den staatlichen Interventionismus einzudämmen und den Neoliberalismus zu stärken. Ihr Einkommen ist meist (staatlich bzw. aus Stiftungsgeldern) nicht sehr hoch, sie können jedoch nach Sklairs Einschätzung ihre Kontakte nutzen, um es aufzubessern (vgl. Sklair, 1997: 527/528).

Globalizing politicians and professionals: Bei dieser Gruppe handelt es sich meist um Personen, die sich um eine wirtschaftliche Einigung (also um den Abbau von Handelsbarrieren) bemühen. Sie stammen z.B. aus verschiedenen Brüsseler Behörden oder Ausschüssen, es handelt sich meist um Wissenschaftler, Mitarbeiter von *think-tanks* und Wirtschaftsberater. Ihre Aufgabe besteht vor allem darin, Regierungen und internationale Organisationen mit Know-how zu versorgen. Da sie meist von Regierungen, transnationalen Korportationen oder privat finanziert werden, wird ihre wissenschaftliche Unabhängigkeit von Sklair in Zweifel gezogen (vgl. Sklair, 1997: 528-530).

Consumerist elites: Sie sind ein Teil der *TNC executives* (*transnational capitalist executives*), sie sind im Bereich des Handels und der Medien tätig. Nach Sklairs Auffassung ist es die Aufgabe der Medienvertreter, die Hegemonie des Kapitalismus in der Welt zu unterstützen, vor allem durch Werbung für Konsum. Die Aufgabe der (Groß-)Händler besteht darin, diesen Konsum zu ermöglichen und damit Kapitalismus zu demonstrieren (vgl. Sklair, 1997: 530/531).

Die folgende Tabelle zeigt die Merkmale der verschiedenen Typen auf:

	Einkommen	Herkunfts-organisation	Kultur und Ideologie
TNC executives	vom Unternehmen bezahltes Gehalt, Sozialleistungen, Aktiengewinne	Spitzenunternehmen, ‚fronts'	Kohäsion durch Ideologie des Konsumerismus
Globalizing bureaucrats	Staatliches Gehalt, Sozialleistungen, Gratifikationen	staatliche und zwischenstaatliche Einrichtungen, Stiftungen, korporatistische Organisationen	Entstehender „globaler Nationalismus", Wirtschafts(neo)-liberalismus
Politicians and professionals	Gehalt und Honorare, Sozialleistungen	Berufs- und Fachorganisationen, *Think-tanks*	Entstehender „globaler Nationalismus", Wirtschafts(neo)-liberalismus
Consumerist elites	vom Unternehmen bezahltes Gehalt, Sozialleistungen, Aktiengewinne	Spitzenunternehmen, Massenmedien, Handelszentren	Kohäsion durch Ideologie des Konsumerismus

Quelle: nach Sklair,1997: 532

Sklair geht also davon aus, dass tatsächlich bereits globale Eliten entstanden sind, die unabhängig von einzelnen Gesellschaften existieren.

Auf supranationaler (EU-)Ebene zeichnet sich hinsichtlich der Verwaltungsebene ein ähnliches Bild ab: Zwar wird bei der Stellenbesetzung im Bereich der Spitzenbeamten auf ein geographisches Gleichgewicht geachtet, dennoch ist die Elite durch ihre gemeinsamen Merkmale gekennzeichnet: Mehrsprachigkeit, internationale Erfahrung, Verfügbarkeit transnationaler Netzwerke und hohe fachliche Kompetenzen. Diese Elite entwickelte ein von nationalen Vorstellungen weitgehend unabhängiges Selbstverständnis und eine Arbeitsweise, die keiner nationalen Bürokratie entspricht. Insofern kann von einer wirklich supranationalen Elite ausgegangen werden (vgl. Bach, 1999). Die Netzwerke dieser Verwaltungselite zeichnen sich dadurch aus, dass sie eben die nationale Geschlossenheit durchbrechen und nicht den sonst üblichen hierarchischen Behördenstrukturen verpflichtet sind (vgl. Bach, 1993: 303/304).

Anhand der vorgestellten Untersuchungen zeigt sich jedoch auch das Problem der Elitenforschung jenseits der einzelgesellschaftlichen

Analyse sehr deutlich: Die Vergleichbarkeit der Ergebnisse der verschiedenen Studien ist sehr beschränkt, weil die theoretischen Bezugspunkte und die Auswahl der Untersuchungseinheiten zu unterschiedlich ist. Sicherlich ist dies darauf zurückzuführen, dass es sich bei der Untersuchung transnationaler, supranationaler oder globaler Eliten noch um einen relativ „jungen" Forschungsbereich handelt.

Literatur

Bach, Maurizio (1993): Vom Zweckverband zum technokratischen Regime: Politische Legitimation und institutionelle Verselbständigung in der Europäischen Gemeinschaft. In: Winkler, Heinrich August/Kaelble, Hartmut (Hrsg.): Nationalismus – Nationalitäten – Supranationalität. Stuttgart: Klett-Cotta, S. 288-308

Bach, Maurizio (1994): Transnationale Integration und institutionelle Differenzierung: Tendenzen der europäischen Staatswerdung. In: Eichener, Volker/Voelzkow, Helmut (Hrsg.): Europäische Integration und verbandliche Interessenvermittlung. Marburg: Metropolis-Verlag, S. 109-130

Bach, Maurizio (1999): Die Bürokratisierung Europas. Verwaltungseliten, Experten und politische Legitimation in Europa. Frankfurt/New York: Campus

Bauer, Michael/Bertin-Mourot, Bénédicte (1999): National Models for Making and Legitimating Elites. A Comparative Analysis of the 200 Top Executives in France, Germany and Great Britain. In: European Societies 1 (1), S. 9-31

Hartmann, Michael (1999): Auf dem Weg zur transnationalen Bourgeoisie? Die Internationalisierung der Wirtschaft und die Internationalität der Spitzenmanager in Deutschland, Frankreich und den USA. In: Leviathan 27 (1), S. 113-141

Hartmann, Michael (1997): Die Rekrutierung der Topmanager in Europa. In: European Journal of Sociology 38 (1), S. 3-37

Sklair, Leslie (1997): Social Movements for Global Capitalism: The Transnational Capitalist Class in Action. In: Review of International Political Economy 4 (3), S. 514-538

Literatur

Agüero, Felipe (1991): Regierung und Streitkräfte in Spanien nach Franco. In: Bernecker, Walther L./Oehrlein, Josef (Hrsg.): Spanien heute. Politik · Wirtschaft · Kultur. Frankfurt/Main: Vervuert Verlag, S. 167-188

Ahrens, Helmut (1987): London. Pracht, Macht und Alltag. Braunschweig: Westermann Verlag

Ahrens, Rüdiger (1999): Zwischen Tradition und Erneuerung: Bildungssystem und berufliche Ausbildung. In: Kastendiek, Hans/Rohe, Karl/Volle, Angelika (Hrsg.): Großbritannien. Geschichte · Politik · Wirtschaft · Gesellschaft. Frankfurt/New York: Campus, S. 523-542

Allum, Percy (2001): Catholicism. In: Barański, Zygmunt/West Rebecca J. (Hrsg.): The Cambrigde Companion to Modern Italian Culture. Cambrigde: University Press; S. 97-112

Arnold, Ernst/Große, Ulrich (1997): Das Bildungswesen: Traditionen und Innovationen. In: Große, Ernst Ulrich/Trautmann, Günter (Hrsg.): Italien verstehen. Darmstadt: Wissenschaftliche Buchgesellschaft, S. 199-238

Bach, Maurizio (1993): Vom Zweckverband zum technokratischen Regime: Politische Legitimation und institutionelle Verselbständigung in der Europäischen Gemeinschaft. In: Winkler, Heinrich August/Kaelble, Hartmut (Hrsg.): Nationalismus – Nationalitäten – Supranationalitäten. Stuttgart: Klett-Cotta, S. 288-320

Bach, Maurizio (1994): Transnationale Integration und institutionelle Differenzierung: Tendenzen der europäischen Staatswerdung. In: Eichener, Volker/Voelzkow, Helmut (Hrsg.): Europäische Integration und verbandliche Interessenvermittlung. Marburg: Metropolis-Verlag, S. 109-130

Bach, Maurizio (1999): Die Bürokratisierung Europas. Verwaltungseliten, Experten und politische Legitimation in Europa. Frankfurt/New York: Campus

Bach, Maurizio (2000): Vilfredo Pareto in: Kaesler, Dirk (Hrsg.): Klassiker der Soziologie. Von Auguste Comte bis Norbert Elias. München: C. H. Beck, S. 94-112

Bachrach, Peter (1970): Die Theorie demokratischer Elitenherrschaft. Eine kritische Analyse. Frankfurt: Europ. Verl.-Anst.

Baldersheim, Harald/Bodnárová, Beba/Horváth, Tamás M./Vajdová, Zdenka (1996): Functions of the Executive: Power, Leadership, and Management. In: Baldersheim, Harald/Illner, Michal/Offerdahl, Audun/Rose, Lawrence/Swianiewicz, Paweł (Hrsg.): Local Democracy and the Process of Transformation in East-Central Europe. Boulder: Westview Press, S. 197-224

Barrios, Harald (1997): Das politische System Spaniens. In: Ismayr, Wolfgang (Hrsg.): Die politischen Systeme Westeuropas. Opladen: Leske + Budrich, S. 549-587

Bauer, Michael/Bertin-Mourot, Bénédicte (1999): National Models for Making and Legitimating Elites. A Comparative Analysis of the 200 Top Executives in France, Germany and Great Britain. In: European Societies 1 (1), S. 9-31

Berglund, Sten/Dellenbrant, Jan Åke (1991): Prospects for the New Democracies in Eastern Europe. In: Berglund, Sten/Dellenbrant, Jan Åke (Hrsg.): The New Democracies in Eastern Europe. Party Systems and Political Cleavages. Aldershot: Elgar, S. 211-223

Berking, Helmut/Neckel, Sighard (1991): Außenseiter als Politiker. Rekrutierung und Identitäten neuer lokaler Eliten in einer ostdeutschen Gemeinde, in: Soziale Welt 42 (3), S. 283-299.

Best, Heinrich (1997): Politische Modernisierung und Elitenwandel 1848-1997. Die europäischen Gesellschaften im intertemporal-interkulturellen Vergleich. In: Historical Social Research 22 (3/4), S. 4-31

Beyme, Klaus v. (1974): Die politische Elite in der Bundesrepublik Deutschland. München: R. Piper & Co.

Beyme, Klaus v. (1991): Das politische System der Bundesrepublik Deutschland nach der Vereinigung. München/Zürich: Piper

Beyme, Klaus v. (1991): Parteiensysteme und Wandel der politischen Eliten in den osteuropäischen Ländern, in: Gewerkschaftliche Monatshefte 42, S. 621-633.

Beyme, Klaus v. (1992): Der Begriff der politischen Klasse – Eine neue Dimension der Elitenforschung? in: Politische Vierteljahresschrift 33 (1), S. 4-32.

Beyme, Klaus v. (1993): Die politische Klasse im Parteienstaat. Frankfurt: Suhrkamp

Beyme, Klaus von (1994): Systemwechsel in Osteuropa. Frankfurt: Suhrkamp

Beyme, Klaus von (1999): Das politische System der Bundesrepublik Deutschland. Wiesbaden: Westdeutscher Verlag

Bing, Stanley (2002): Was hätte Machiavelli getan? Bosheiten für Manager. München: Econ

Birnbaum, Pierre (1976): Les sommets de l'Etat. Essai sur l'élite du pouvoir en France. Paris: Le Seuil.

Birnbaum, Pierre/Barucq, Charles/Bellaiche, Michel/Marie, Alain (1978): La classe dirigeante française. Paris: PUF.

Böhnisch, Tomke (1999): Gattinnen – Die Frauen der Elite. Münster: Westflisches Dampfboot

Borchert, Jens/Golsch, Lutz (1999): Deutschland: Von der ,Honoratiorenzunft' zur politischen Klasse. In: Borchert, Jens (Hrsg.): Politik als Beruf. Die politische Klasse in westlichen Demokratien. Opladen: Leske + Budrich, S. 114-140

Botella, Juan (1997): L'Elite Gouvernementale Espagnole. In: Suleiman, Ezra/Mendras, Henri (Hrsg.): Le recrutement des élites en Europe. Paris: Éditions La Découverte, S. 181-191

Bourdieu, Pierre (1982): Die feinen Unterschiede. Kritik der gesellschaftlichen Urteilskraft. Frankfurt: Suhrkamp

Bourdieu, Pierre (1989): La noblesse d'état. Grandes écoles at esprit de corps. Paris: Edition de Minuit.

Bourdieu, Pierre (1992): Die verborgenen Mechanismen der Macht. Hamburg: VSA-Verlag

Bourdieu, Pierre (1994): Praktische Vernunft. Zur Theorie des Handelns. Frankfurt: Suhrkamp

Bourdieu, Pierre/Passeron, Jean-Claude (1971): Die Illusion der Chancengleichheit. Untersuchungen zur Soziologie des Bildungswesens am Beispiel Frankreichs. Stuttgart: Klett

Boyer, Christoph (1999): Kaderpolitik und zentrale Planbürokratie in der SBZ/DDR (1945-1961). In: Hornbostel, Stefan (Hrsg.): Sozialistische Eliten. Horizontale und vertikale Differenzierungsmuster in der DDR. Opladen: Leske + Budrich, S. 11-30

Braun, Michael (1994): Italiens politische Zukunft. Frankfurt: Fischer Taschenbuch Verlag

Breuer, Stefan (1989): Magisches und religiöses Charisma: Entwicklungsgeschichtliche Perspektiven. In: Kölner Zeitschrift für Soziologie und Sozialpsychologie 41, (1), S. 215-240

Burch, Martin/Moran, Michael (1987): The Changing Political Elite. In: Burch, Martin/Moran, Michael (Hrsg.): British Politics. A Reader. Manchester: Manchester University Press, S. 131-143

Burton, Michael/Gunther, Richard/Higley, John (1992): Introduction: Elite Transformation and Democratic Regimes. In: Higley, John/Gunther, Richard (Hrsg.): Elites and Democratic Consolidation in Latin America and Southern Europe. Cambridge: Cambridge University Press, S. 1-37

Cappai, Gabriele (2001): Mosca, Gaetano: Die herrschende Klasse. Grundlagen der politischen Wissenschaft. In: Oesterdiekhoff, Georg W. (Hrsg.): Lexikon der soziologischen Werke. Wiesbaden: Westdeutscher Verlag, S. 487-488

Carrieri, Mimmo: Industrial Relations and the Labour Movement. In: Gundle, Stephen/Parker, Simon (Hrsg.): The New Italian Republic. From the Fall of the Berlin Wall to Berlusconi. London/New York: Routledge, S. 294-307

Cento-Bull, Anna (2001): Social and Political Cultures in Italy from 1860 to the Present Day. In: Barański, Zygmunt/West Rebecca J. (Hrsg.): The Cambrigde Companion to Modern Italian Culture. Cambrigde: University Press; S. 35-61

Cingolani, Stefano (1990): La grandi famiglie del capitalismo italiano. Roma/Bari: Laterza.

Cotta, Maurizio (1992): Elite Unification and Democratic Consolidation in Italy: A Historical Overview. In: Higley, John/Gunther, Richard (Hrsg.): Elites and Democratic Consolidation in Latin America and Southern Europe. Cambridge: Cambridge University Press, S. 146-177

Crampton, Richard (1999): Politische Systeme. In: Hatschikjan, Magarditsch/Troebst, Stefan (Hrsg.): Südosteuropa. Gesellschaft, Politik, Wirtschaft, Kultur. Ein Handbuch. München: C. H. Beck, S. 199-222

Dahl, Robert A. (1966): Further Reflections on ‚The Elitist Theory of Democracy'. In: The American Political Science Review 60 (2), S. 296-305

Dahl, Robert A. (1979): Who Governs? Democracy and Power in an American City. 28. Auflage. London, New Heaven: Yale University Press

Dahrendorf, Ralf (1962): Eine neue deutsche Oberschicht? Notizen über die Eliten der Bundesrepublik. In: Die Neue Gesellschaft 9 (1), S. 18-31

Dahrendorf, Ralf (1965): Gesellschaft und Demokratie in Deutschland. München: R. Piper & Co.

Dahrendorf, Ralf (1982): On Britain. London: BBC

Danyel, Jürgen (1999): Die unbescholtene Macht. Zum antifaschistischen Selbstverständnis der ostdeutschen Eliten. In: Hübner, Peter (Hrsg.): Eliten im Sozialismus. Beiträge zur Sozialgeschichte der DDR. Köln, Weimar, Wien: böhlau, S. 67-85

della Porta, Donatella (1995): Political Parties and Corruption: Reflections on the Italian Case. In: Modern Italy 1, (1), S. 97-114

Detjen, Joachim (2001): Michels, Robert: Zur Soziologie des Parteiwesens in der modernen Demokratie. Untersuchungen über die oligarchischen Tendenzen des Gruppenlebens. In: Oesterdiekhoff, Georg W. (Hrsg.): Lexikon der soziologischen Werke. Wiesbaden: Westdeutscher Verlag, S. 471-472

Domboroski, Robert S. (2001): Socialism, Communism and other ‚isms'. In: Barański, Zygmunt/West Rebecca J. (Hrsg.): The Cambrigde Companion to Modern Italian Culture. Cambrigde: University Press; S. 113-130

Dorandeu, Renaud (1994): Le cercle magique, quelques remarques sur les élites de la République, in: Pouvoirs 68, S. 111-123

Döring, Herbert (1999): Bürger und Politik – die »Civic Culture« im Wandel. In: Kastendiek, Hans/Rohe, Karl/Volle, Angelika (Hrsg.): Großbritannien. Geschichte · Politik · Wirtschaft · Gesellschaft. Frankfurt/New York: Campus, S. 163-177

Dreitzel, Hans Peter (1962): Elitebegriff und die Sozialstruktur. Eine soziologische Begriffsanalyse. Stuttgart: Ferdinand Enke.

Drewe, Paul (1974): Methoden zur Identifizierung von Eliten, in: Koolwijk, Jürgen von/Wieken-Mayser, Maria (Hrsg.): Techniken der empirischen Sozialforschung. Bd. 4, Erhebungsmethode; Die Befragung. München: Oldenburg, S. 162-179.

Drüke, Helmut (2000): Italien – Grundwissen, Länderkunde, Wirtschaft, Gesellschaft, Politik. Opladen: Leske + Budrich

Eldersveld, Samuel C. (1964): Political Parties. A Behaviour Analysis. Chicago

Eldersveld, Samuel J. (1982): Political Parties in American Society. New York: Basic Books

Endress, Martin (2001): Mannheim, Karl: Mensch und Gesellschaft im Zeitalter des Umbaus. In: Oesterdiekhoff, Georg W. (Hrsg.): Lexikon der soziologischen Werke. Wiesbaden: Westdeutscher Verlag, S. 444-445

Endruweit, Günter (1986): Elite und Entwicklung. Theorie und Empirie zum Einfluß von Eliten auf Entwicklungsprozesse. Frankfurt/Bern/New York: Peter Lang

Felber, Wolfgang (1986): Elitenforschung in der Bundesrepublik Deutschland. Analyse, Kritik, Alternativen. Stuttgart: Teubner

Ferrari, Claudia-Francesca (1998): Wahlkampf, Medien und Demokratie. Der Fall Berlusconi. Stuttgart: ibidem-Verlag

Field, G. Lowell/Higley, John (1983): Eliten und Liberalismus. Ein neues Modell zur geschichtlichen Entwicklung der Abhängigkeit von Eliten und Nicht-Eliten: Zusammenhänge, Möglichkeiten, Verpflichtungen. Opladen. Westdeutscher Verlag

Field, Lowell G./Higley, John (1984): National Elites and Political Stability, in: Moore, Gwen (Ed.): Research in Politics and Society, Vol.1: Studies of the Structure of National Elite Groups. Greenwich (Conn.): JAJ Press

Fraenkel, Gioachino (1991): Die italienische Wirtschaftspolitik zwischen Politik und Wirtschaft. Berlin: Duncker & Humblot

Frei, Norbert (Hrsg.) (2001): Karrieren im Zwielicht. Hitlers Eliten nach 1945. Frankfurt/New York: Campus

Friedman, Alan (1988): Agnelli and the Network of Power. London: Harrop

Friedman, Alan (1996): The Economic Elites and the Political System. In: Gundle, Stephen/Parker, Simon (Hrsg.): The New Italian Republic. From the Fall of the Berlin Wall to Berlusconi. London/New York: Routledge, S. 263-272

Fritzsche, Peter (1987): Die politische Kultur Italiens. Frankfurt am Main/-New York.: Campus

Fröhlich, Gerhard (1999): Habitus und Hexis – Die Einverleibung der Praxisstrukturen bei Pierre Bourdieu. In: Schwengel, Hermann (Hrsg.): Grenzenlose Gesellschaft? Bd II. Pfaffenweiler: Centaurus-Verlagsgesellschaft, S. 100-102

Gabanyi, Anneli Ute/Sterbling, Anton (Hrsg)(2000): Sozialstruktureller Wandel, soziale Probleme und soziale Sicherung in Südosteuropa. München: Südosteuropa-Gesellschaft

Gardner, Brian (1973): The Public Schools. An Historical Survey. London: Hamish Hamilton

Gibbons, John (1999): Spanish Politics Today. Manchester, New York: Manchester University Press

Giddens, Anthony (1990): Elites in the British Class Structure, in: Scott, John (Hrsg.): The Sociology of Elites – Volume 1. Aldershot: Elgar, S. 1-30

Gieseke, Jens (1999a): „Genossen erster Kategorie". Die hauptamtlichen Mitarbeiter des Ministeriums für Staatssicherheit als Elite. In: Hübner, Peter (Hrsg.): Eliten im Sozialismus. Beiträge zur Sozialgeschichte der DDR. Köln, Weimar, Wien: Böhlau, S. 201-240

Gieseke, Jens (1999b): Die hauptamtlichen Mitarbeiter des Ministeriums für Staatssicherheit – eine sozialistische Elite? in: Hornbostel, Stefan (Hrsg.): Sozialistische Eliten. Horizontale und vertikale Differenzierungsmuster in der DDR. Opladen: Leske + Budrich, S. 125-145

Ginsborg, Paul (1995): Italian Political Culture in Historical Perspective. In: Modern Italy 1, (1), S. 3-17

Grémion, Pierre (1998): Schriftsteller und Intellektuelle in Paris. In: Hatschikjan, Magarditsch A./Altmann, Franz-Lothar (Hrsg.): Eliten im Wandel. Politische Führung, wirtschaftliche Macht und Meinungsbildung im neuen Osteuropa. Paderborn, München, Wien, Zürich: Ferdinand Schoningh, S. 33-60

Grosse, Ernst Ulrich/Lüger, Heinz-Helmut (1987): Frankreich verstehen. Eine Einführung mit Vergleichen zur Bundesrepublik. Darmstadt: Wissenschaftliche Buchgesellschaft

Gundle, Stephen/Parker, Simon (1996): The New Italian Republic. From the Fall of the Berlin Wall to Berlusconi. London, New York: Routledge

Gunther, Richard (1987): Democratization and Party Building. The Role of Party Elites in the Spanish Transition. In: Clark, Robert P./Haltzel, Michael H. (Hrsg.): Spain in the 1980s. The Democratic Transition and a New International Role. Cambrigde, Mass.: Ballinger Publishing Company, S. 35-65

Gunther, Richard (1992): Spain: The Very Model of the Modern Elite Settlement. In: Higley, John/Gunther, Richard (Hrsg.): Elites and Democratic Consolidation in Latin America and Southern Europe. Cambridge: Cambridge University Press, S. 38-80

Guttsmann, W. L: (1991): The Changing Structure of the British Political Elite, in: Scott, John (Hrsg.): Who Rules Britain? Cambridge: Polity Press, S. 209-222

Haensch, Günther/Tümmers, Hans J. (1998): Frankreich. Politik, Gesellschaft, Wirtschaft. München: C. H. Beck

Hartmann, Michael (1996): Topmanager. Die Rekrutierung einer Elite. Frankfurt/New York: Campus

Hartmann, Michael (1997): Die Rekrutierung der Topmanager in Europa. In: European Journal of Sociology 38 (1), S. 3-37

Hartmann, Michael (1998): Homogenität und Stabilität. Die soziale Rekrutierung der deutschen Wirtschaftselite im europäischen Vergleich. In: Berger, Peter A./Vester, Michael (Hrsg.): Alte Ungleichheiten – Neue Spaltungen. Opladen: Leske + Budrich, S. 171-187

Hartmann, Michael (1999): Auf dem Weg zur transnationalen Bourgeoisie? Die Internationalisierung der Wirtschaft und die Internationalität der Spitzenmanager in Deutschland, Frankreich und den USA. In: Leviathan 27 (1), S. 113-141

Hartmann, Michael (2001): Klassenspezifischer Habitus oder exklusive Bildungstitel als soziales Selektionskriterium? Die Besetzung von Spitzenpositionen in der Wirtschaft. In: Krais, Beate (Hrsg.):An der Spitze. Von Eliten und herrschenden Klassen. Konstanz: UVK, S. 157-208

Hartmann, Michael (2002): Der Mythos von den Leistungseliten. Spitzenkarrieren und soziale Herkunft in Wirtschaft, Politik, Justiz und Wissenschaft. Frankfurt/New York: Campus

Hartmann, Michael/Kopp, Johannes (2001): Elitenselektion durch Bildung oder durch Herkunft? Promotion, soziale Herkunft und der Zugang zu

Führungspositionen in der deutschen Wirtschaft. In: Kölner Zeitschrift für Soziologie und Sozialpsychologie 53 (3), S. 436-466

Harvie, Christopher (1999): Kultur und Gesellschaft. In: Kastendiek, Hans/ Rohe, Karl/Volle, Angelika (Hrsg.): Großbritannien. Geschichte · Politik · Wirtschaft · Gesellschaft. Frankfurt/New York: Campus, S. 562-587

Hatschikjan, Magarditsch A. (1998): Zeitenwende und Elitenwandel in Osteuropa. In: Hatschikjan, Magarditsch A./Altmann, Franz-Lothar (Hrsg.): Eliten im Wandel. Politische Führung, wirtschaftliche macht und Meinungsbildung im neuen Osteuropa. Paderborn et al.: Ferdinand Schöning, S. 251-269

Herzog, Dietrich (1975): Politische Karrieren. Selektion und Professionalisierung politischer Führungsgruppen. Opladen: Westdeutscher Verlag.

Herzog, Dietrich (1982): Politische Führungsgruppen. Probleme und Ergebnisse der modernen Elitenforschung. Darmstadt: Wissenschaftliche Buchgesellschaft.

Higley, John/Lengyel, György (2000): Elites after State Socialism. Lanham et al.: Rowman & Littlefield Publishers

Hoffmann-Lange, Ursula (1984): Katholiken und Protestanten in der deutschen Führungsschicht. Ausmaß, Ursachen und Bedeutung ungleicher Vertretung von Katholiken und Protestanten in den Eliten der Bundesrepublik, in: Der Bürger im Staat, 34. Jg., H. 2, Juni 1984. Hrsg.: Landeszentrale für politische Bildung in Baden Württemberg, S. 114-119.

Hoffmann-Lange, Ursula (1992): Eliten, Macht und Konflikt in der Bundesrepublik. Opladen: Leske + Budrich.

Hofmann, Wilhelm (1996): Karl Mannheim zur Einführung. Hamburg: Junius

Hornbostel, Stefan (1999): Kaderpolitik und gesellschaftliche Differenzierungsmuster: Befunde aus der Analyse des Zentralen Kaderdatenspeichers des Ministerrates der DDR. In: Hornbostel, Stefan (Hrsg.): Sozialistische Eliten. Horizontale und vertikale Differenzierungsmuster in der DDR. Opladen: Leske + Budrich, S. 177-209

Hradil, Stefan (1980): Die Erforschung der Macht. Eine Übersicht über die empirische Ermittlung von Machtverteilungen durch die Sozialwissenschaften. Stuttgart/Berlin/Köln/Mainz: Kohlhammer.

Imbusch, Peter (1999): Politische und ökonomische Eliten in gesellschaftlichen Transitionsprozessen. Über den Erhalt, Verlust und die Transformation von Macht. In: Hornbostel, Stefan (Hrsg.): Sozialistische Eliten. Horizontale und vertikale Differenzierungsmuster in der DDR. Opladen: Leske + Budrich, S. 267-287

Jaeggi, Urs (1967): Die gesellschaftliche Elite. Bern, Stuttgart: Paul Haupt

Juchler, Jakob (1994): Osteuropa im Umbruch. Politische, wirtschaftliche und gesellschaftliche Entwicklungen 1989-1993. Gesamtüberblick und Fallstudien. Zürich: Seismo Verlag

Jun, Uwe (1999): Großbritannien. Der unaufhaltsame Aufstieg des Karrierepolitikers. In: Borchert, Jens (Hrsg.): Politik als Beruf. Die politische Klasse in westlichen Demokratien. Opladen: Leske + Budrich, S. 186-212

Kaase, Max (1982): Sinn oder Unsinn des Konzepts „Politische Kultur" für die vergleichende Politikforschung. Oder auch: Der Versuch, einen Pudding an die Wand zu nageln. In: Kaase, Max/Klingemann, Hans D. (Hrsg.): Wahlen und Politisches System, Studien zur Bundestagwahl 1980. Opladen: Westdeutscher Verlag, S. 144-171

Kaase, Max (1983): Sinn oder Unsinn des Konzepts „Politische Kultur" für die vergleichende Politikforschung. Oder auch: Der Versuch, einen Pudding an die Wand zu nageln. In: Kaase, Max/Klingemann, Hans D. (Hrsg.): Wahlen und Politisches System, Studien zur Bundestagwahl 1980. Opladen: Westdeutscher Verlag, S. 144-171

Kaiser, André (1991): Das britische Parteiensystem. In: Der Bürger im Staat 41, S. 221-227

Kastendiek, Hans u.a. (Hrsg.) (1998): Länderbericht Großbritannien. Geschichte, Politik, Wirtschaft, Gesellschaft. Bonn: Bundeszentrale für politische Bildung

Kempf, Udo (1989): Frankreichs Parteiensystem im Wandel, in: Der Bürger im Staat 39, S. 102-113.

Kempf, Udo (1997): Das politische System Frankreichs. In: Ismayr, Wolfgang (Hrsg.): Die politischen Systeme Westeuropas. Opladen: Leske + Budrich, S. 283-321

Kempf, Udo (1997): Von de Gaulle bis Chirac. Das politische System Frankreichs. Opladen: Westdeutscher Verlag

Kesler, Jean-François (1985): L'E.N.A, la société, l'Etat. Paris: Berger-Levrault

Kettler, David/Meja, Volker/Stehr, Nico (1989): Politisches Wissen. Studien zu Karl Mannheim. Frankfurt: Suhrkamp

Kimmel, Adolf (1991): Innenpolitische Entwicklungen und Probleme in Frankreich, in: APuZ, B. 47-48, S. 3-15

Kimmel, Adolf (1991): Parteienstaat und Antiparteieneffekt in Frankreich, in: Jahrbuch für Politik 1(2), S. 319-340

King, Anthony (1987): The Rise of the Career Politican, in: Burch, Martin/Moran, Michael (Hrsg.): British Politics – A Reader. Manchester: Manchester University Press, S. 145-156

Klingenmann, Hans-Dieter/Stöss, Richard/Weßels, Bernhard (Hrsg.) (1991): Politische Klasse und politische Institutionen. Probleme und Perspektiven der Elitenforschung. Dietrich Herzog zum 60. Geburtstag. Opladen: Westdeutscher Verlag.

Krais, Beate (2001): Die Spitzen der Gesellschaft. Theoretische Überlegungen. In: Krais, Beate (Hrsg.): An der Spitze. Von Eliten und herrschenden Klassen. Konstanz: UVK, S. 7-62

Krause-Burger, Sibylle (1995): Die neue Elite. Düsseldorf: Econ-Verlag.

Kreis, Karl-Wilhelm (1991): Zur Entwicklung der Situation der Frau in Spanien nach dem Ende der Franco-Ära. In: Bernecker, Walther L./Oehrlein, Josef (Hrsg.): Spanien heute. Politik · Wirtschaft · Kultur. Frankfurt/Main: Vervuert Verlag, S. 313-346

Kreuzer, Marcus/Stephan, Ina (1999): Frankreich: Zwischen Wahlkreishono-ratioren und nationalen Technokraten. In: Borchert, Jens (Hrsg.): Politik als Beruf. Die politische Klasse in westlichen Demokratien. Opladen: Leske + Budrich, S. 161-185

Krohn, Claus-Dieter (2001): Vertriebene intellektuelle Eliten aus dem na-tionalsozialistischen Deutschland. In: Schulz, Günther (Hrsg.): Ver-triebene Eliten. Vertreibung und Verfolgung von Führungsschichten im 20. Jahrhundert. München: Harald Boldt Verlag im Oldenburg Verlag, S. 61-81

Kruse, Volker (2001): Mannheim, Karl: Ideologie und Utopie. In: Papcke, Sven/Oesterdiekhoff, Georg W. (Hrsg.): Schlüsselwerke der Soziologie. Wiesbaden: Westdeutscher Verlag, S. 303-305

Lang, Werner (1991): Die wirtschaftliche Entwicklung Spaniens seit dem Übergang zur Demokratie: Von der Depression zur ökonomischen Revi-talisierung. In: Bernecker, Walther L./Oehrlein, Josef (Hrsg.): Spanien heute. Politik · Wirtschaft · Kultur. Frankfurt/Main: Vervuert Verlag, S. 189-223

Langenhan, Dagmar/Roß, Sabine (1999): Berufskarrieren von Frauen in der DDR und ihre Grenzen. In: Hornbostel, Stefan (Hrsg.): Sozialistische Eliten. Horizontale und vertikale Differenzierungsmuster in der DDR. Opladen: Leske + Budrich, S. 147-162

LaPalombara, Joseph (1988): Die Italiener oder Demokratie als Lebenskunst. Wien, Darmstadt: Paul Zsolnay Verlag

Lasch, Christopher (1995): Die blinde Elite. Hamburg: Hoffmann und Campe.

Leach, Robert (1987): What is Thatcherism? in: Burch, Martin/Moran, Mi-chael (Hrsg.): British Politics-A Reader. Manchester: Manchester Uni-versity Press, S. 157-165

Leggewie, Claus (1993): Die Kritik der Politischen Klasse und die Bürgerge-sellschaft. Muß die Bundesrepublik neugegründet werden? in: APuZ B 31/93, S. 7-13

Lerner, Robert/Nagai, Althea K./Rothman, Stanley (1996): American Elites. New Haven, London: Yale University Press

López-Casero, Francisco (1991): Die soziale Problematik des spanischen Ent-wicklungsprozesses. In: Bernecker, Walther L./Oehrlein, Josef (Hrsg.): Spanien heute. Politik · Wirtschaft · Kultur. Frankfurt/Main: Vervuert Verlag, S. 287-312

Lorenz, Sabine (1999): Kommunaler Elitenwandel: Rekrutierung, Zusammen-setzung und Qualifikationsprofil des lokalen administrativen Führungs-personals in Ostdeutschland. In: Hornbostel, Stefan (Hrsg.): Sozialisti-sche Eliten. Horizontale und vertikale Differenzierungsmuster in der DDR. Opladen: Leske + Budrich, S. 85-103

Luz Moran, María (1999): Spanien: Übergang zur Demokratie und politische Professionalisierung. In: Borchert, Jens (Hrsg.): Politik als Beruf. Die politische Klasse in westlichen Demokratien. Opladen: Leske + Budrich, S. 439-455

Machatzke, Jörg (1997): Die Potsdamer Elitestudie – Positionsauswahl und Ausschöpfung. In: Bürklin, Wilhelm/Rebenstorf, Hilke (Hrsg.): Eliten in Deutschland. Rekrutierung und Integration.Opladen: Leske + Budrich, S. 35-68

Machiavelli, Niccolò (1977): Discorsi. Stuttgart: Kröner

Machiavelli, Niccolò (1990): Der Fürst. Frankfurt: Insel

Machiavelli, Niccolò (1995): Machiavelli für Manager. Sentenzen. Frankfurt: Insel

Machonin, Pavel/Tucek, Milan (2000): Czech Republic. New Elites and So-
cial Change. In: Higley, John/Lengyel, György (Hrsg.): Elites After State
Socialism. Theories and Analysis. Lanham et al.: Rowman & Littlefield
Publishers, S. 25-45

Mannheim, Karl (1940): Man and Society. In an Age of Reconstruction. London: Routledge & Kegan

Mannheim, Karl (1951): Diagnose unserer Zeit. Gedanken eines Soziologen.
Zürich, Wien, Konstanz: Europa Verlag

Mannheim, Karl (1967): Mensch und Gesellschaft im Zeitalter des Umbaus.
Bad Homburg et al.: Gehlen, 2. Auflage

Mannheim, Karl (1969): Ideologie und Utopie. Frankfurt/Main: G. Schulte-
Bulmke, 5. Auflage.

Mannheim, Karl (1970a): Freiheit und geplante Demokratie. Köln, Opladen:
Westdeutscher Verlag

Mannheim, Karl (1970b): Wissenssoziologie. (Auswahl aus dem Werk, eingeleitet und herausgegeben von Kurt H. Wolff). Neuwied/Rhein, Berlin:
Luchterhand

Marwick, Arthur (1999): Mentalitätsstrukturen und soziokulturelle Verhaltensmuster. In: Kastendiek, Hans/Rohe, Karl/Volle, Angelika (Hrsg.):
Großbritannien. Geschichte · Politik · Wirtschaft · Gesellschaft. Frank-
furt/New York: Campus, S. 116-145

Matejko, Alexander J. (1991): Civic Culture and Consumption in Eastern Europe. In: Sociologia Internationalis 29 (1), S. 75-102

Matějů, Petr/Hanley, Eric (1998): Die Herausbildung ökonomischer und politischer Eliten in Ostmitteleuropa. In: Hatschikjan, Magarditsch A./Alt-
mann, Franz-Lothar (Hrsg.): Eliten im Wandel. Politische Führung, wirtschaftliche Macht und Meinungsbildung im neuen Osteuropa. Paderborn
et al.: Ferdinand Schöning, S. 145-171

Matthews, Mervyn (1978): Privilege in the Sowjet Union. A Study of the Elite-Life-Styles under Communism. London: Allan & Unwin

Michels, Robert (1989): Zur Soziologie des Parteiwesens in der modernen
Demokratie. Untersuchungen über die oligarchischen Tendenzen des
Gruppenlebens. Stuttgart: Alfred Kröner Verlag 1989 (4. Auflage)

Miclescu, Maria (1991): Das Bildungswesen in Spanien. In: Bernecker, Walther L./Oehrlein, Josef (Hrsg.): Spanien heute. Politik · Wirtschaft · Kultur. Frankfurt/Main: Vervuert Verlag, S. 165-285

Mikl-Horke, Gertraude (1989): Soziologie. Historischer Kontext und soziologische Theorie-Entwürfe. München/Wien: R. Oldenbourg Verlag

Mills, C. Wright (1981): The Power Elite. New York: Oxford University Press

234

Mintzel, Alf/Wasner, Barbara (2000): Zur Theorie und Empirie der Elitenforschung. Lehrmaterialien. Passau (Lehrstuhl für Soziologie)

Mongardini, Carlo (Hrsg.) (1975): Vilfredo Pareto. Ausgewählte Schriften. Frankfurt/Berlin/Wien: Ullstein

Moran, Michael (1989): Politics and Society in Britain. An Introduction. London: Macmillian

Mosca, Gaetano, 1950 (1885[1]): Die herrschende Klasse. Salzburg: Das Bergland-Buch

Moyser, George/Wagstaffe, Margaret (Hrsg.) (1987): Research Methods for Elite Studies. London: Allen & Unwin

Mucha, Ivan (1998): Neue tschechische Eliten im Kontext der Vergangenheitsbewältigung. In: Srubar, Ilja (Hrsg.): Eliten, politische Kultur und Privatisierung in Ostdeutschland, Tschechien und Mittelosteuropa. Konstanz: UVK, S. 247-255

Müller, Klaus (1998): Postsozialistische Krisen. In: Müller, Klaus (Hrsg.): Postsozialistische Krisen. Theoretische Ansätze und empirische Befunde. Opladen: Leske + Budrich

Nairn, T. (1990): The British Political Elite, in: Scott, John (Hrsg.): Who Rules Britain? Cambridge: Polity Press, S. 265-275

Neckel, Sighard (1998): Multiple Modernisierer im postsozialistischen Machtkampf. Eine ostdeutsche Konfliktgeschichte in lokalen Biographien. In: Srubar, Ilja (Hrsg.): Eliten, politische Kultur und Privatisierung in Ostdeutschland, Tschechien und Mittelosteuropa. Konstanz: UVK, S. 119-143

Neckel, Sighard (1999): Das Sozialkapital der Survivor. Erfolgsbedingungen „persistenter" lokaler Eliten in Ostdeutschland am Beispiel einer Gemeindestudie. In: Hornbostel, Stefan (Hrsg.): Sozialistische Eliten. Horizontale und vertikale Differenzierungsmuster in der DDR. Opladen: Leske + Budrich, S. 211-222

Nehring, Christel (1999): Das Leitungspersonal der Volkseigenen Güter 1945-1970. In: Hübner, Peter (Hrsg.): Eliten im Sozialismus. Beiträge zur Sozialgeschichte der DDR. Köln, Weimar, Wien: böhlau, S. 309-324

Noack, Paul (1998): Elite und Massendemokratie. Der Befund und die deutsche Wirklichkeit. In: Hatschikjan, Magarditsch A./Altmann, Franz-Lothar (Hrsg.): Eliten im Wandel. Politische Führung, wirtschaftliche Macht und Meinungsbildung im neuen Osteuropa. Paderborn, München, Wien, Zürich: Ferdinand Schoningh, S. 15-32

Noll, Peter/Bachmann, Rudolf (2001): Der kleine Machiavelli. Handbuch der Macht für den alltäglichen Gebrauch. München: Droemer Knaur

Offerdahl, Audun/Hanšpach, Dan/Kowalczyk, Andrzej/Patočka, Jiří (1996): The New Local Elites. In: Baldersheim, Harald/Illner, Michal/Offerdahl, Audun/Rose, Lawrence/Swianiewicz, Paweł (Hrsg.): Local Democracy and the Process of Transformation in East-Central Europe. Boulder: Westview Press, S. 105-141

Pállinger, Zoltán Tibor (1997): Die politische Elite Ungarns im Systemwechsel 1985-1995. Bern, Stuttgart, Wien: Verlag Paul Haupt

Papcke, Sven (2001): Gesellschaft der Eliten. Zur Reproduktion und Problematik sozialer Distanz. Münster: Westfälisches Dampfboot

Pareto, Vilfredo (1962): System der allgemeinen Soziologie. herausgegeben von Gottfried Eisermann. Stuttgart: Ferdinand Enke

Pareto, Vilfredo (1975): Ausgewählte Schriften. Herausgegeben von Morgardini, Carlo. Frankfurt, Berlin, Wien: Ullstein

Paxman, Jeremy (1990): Friends in High Places. Who Runs Britain? London: Penguin

Payne, Stanley G. (1991): Die Kirche und der Übergangsprozeß. In: Bernekker, Walther L./Oehrlein, Josef (Hrsg.): Spanien heute. Politik · Wirtschaft · Kultur. Frankfurt/Main: Vervuert Verlag, S. 105-120

Petersen, Jens (1995): Quo vadis, Italia? Ein Staat in der Krise. München: C. H. Beck

Pfetsch, Frank R. (1999): Von der liberalen Elitentheorie zur Theorie einer europäischen Zivilgesellschaft. In: Merkel, Wolfgang/Busch, Andreas (Hrsg.): Demokratie in Ost und West. Frankfurt: Suhrkamp

Priester, Karin (2001): Mosca, Gaetano: Die herrschende Klasse. Grundlagen der politischen Wissenschaft. In: Papcke, Sven/Oesterdiekhoff, Georg W. (Hrsg.): Schlüsselwerke der Soziologie. Wiesbaden: Westdeutscher Verlag, S. 355-358

Putnam, Robert D. (1973): The Beliefs of Politicians. Ideology, Conflict and Democracy in Britain and Italy. New Haven, London: Yale University Press

Putnam, Robert D. (1976): The Comparative Study of Political Elites. Englewood Cliffs, J. N. J.: Prentice-Hall Inc.

Rebenstorf, Hilke (1995): Die politische Klasse. Zur Entwicklung und Reproduktion einer Funktionselite. Frankfurt, New York: Campus

Rebenstorf, Hilke (1997a): Identifikation und Segmentation der Führungsschicht – Stratifikationstheoretische Determinanten. In: Bürklin, Wilhelm/Rebenstorf, Hilke (Hrsg.): Eliten in Deutschland. Rekrutierung und Integration.Opladen: Leske + Budrich, S. 123-155

Rebenstorf, Hilke (1997b): Karriere und Integration – Werdegang und Common Language. In: Bürklin, Wilhelm/Rebenstorf, Hilke (Hrsg.): Eliten in Deutschland. Rekrutierung und Integration.Opladen: Leske + Budrich, S. 157-199

Recchi, Ettore/Verzichelli, Luca (1999): Italien: Kontinuität und Diskontinuität politischer Professionalisierung. In: Borchert, Jens (Hrsg.): Politik als Beruf. Die politische Klasse in westlichen Demokratien. Opladen: Leske + Budrich, S. 255-282

Rehrmann, Norbert (1991): Ist Spanien noch anders? Historisch-kulturelle Überlegungen zur Genealogie eines Mythos. In: Bernecker, Walther L./Oehrlein, Josef (Hrsg.): Spanien heute. Politik · Wirtschaft · Kultur. Frankfurt/Main: Vervuert Verlag, S. 347-386

Righettini, Stella (1997): Les dirigeants de la haute fonction publique de l'Ètat italien. Une élite modeste? in: Suleiman, Ezra/Mendras, Henri (Hrsg.): Le recrutement des élites en Europe. Paris: Éditions La Découverte, S. 192-210

Röhrich, Wilfried (1972): Robert Michels. Vom sozialistisch-syndikalistischen zum faschistischen Credo. Berlin: Duncker & Humblot

Röhrich, Wilfried (1978): Robert Michels, in: Käsler, Dirk (Hrsg.): Klassiker des soziologischen Denkens, Bd. 2: Von Weber bis Mannheim. München: C. H. Beck, S. 226-253.

Röhrich, Wilfried (2001): Michels, Robert: Zur Soziologie des Parteiwesens in der modernen Demokratie. Untersuchungen über die oligarchischen Tendenzen des Gruppenlebens. In: Papcke, Sven/Oesterdiekhoff, Georg W. (Hrsg.): Schlüsselwerke der Soziologie. Wiesbaden: Westdeutscher Verlag, S. 336-338

Röhrich, Wilfried (Hrsg.) (1975): ‚Demokratische' Elitenherrschaft. Traditionsbestände eines sozialwissenschaftlichen Problems. Darmstadt: Wissenschaftliche Buchgesellschaft.

Ross, George (1991): Where Have All the Sartres Gone? The French Intelligentsia Born Again. In: Hollifield, James F./Ross, George (Hrsg.): Searching for the New France. New York, London: Routledge, S. 221-249

Rubin, Harriet (2001): Machiavelli für Frauen. Strategie und Taktik im Kampf der Geschlechter. Frankfurt: Fischer Taschenbuchverlag

Schäfer, Bernd (2001): Mannheim, Karl: Ideologie und Utopie. In: Oesterdiekhoff, Georg W. (Hrsg.): Lexikon der soziologischen Werke. Wiesbaden. Westdeutscher Verlag, S. 443-444

Schäfers, Bernhard (1996): Eliten im gesellschaftlichen Umbruch. Müssen Funktionseliten auch Werteliten sein? in: Gegenwartskunde 45, (4), S. 473-484

Schild, Joachim (1997): Politik. In: Lasserre, René/Schild, Joachim/Uterwedde, Henrik (Hrsg.): Frankreich – Politik, Wirtschaft, Gesellschaft. Opladen: Leske + Budrich, S. 17-113

Schild, Joachim (2000): Wählerverhalten und Parteienwettbewerb. In: Ruß, Sabine/Schild, Joachim/Schmidt, Jochen/Stephan, Ina (Hrsg.): Parteien in Frankreich. Kontinuität und Wandel in der V. Republik. Opladen: Leske + Budrich, S. 57-76

Schioppa Kostoris, Fiorella Padoa (1996): Excesses and Limits of the Public Sector in the Italian Economy. In: Gundle, Stephen/Parker, Simon (Hrsg.): The New Italian Republic. From the Fall of the Berlin Wall to Berlusconi. London/New York: Routledge, S. 273-293

Schmitt, Karl (1991): Die politischen Eliten der V. Republik: Beharrung und Wandel, in: APuZ B 47-48/91, S. 26-36

Schmitter, Klaus-Werner (1986): Das Regime Mitterand – Regierungsstruktur und Haute Administration im Wandel, Berlin: QUORUM.

Schnapp, Kai-Uwe (1997a): Soziale Zusammensetzung von Elite und Bevölkerung – Verteilung von Aufstiegschancen in die Elite im Zeitvergleich. In: Bürklin, Wilhelm/Rebenstorf, Hilke (Hrsg.): Eliten in Deutschland. Rekrutierung und Integration. Opladen: Leske + Budrich, S. 69-99

Schnapp, Kai-Uwe (1997b): Soziodemographische Merkmale der bundesdeutschen Eliten. In: Bürklin, Wilhelm/Rebenstorf, Hilke (Hrsg.): Eliten in

Deutschland. Rekrutierung und Integration.Opladen: Leske + Budrich, S. 101-121

Schneider, Eberhard (1994): Die politische Funktionselite der DDR. Eine empirische Studie zur SED-Nomenklatura. Opladen: Westdeutscher Verlag

Schneider, Eberhard (1997): Die Formierung der neuen rußländischen politischen Elite. Köln: Bundesinstitut für ostwissenschaftliche und internationale Studien

Schneider, Eleonora (1995): Politische Eliten in der Ex-Tschechoslowakei (Teil I). Köln: Bundesinstitut für ostwissenschaftliche und internationale Studien

Schneider, Eleonora (1996): Politische Eliten in der Ex-Tschechoslowakei (Teil II). Köln: Bundesinstitut für ostwissenschaftliche und internationale Studien

Schwingel, Markus (2000): Pierre Bourdieu zur Einführung. Hamburg: Junius

Skinner, Quentin (1990): Machiavelli zur Einführung. Hamburg: Junius

Sklair, Leslie (1997): Social Movements for Global Capitalism: The Transnational Capitalist Class in Action. In: Review of International Political Economy 4 (3), S. 514-538

Slama, Milan (1998): Lustrationsgesetz – Streit um Eliten oder Verarbeitung der Schuld? in: Srubar, Ilja (Hrsg.): Eliten, politische Kultur und Privatisierung in Ostdeutschland, Tschechien und Mittelosteuropa. Konstanz: UVK, S. 237-246

Smith, Gordon (1996) Politikverdrossenheit, die Verfassung und das Parteiensystem: der Fall Großbritannien. In: Schmitz, Mathias (Hrsg.): Politikversagen? Parteienverschleiß? Bürgerverdruß? Streß in den Demokratien Europas. Regensburg: Universitätsverlag, S. 159-167

Srubar, Ilja (1994): Variants of the Transformation Process in Central Europe. A Comparative Assessment. In: Zeitschrift für Soziologie 23 (3), S. 198-221

Stammer, Otto (1965): Politische Soziologie und Demokratieforschung. Ausgewählte Reden und Aufsätze zur Soziologie der Politik. Berlin: Duncker & Humblot

Stammer, Otto/Weingart, Peter (1972): Politische Soziologie. Hrsgg. von Dieter Claessens, Bd.14. München: Juventa

Sterbling, Anton (1998): Zur Wirkung unsichtbarer Hebel. Überlegungen zur Rolle des ‚sozialen Kaptials' in fortgeschrittenen westlichen Gesellschaften. In: Berger, Peter A./Vester, Michael (Hrsg.): Alte Ungleichheiten – Neue Spaltungen. Opladen: Leske + Budrich, S. 189-209

Sterbling, Anton (1999): Elitenbildung und Elitenwandel in Südosteuropa und der ehemaligen DDR. In: Hornbostel, Stefan (Hrsg.): Sozialistische Eliten. Horizontale und vertikale Differenzierungsmuster in der DDR. Opladen: Leske + Budrich, S.253-266

Sterbling, Anton (2001): Intellektuelle, Eliten, Institutionenwandel. Untersuchungen zu Rumänien und Südosteuropa. Hamburg: Krämer

Sturm, Roland (1997): Das politische System Großbritanniens. In: Ismayr, Wolfgang (Hrsg.): Die politischen Systeme Westeuropas. Opladen: Leske + Budrich, S. 213-247

Sturm, Roland (1999): Staatsordnung und politisches System. In: Kastendiek, Hans/Rohe, Karl/Volle, Angelika (Hrsg.): Großbritannien. Geschichte · Politik · Wirtschaft · Gesellschaft. Frankfurt/New York: Campus, S. 194-223

Suleiman, Ezra N. (1974): Politics, Power, and Bureaucracy in France. The Administrative Elite. Princetown

Tenzer, Nicolas (1990): Les élites françaises: Essai d´ethnographie, in: Esprit 9. Paris, S. 116-122

Tenzer, Nicolas/Delacroix, Rodolphe (1992): Les élites et la fin de la démocratie française. Paris: Presses Universitaires de France

Thaa, Winfried (1996): Die Wiedergeburt des Politischen. Zivilgesellschaft und Legitimitätskonflikt in den Revolutionen von 1989. Opladen: Leske + Budrich

Tommissen, Piet (1976): Vilfredo Pareto. In: Käsler, Dirk (Hrsg.): Klassiker des soziologischen Denkens. Erster Band von Comte bis Durkheim. München: C. H. Beck, S. 201-231

Trautmann, Günter (1997): Das politische System Italiens. In: Ismayr, Wolfgang (Hrsg.): Die politischen Systeme Westeuropas. Opladen. Leske + Budrich, S. 509-547

Uterwedde, Henrik (1997): Wirtschaft. In: Lasserre, René/Schild, Joachim/Uterwedde, Henrik (Hrsg.): Frankreich – Politik, Wirtschaft, Gesellschaft. Opladen: Leske + Budrich, S. 115-186

von Ziegesar, Detlef (1991): Wie demokratisch ist England? Die Wahrheit über einen Mythos. Köln: Verlag Wissenschaft und Politik

Wagner, Matthias (1999): Das Kadernomenklatursystem – Ausdruck der führenden Rolle der SED. In: Hornbostel, Stefan (Hrsg.): Sozialistische Eliten. Horizontale und vertikale Differenzierungsmuster in der DDR. Opladen: Leske + Budrich, S. 45-58

Walker, Jack L. (1966): A Critique of the Elitist Theory of Democracy. In: The Americn Political Science Review 60 (2), S. 285-295

Wallisch, Stefan (1997): Aufstieg und Fall der Telekratie. Silvio Berlusconi, Romano Prodi und die Politik im Fernsehzeitalter. Wien: böhlau

Ward, David (2001): Intellectuals, Culture and Power in Modern Italy. In: Barański, Zygmunt/West Rebecca J. (Hrsg.): The Cambrigde Companion to Modern Italian Culture. Cambrigde: University Press; S. 81-96

Wasner, Barbara (1998): Parlamentarische Entscheidungsfindung. Einblicke in das schwierige Geschäft der Mehrheitsbeschaffung. Passau: Wissenschaftsverlag Richard Rothe.

Webb, Paul (2000): The Modern British Party System. London, Thousand Oaks, New Delhi: Sage

Weber, Helmut (1999): Recht und Gerichtsbarkeit. In: Kastendiek, Hans/ Rohe, Karl/Volle, Angelika (Hrsg.): Großbritannien. Geschichte · Politik · Wirtschaft · Gesellschaft. Frankfurt/New York: Campus, S. 178-193

Weber, Max (1988a): Die drei reinen Typen der legitimen Herrschaft. In: Weber, Max: Gesammelte Aufsätze zur Wissenschaftslehre. Tübingen: J. C. B. Mohr (Paul Siebeck)

Weber, Max (1988b): Politik als Beruf. In: Weber, Max: Gesammelte Politische Schriften. (herausgegeben von Johannes Winckelmann) Tübingen: J. C. B. Mohr (Paul Siebeck), S. 505-560

Weber, Max (1988c): Die protestantische Ethik und der Geist des Kapitalismus. In: Weber, max: Gesammelte Aufsätze zur Religionssoziologie I. Tübingen: J. C. B. Mohr (Paul Siebeck), S. 17-206

Welsh, Helga A. (1999a): Kaderpolitik auf dem Prüfstand: Die Bezirke und ihre Sekretäre 1952-1989. In: Hübner, Peter (Hrsg.): Eliten im Sozialismus. Beiträge zur Sozialgeschichte der DDR. Köln, Weimar, Wien: böhlau, S. 107-129

Welsh, Helga A.: (1999b): Zwischen Macht und Ohnmacht: Zur Rolle der ersten Bezirkssekretäre der SED. In: Hornbostel, Stefan (Hrsg.): Sozialistische Eliten. Horizontale und vertikale Differenzierungsmuster in der DDR. Opladen: Leske + Budrich, S. 105-123

Welzel, Christian (1997a): Rekrutierung und Sozialisation der ostdeutschen Elite. Aufstieg einer demokratischen Gegenelite, in: Bürklin, Wilhelm/Rebenstorf, Hilke (Hrsg.): Eliten in Deutschland. Opladen: Leske + Budrich, S. 201-237.

Welzel, Christian (1997b): Demokratischer Elitenwandel. Die Erneuerung der ostdeutschen Elite aus demokratie-soziologischer Sicht. Opladen: Leske + Budrich

Wenske, Rüdiger (1999): „Bei uns können Sie General werden..." Zur Herausbildung und Entwicklung eines „sozialistischen Offizierskorps" im DDR-Militär. In: Hübner, Peter (Hrsg.): Eliten im Sozialismus. Beiträge zur Sozialgeschichte der DDR. Köln, Weimar, Wien: böhlau, S. 167-200

Wickham, Alexandre/Coignard, Sophie (1986): La nomenclatura française. Pouvoirs et privilèges des élites. Paris: Pierre Belfond

Wildenmann, Rudolf (1992): Wahlforschung. Mannheim, Leipzig, Wien, Zürich: B. I.-Taschenbuchverlag

Zapf, Wolfgang (1965): Wandlungen der deutschen Elite. Ein Zirkulationsmodell deutscher Führungsgruppen 1919-1961. München: R. Piper & Co.

Zauels, Günter (1968): Paretos Theorie der sozialen Heterogenität und Zirkulation der Eliten. Stuttgart: Ferdinand Enke

Zauels, Günter, 1968: Paretos Theorie der sozialen Heterogenität und Zirkulation der Eliten. Stuttgart.

Printed by Printforce, the Netherlands